**젊은 남성은 왜
분노하는가?**

성장하는 모습을 지켜보는 것이 큰 기쁨인

베아트릭스, 맥스, 에단, 레비에게

그리고 온 마음으로 그리워하는 아이작에게

The Male Complaint
Copyright © Simon James Copland 2025
All Rights Reserved.

Korean language edition ⓒ 2025 by BADA Publishing Co., Ltd
This edition is published by arrangement with Polity Press Ltd., Cambridge through CHEXXA Co.

이 책의 한국어판 저작권은 책사 에이전시를 통한 저작권사와의 독점 계약으로
바다출판사가 소유합니다.
저작권법에 의하여 한국 내에서 보호를 받는 저작물이므로 무단전재와 무단복제를 금합니다.

젊은 남성은 왜 분노하는가?

상처 입은 남성과 극우의 탄생

사이먼 제임스 코플런드 지음
송은혜 옮김

바다출판사

차례

1장 젊은 남성, 사회의 폭탄이 되다   11
    남성을 다시 위대하게?   18
    남성은 '본래' 유해하지 않다   23
    소름 끼치도록 평범한 남자들   29
    분노를 배설하는 공간의 창조   32
    나쁜 남자 담론을 넘어   36

2장 소외된 젊은 남성   39
    남자의 상황이 정말 그렇게 나쁜 걸까?   43
    남성성의 약속과 배신   48
    섹스에 배신당하다   65
    실망으로 끝나는 사랑 서사   76
    유전자부터 실패다   91
    레드필을 삼키다   105

3장 우리는 억압받고 있다!
- 상처 입은 주체로서의 남성   115

- 정체성 정치와 상처   119
- 남성성 상실에 대한 르상티망   128
- 새로운 문화 전쟁   135
- 정부가 남자를 공격한다   145
- 남성이 이길 수 없는 게임(그리고 어쩌면 이기고 싶지 않은 게임)   151

4장 남자다운 남자의 공동체   157

- 친구와 소속감을 찾는 남자   162
- 노력과 자기 계발이라는 신화   169
- 체력이 국력이다   181
- 소비주의로의 도피   189
- 가짜 얼굴을 한 네트워크   199
- 자기 계발의 배신   201
- 허상의 공동체   206

5장 허무주의와 폭력   215

- 21세기의 남성성과 허무주의   219
- 분노, 급진적 허무주의, 여성 대상 폭력   225
- 슬픔, 수동적 허무주의, 자살   240
- 불만의 한계   250

6장　온라인 남성 커뮤니티에 맞서기　253

　위로가 끼치는 해악　255
　자본주의 문제에 대한 여성혐오적 대응　256
　과몰입한 네가 문제라는 공동체　261
　우리는 무엇을 할 것인가?　267
　금지나 추방으로는 해결할 수 없다　267
　문제의 핵심을 바로잡다　279
　팔로워와 소통하고 여성혐오에 맞서기　285

7장　젊은 남성이 정말로 원하는 것　303

　다시, 소름 끼치도록 평범한 남자들　307
　분노의 힘과 극우의 탄생　310
　젊은 남성은 무엇을 원하는가, 무엇을 원해야 하는가　314
　요약　317

감사의 글　318
약어 정리　322
그림 목록　323
주　324
참고 문헌　327
찾아보기　348

1장
젊은 남성, 사회의 폭탄이 되다

불쌍하고 안쓰러운 아서를 소개한다.

아서는 행사나 파티에 광대를 파견하는 업체에서 허드렛일을 하며 언젠가는 스탠드업 코미디언이 되겠다는 꿈을 가진 남자이다. 그러나 그 꿈은 결코 이루어지지 않을 터였다. 왜냐하면 그에게는 남을 웃기는 재주가 전혀 없기 때문이다. 그의 문제는 단순히 재능 부족만은 아니다. 그는 몇 가지 심각한 정신적 문제를 겪고 있었고 그중 하나는 사회적으로 가장 부적절한 순간에 자기도 모르게 웃음이 터지는 특이한 증상이었다. 설상가상으로 정부의 복지 예산 삭감으로 아서는 그동안 받았던 사회 복지 지원에서 제외되었고 이제는 약값과 심리 상담비조차 감당하지 못할 처지가 되었다. 이처럼 극심한 빈곤 속에서 아서는 오랜 트라우마로 정신질환을 앓는 어머니와 단둘이 살고 있다. 뭘 해도 풀리지 않는 인생, 그게 바로 아서였다. 문제는 여기서 끝이 아니었다. 여느 날처럼 광고판을 들고 거리에서 홍보를 하다가 아서는 한 무리의 청소년들에게 폭행을 당한다. 그의 상사는 아서를 걱정하기는커녕 '폐업 세일'이라고 적힌 광고판이 망가졌다며 비용을 물리기까지 했다. 결국 아서는 해고당한다.

이런 상황에서 아서가 보인 반응은 놀랍지 않았다. 그는 분노했고 그 분노는 점점 증폭되어 폭력으로 이어졌다. 처음에는 정당방위였다. 기차 안에서 자신과 한 여성을 공격한 이들을 상대로 스스로를 방어하다 사람이 죽었다. 그런데 그 순간 아서는 지금껏 한 번도 느껴보지 못한 감각을 맛본다. 통제감이었다. 그렇게 범죄자의 삶을 살게 된 아서는 말한다. "평생 동안 나는 내가 존재하는지도 몰랐어. 이제는 그렇지 않아. 사람들이 나를 보기 시작했어."

이 이야기에 익숙한 독자도 있을 것이다. 아서는 호아킨 피닉스가 탁월하게 연기하고 그해 아카데미 시상식에서 남우주연상을 안긴, 2019년에 개봉한 영화 《조커Joker》의 등장인물이다. 《조커》는 베니스 영화제에서 황금사자상을 수상하며 무려 7분간의 기립박수를 받았다. 아카데미 시상식에서는 작품상, 감독상, 각색상 후보에 올랐다. 이 글을 쓰고 있는 지금도 나는 조만간 개봉될 속편을 손꼽아 기다리고 있는데 속편에는 무려 레이디 가가가 출연한다고 해서 무척 기대 중이다(《조커》의 속편 《조커-폴리 아 되》는 2024년에 개봉했다-옮긴이).

그런데 아서는 영화 캐릭터를 넘어서는 존재가 되었다. 당시의 정치적 긴장 속에서 하나의 상징으로 떠오른 것이다. 《조커》는 도널드 트럼프가 미국 대통령으로 당선된 지 3년이 지난 시점에 개봉했는데 이 시기는 서구 사회 전반에서 극우의 폭력적 정치 운동이 다시금 부상한 때였다. 영화를 본 일부 관객은 즉시 아서와 폭력적인 극우 사이의 유사점을 떠올렸다. 당시 특히 사회적 우려를 낳았던 집단은 '인셀incel(비자발적 독신주의자, involuntary celibate)'이었다. 인셀은 자신들이 타고난 유전적 특징 때문에 여성과 의미 있는 관계(그들에게 관계란 성관계를 의미한다)를 맺을 수 없다고 믿으며 점점 더 고립되고 소외된 남성의 상징으로 부상하고 있었다. 실제로 일부 인셀은 아서처럼 대규모 폭력을 저지르기도 했다.

아서와 인셀의 유사성은 영화 평론가와 대중의 즉각적인 분노를 불러일으켰다. 이들은 《조커》가 아서를 지나치게 동정 어린 시각으로 그려서 폭력을 정당화하고, 살인과 범죄를 미화한다고 보았다(예를 들어 Edelstein, 2019; Ellwood, 2019; Zacharek, 2019). 뉴스 매체《벌처》의 수석 영화 평론가 데이비드 에델스타인은 다음과 같은 말로 불편함을 드러냈다. "영화는 그저 아서를 동경하는 데 그치지 않는다. 그가 모욕을 계속 받으니 나도 모르게 지루함을 느끼고 어서 빨리 아서의 또 다른 자아가 화면 속에 등장하길 바라게 된다. 어서 누군가를 죽여 버려, 아서! 누구든 좋아."《타임》 지의 영화 평론가 스테파니 자차렉 역시 아서와 폭력적인 시위자 사이의 유사점을 지적하며 다음과 같이 말했다.

이 영화는 겉으로는 폭력에 안타까움을 표하는 듯하지만 실상은 아서를 미화하고 영웅화한다. 영화 속 조커는 인셀의 수호성인으로 추앙받기 딱 좋은 인물이다.

마치 말이 씨가 되듯이 자차렉의 평은 현실이 되었다. 그전까지만 해도 별다른 주목을 받지 못했던 《조커》가 어느 순간부터 인셀 커뮤니티에서 화제의 중심이 된 것이다. 처음에는 왜 아서를 우리랑 비교하는지 모르겠다며 당황해하던 인셀도 점차 그에게 공감하기 시작했고 자신들의 시선에서 영화를 분석하거나 함께 관람할 사람을 모으고 소셜 미디어 프로필을 아서의 얼굴로 바꾸기까지 했다. 미국의 대표적인 온라인 커뮤니티인 레딧의 인셀 포럼인 브레인셀스 서브레딧에는 커뮤니티 특유의 말투로 다음과 같은 글이 올라왔다. "몇몇 등신이 이번 조커 영화가 인셀 영화라고 떠들어대더니 진짜로 그렇게 돼버렸네. 말이 씨가 된다고 이제 조커는 우리 사이에서 진짜 인기 있는 인물이야." 또 다른 이용자는 영화 개봉을 앞두고 이렇게 말했다. "조커는 인셀 그 자체야. 빨리 보고 싶어."

인셀뿐 아니라 보수 성향의 논객 중에도 이 영화가 남성이 겪는 고통의 이야기라고 주장하는 이들이 나타났다. 그들에 따르면 이 영화는 현대 사회가 어떻게 남성성을 파괴하는지를 여실히 보여 준다. 이들의 시선에서 봤을 때 문제의 핵심은 탐욕스러운 자본주의가 아니라 남성성을 무너뜨린 사회적 변화였다. 미국의 보수 논객 채드윅 무어는 영화가 개봉된 2019년에 이런 트윗을 남겼다.

> 그 영화에서 가장 뒤틀린 주제로 떠오른 건 무엇일까? 첫째는 싱글의 폐해, 그다음은 약물 치료의 폐해, 마지막은 신이 부재한 디스토피아적 행정국가의 실체다. 그런 의미에서 진보 진영은 이 영화를 결코 온전히 이해할 수 없을 것이다.

아주 중요한 시기에 등장한 영화《조커》는 현재 우리 사회에서 남성에게 어떤 일이 벌어지는지, 왜 많은 남성이 다시금 폭력과 극단주의로 돌아서게 되었는지에 대한 논쟁의 중심에 섰다. 그러나 안타깝게도 현재의 논쟁은 대부분 문제의 핵심을 비껴갔다.

진보 진영은 아서를 '태생부터 나쁜 인간'으로 정의하고 그가(그리고 그와 같은 이들이) 폭력에 빠지게 된 이유를 완전히 외면한다. 그들은 현실에서 벌어지는 온갖 복잡한 문제를 선악 구도의 슈퍼히어로 영화처럼 단순하게 바라볼 뿐 아니라 폭력을 미연에 방지한다는 건 애초에 불가능한 일인 것처럼 이야기한다. 반면에 인셀과 보수 진영은 아서의 불만에는 사회적 원인이 있다는 사실에 주목하면서도 진보 진영과 마찬가지로 모든 문제의 원인이 '나쁜 인간'에게 있다는 결론에서 벗어나지 못한다. 인셀이 주목하는 나쁜 인간이란 여성, 페미니스트, '사회 정의 전사'이다. 그들이 남성성을 약화하고, 신을 중심으로 한 신앙의 기반을 무너뜨리며, 한부모 가정을 만듦으로써 모든 문제를 야기했다는 게 인셀의 주장이다. 하지만 이는 틀린 사실일 뿐 아니라 아서가 가진 최소한의 주체성마저 인정하지 않는 해석이다.

이 책은 아서에 대한 이야기가 아니다. 다만 아서가 품은 불만과 유사한 감정을 공유하는 남성, 극히 일부지만 현실에서 아서만큼이나 폭력적인 행동을 저지른 남성에 관한 이야기이다. 이 책은 우리 사회에서 실제로 폭력을 저지르는 남성을 대상으로 한다. 나는 온라인의 '나쁜 공간'에 살며 대화를 나누고, 조직을 이루는 '나쁜 남자'를 연구했다. 나는 이 책을 통해 개인적으로 영화《조커》가 잘 해냈다고 생각하는 작업을 하고자 한다. 그건 바로 이런 남성을 면밀히 관찰하고, 단순한 선악 구도가 아닌 복합적인 존재로 그려내며, 때로는 그들에게 공감까지 하는 일이다. 그러나 나는 이들이 범하는 대표적인 실수, 즉 자신들의 모든 불만을 여성이나 페미니즘 탓으로 돌리는 접근은 따르지 않을 것이다. 이제 여러분을 초대한다. 소위 말하는 나쁜 남성으로 구성된 이 커뮤니티를 뒷받침하는 복합적인 사회 구조 속으로.

남성을 다시 위대하게?

《조커》를 둘러싼 논란의 중심에는 인셀이라는 커뮤니티가 있었다. 인셀은 '매노스피어Manosphere(남성계)'라고 부르는 더 넓은 남성 중심의 온라인 집단, 운동, 공동체의 일부이다. 이 책이 주목하는 대상은 바로 이 매노스피어라는 공간과 그 안에 모여 있는 남성들이다. 매노스피어는 다음과 같이 정의할 수 있다.

> 영어권 웹상에서 운영되는 남성 중심의 블로그, 포럼, 온라인 커뮤니티 네트워크를 통틀어 일컫는 신조어로 인생 철학, 자기 계발, 인생, 연애, 섹스를 위한 성공 전략 등 남성의 다양한 관심사를 주제로 한다. (출처: 노우 유어 밈, 2015)

매노스피어는 다양한 하위 집단으로 구성된다. 이들은 공통적으로 페미니즘은 물론 여성 일반이 자신들의 삶뿐 아니라 정치, 경제, 사회 전반을 파괴했다고 믿는다. 이들이 매노스피어라는 이름 아래 하나로 묶이는 이유는 다음과 같은 일관된 믿음을 공유하기 때문이다. 즉, "오늘날 사회는 여성적 가치에 지배당하고 있으며 이러한 사실은 페미니스트들과 '정치적 올바름' 사상에 의해 은폐되고 있고 남성은 자신의 존재 가치를 지키기 위해 남성혐오 문화에 맞서 싸워야 한다는 것이다(Marwick and Caplan, 2018: 546, 강조는 원문)."

'매노스피어'라는 용어는 2009년 11월, '더 매노스피어'라는 이름의 블로그에서 처음 등장했다. 이후 2013년, 포르노 마케터 이언 아이언우드가 《매노스피어: 남성성에 대한 새로운 희망The Manosphere: A New Hope for Masculinity》이라는 책을 출간하여 이 용어를 대중화했다. 그 뒤로 매노스피어라는 말은 남성 권리 운동가와 온라인 남성 커뮤니티에서 널리 사용되었다(Ging, 2017). 이 커뮤니티의 대표 인물 가운데 몇몇은 이미 익숙한 이름일지도 모른다. 매노스피어는 여러 사회적 유명 인사를 배출했기 때문이다. 전직 킥복서 앤드루 테이트, 심리학자 조던 피터슨, 극우 성향의 방송인 마일로 야노풀로스, 유명 픽업 아티스트 루시V 등이 대표적인 인물이다. 이들은 모두 매노스피어나 그에 기반한 이데올로기를 통해 막대한 수익을 올리고 있다. 강연 투어를 다니고, 소셜 미디어로 수익을 얻고, 남성들의 삶을 개선해 준다는 명목으로 다양한 프로그램을 운영한다. 이 시점에서 짚고 넘어가고 싶은 점은 이 인물들이 분명히 중요한 존재이며 이 책에서도 여러 차례 인용되겠지만 이들이 이 책의 중심은 아니라는 사실이다. 이 책은 커뮤니티에 가입하고, 온라인에 글을 올리며, 워크숍에 참여하는 수많은 일반 남성과 그들이 생성하는 콘텐츠에 더 깊이 집중한다.

그렇다면 이처럼 서로 다른 듯하면서도 겹쳐 보이는 그룹에는 무엇이 있을까? 대표적으로 다음과 같은 네 개의 그룹이 있다.

- **남성 권리 운동가**: 1970년대부터 활동해 온 이들은 남성이 사회 전반에서 구조적으로 차별받고 있다고 주장한다.
- **픽업 아티스트PUAs 및 유혹 사업 종사자**: (주로 '레드필The Red Pill'이라는 커뮤니티에서 활동하는데) 여성과 성관계를 맺기 위한 조작적 심리 기술을 남성에게 전수하는 집단이다.
- **인셀**: 타고난 유전자, 외모 등의 요인으로 여성과의 연애나 성관계가 근본적으로 불가능하다고 믿는 남성 집단이다.
- **자신의 길을 가는 남성들**Men Going Their Own Way, MGTOW(믹타우): 꼭 그런 건 아니지만 대개 이혼을 경험한 남성으로 여성에 대한 분노와 환멸로 연애나 성관계를 완전히 거부하고 스스로의 길을 가겠다고 선언한 이들이다.

이런 그룹은 주로 서구권 백인 남성을 중심으로 구성되어 있지만 인종과 사회경제적 배경, 연령 등 인구통계학적으로 매우 다양한 구성원이 포진해 있다. 그럼에도 이들 사이에는 일정한 이데올로기적 공통점이 존재하며 비록 모든 구성원이 그 이념을 전적으로 수용하거나 따르는 것은 아니지만 핵심 믿음만큼은 공유한다. 이들은 남성과 여성 사이에 유전적으로 타고난 본질적 차이가 존재한다고 주장한다(Ging 2017). 남성은 본질적으로 이성적이고 논리적인 존재인 반면 여성은 감정적이고 비이성적인 존재로 간주된다. 특히 주목할 점은 여성이 생물학적으로 '알파 남성'이라 부르는 유형의 남성과 짝을 이루도록 설계되어 있다고 믿는다는 것이다(Ging, 2017). 이들의 주장에 따르면 역사적으로 사회는 언제나 '여성 중심적'이었다. 이는 사회가 여성의 필요와 관점을 중심으로 운영되어 왔음을 의미한다. 여성은 숭배의 대상인 반면 남성은 힘들고 위험한 일을 도맡으며 살았다. 과거에는 정치나 경제 분야에서 남성에게 리더십과 책임을 부여함으로써 일정한 균형이 유지되었고 이러한 본질적 차이를 존중하는 방식으로 사회의 조화가 이루어져 왔다. 그러나 매노스피어의 남성은 최근의 사회 변화, 특히 페미니즘의 부상으로 이 균형이 깨졌다고 주장한다. 그들의 관점에서 페미니즘은 여성 중심적 질서를 더욱 강화했을 뿐 아니라 남성에게 주어졌던 사회적 목적과 가치마저 빼앗았다. 여성은 이제 남성의 역할을 차지하고 남성성을 공격하며 남성을 사회에서 방향을 잃은 존재로 만든 장본인이 되었다.

도널드 트럼프의 유명한 구호 '미국을 다시 위대하게'를 떠올려 보자. 이 구호는 미국의 무엇인가가 근본적으로 잘못되었으며 이를 반드시 되돌려야 한다는 인식을 전제로 한다. 이러한 문제의식은 매노스피어가 제기하는 불만과 놀라울 만큼 유사하다. 이는 단순한 우연이 아니다. 매노스피어가 지닌 핵심 사상은 극우 세력, 그중에서도 대안 우파와 깊이 연결되어 있다(Marwick and Caplan, 2018; Bratich, 2024). 매노스피어와 극우 진영 모두 변화하는 사회 규범과 구조에 대해 강한 반감을 드러낸다. 특히 앤드루 테이트, 조던 피터슨, 루시V, 마일로 야노풀로스와 같은 매노스피어의 대표적 인물은 매노스피어와 대안 우파라는 두 흐름의 경계를 자유롭게 넘나들며 활동한다. 이 두 진영은 사회적으로 고립되거나 소외감을 느끼는 남성, 최근의 사회 변화와 진보에 의해 자신들이 뒤처지고 억압받고 있다고 느끼는 남성에게 강하게 호소한다. 또한 매노스피어는 인종차별적 경향이 매우 두드러진다는 특징도 있다(Ging, 2017; Farrell et al., 2019; Bates, 2020). 백인 우월주의적 시각이 운동 전반에 깊숙이 스며 있으며 이러한 점에서 매노스피어와 극우 진영은 자연스럽게 연결된다.

극우 세력과 마찬가지로 매노스피어의 남성 역시 점점 더 폭력적인 방식으로 자신들의 믿음을 표출하고 있다. 이들은 주로 여성을 겨냥한 조직적 온라인 해시태그 괴롭힘에 연루되었다(Marwick and Caplan, 2018). 대표적인 사례로는 여성 게임 개발자를 표적으로 한 체계적인 공격인 #게이머게이트gamergate(Massanari, 2017; Salter, 2018), 수천 장의 여성 유명인의 누드 사진을 불법 유출 및 공유한 #더패피닝 사건The Fappening(Massanari, 2017; Moloney and Love, 2018), 미국 내 여성 성노동자를 국세청에 신고하여 세무 조사를 유도한 #창녀감사thotaudit 운동(Copland, 2021) 등이 있다. 이러한 온라인 운동은 때때로 오프라인 폭력으로까지 이어졌으며 그 배후에는 대개 반페미니즘 및 여성혐오 정서가 자리하고 있다(Dragiewicz and Mann, 2016; Kalish and Kimmel, 2010). 특히 주목할 만한 사건들은 스스로를 인셀이라 칭한 남성에 의해 자행되었다. 예컨대 2014년 캘리포니아주 아일라 비스타에서 엘리엇 로저가 총기 난사로 6명을 살해한 후 자살한 사건, 2018년 캐나다 토론토에서 알렉 미나시안이 차량으로 11명을 살해한 사건 등이 대표적이다.

남성은 '본래' 유해하지 않다

정책 입안자, 언론, 연구자는 물론 이제는 일반 대중까지 매노스피어에 대해 점점 더 깊은 우려를 드러내고 있다. 거기에는 그럴 만한 이유가 분명히 존재한다. 첫째, 강간, 성폭행, 테러 등 여성을 겨냥한 폭력 행위가 실제로 증가하고 있다는 점이다. 둘째, 앤드루 테이트 같은 인물이 국제적 슈퍼스타로 부상하며 수많은 젊은 남성의 젠더 인식에 막대한 영향을 미치고 있다는 점이다. 그런 영향력이 결코 건강하다고 보기는 어렵다. 나 또한 매노스피어 사상이 많은 젊은 남성에게 끼치고 있는 파급 효과에 대해 깊이 우려하고 있다.

동시에 나는 매노스피어를 둘러싼 담론이 답답하게 느껴질 때가 많다. 영화 《조커》에 대한 비판을 다시 예로 들어보자. 앞서 언급한 진보 진영의 반응은 한마디로 요약된다. 영화가 아서를 '나쁜 인간'으로 제대로 그리지 않았다는 것이다. 이 작품은 슈퍼히어로 장르의 전형적인 권선징악 구조를 넘어 끔찍한 일을 저지르는 인물에게 비난 대신 공감을 유도했다는 점에서 불편함을 자아낸다. 예를 들어 데이비드 에델스타인(Edelstein, 2019)은 이 영화가 아서의 불만을 지나치게 정당화하며 "이기적이고 편협한 억울함을 부추긴다"라고 평했다. 그는 이어 "우리는 이제 그들에게 공감하기를 멈추고 그들을 그저 패배자이자 얼간이로 보이게 내버려 두어야 한다"라고 덧붙였다.

소셜 미디어의 글이나 정치 및 사회 지도자의 말을 조금만 살펴봐도 많은 이가 매노스피어 남성을 '지하실에 틀어박힌 인간', '사회에서 낙오한 패배자', '몸만 큰 어린아이' 같은 식으로 묘사하고 있음을 알 수 있다. 실망스럽게도 일부 연구자조차 이런 시각에서 크게 벗어나지 못한다. 호주의 연구자 에마 제인(Jane, 2019)은 인셀 사이에서 성형수술이 유행하는 현상에 대해 다음과 같이 평가했다. "그저 인터넷 밑바닥 인생이 만든 더 급진화된 형태의 여성혐오일 뿐 그 이상도 이하도 아니다." 이 분야의 대표적인 연구가 중 한 명인 마이클 키멜(Kimmel, 2014)은 이렇게 주장한다.

> 남성 권리 운동가의 주장을 들어 보면 대부분 똑같은 레퍼토리를 반복하며 몇 가지 개인적인 경험담을 덧붙이고 이따금 이성적인 사고로는 도저히 납득할 수 없는 왜곡된 통계 해석과 주장을 내세운다. 그들의 말대로라면 미국의 백인 남성은 사회에 의해 무참히 짓밟혔으며 이에 저항할 힘도 없이 속수무책으로 굴복당했다. 그들은 실패한 가부장이고 폐위된 왕이며 단지 '가장 크게 패배한 자'일 뿐만 아니라 그 패배를 인정하지 못해 계속 분노를 품은 이들이다.

이러한 비난은 극우 세력이나 유사 집단의 부상에 대해 진보 진영이 보인 대표적인 반응이었다. 예를 들어 2016년 미국 대선 당시, 민주당 후보 힐러리 클린턴은 다음과 같이 말해 큰 파문을 일으켰다. "조금 뭉뚱그려 말하자면 트럼프 지지자의 절반은 제가 '개탄스러운 사람들'이라고 부르는 부류에 속한다고 볼 수 있어요. 그렇죠?"이 발언은 당연히 큰 반발을 불러일으켰고 많은 트럼프 지지자는 그 딱지를 오히려 명예의 훈장처럼 받아들였다. 이들은 '개탄스러운 사람들'이라는 표현을 티셔츠, 모자, 깃발, 현수막에 새기며 적극적으로 활용했다. 나는 이와 유사한 정서를 코로나19 팬데믹 기간에도 보았는데 진보 진영에 속하는 내 친구나 동료는 백신의 과학적 근거나 봉쇄 정책의 타당성에 의문을 제기하는 사람들을 (머리가 완전히 맛이 갔다cooked는 뜻에서) '쿠커cooker'라고 불렀다. 이런 식의 조롱은 공직자 사이에서도 공공연히 이어졌다. 백신 의무화에 반대하는 시위가 벌어진 당시, 호주 노동당 전 연방 대표 빌 쇼튼은 시위대를 "징징대는 나치"라고 불렀고 빅토리아주 보건부 장관 브렛 서튼은 시위대가 "현실을 외면하고 환상 속에 살고 있다"라며 "이들이 다른 사안에 대해서는 이성적일 것이라 기대하지 말라. 꼴통들이다"라고 일갈했다.

　매노스피어 남성이나 극우 진영을 일방적으로 깎아내리는 이런 식의 '우월감의 정치(Sparrow, 2018)'는 아무에게도 도움이 되지 않는다. 이는 매노스피어 남성은 본래부터 '나쁨'이라는 속성을 갖고 있다고 전제하는데 이는 사실이 아닐뿐더러(여성혐오는 사회적으로 형성된 병리적 현상이다) 어떤 해결에도 이르지 못하게 한다. 만약 그들이 본래부터 여성혐오적이며 사회의 낙오자라면 우리가 할 수 있는 일이라고는 그들을 꾸짖거나 감옥에 가두는 것뿐이다. 나는 그런 접근을 받아들일 수 없다.

　안타깝게도 문제를 더 깊이 들여다보려는 시도조차 비슷한 함정에 빠질 수 있다. 나 또한 매노스피어를 설명하는 가장 흔한 방식인 '유해한 남성성'의 틀에 기대지 않으려고 한다. 유해한 남성성이란 남성성 중 일부 '유해한' 특질이 폭력, 혐오, 기타 문제적 행동으로 이어진다는 개념이다. 이 개념은 '건강한 남성성'과 대조되는 개념으로 제시되며(Waling, 2019a), 많은 논의에서 모든 남성이 '유해한' 태도와 '건강한' 태도를 동시에 지니고 있고 사회적 환경이 특정 남성에게서 이러한 유해한 특질을 더욱 드러나게 만든다고 본다(Salter, 2019). 유해한 남성성이라는 개념은 일부 페미니즘 담론과 언론에서 점점 더 자주 사용되고 있으며 남성의 폭력성, 감정 억압(이로 인한 우울, 불안, 자살), 신체 활동 감소, 동성애 혐오와 성차별은 물론, 기후 변화나 도널드 트럼프의 부상 같은 현상의 원인으로까지 지목되고 있다(Salter, 2019; Waling, 2019a).

안타깝게도 이 용어는 지나치게 남용된 나머지 이제는 본래의 의미와 효력을 거의 상실한 상태이다. 물론 유해한 남성성이라는 용어 자체가 반드시 그런 의미를 담고 있는 것은 아니지만 공론장에서 이 용어가 사용되는 방식은 마치 남성의 유해한 특질이 본래부터 내재된 것이며[그리고 여성에게는 그렇지 않으며(Salter, 2019; Waling, 2019a)] 그것이 남성이라는 신체에 병처럼 스며든 것처럼 느끼게 만든다(Waling, 2019a). '유해'라는 표현 자체가 남성의 몸을 병들거나 감염된 것으로 상정하게 만드는 것이다. 이로 인해 '문제적 남성성'은 사회적 관계 속에서 형성된 결과물이 아니라 마치 인간 본성의 산물로 여겨진다(Waling, 2019a).

이처럼 '남성의 신체'에 특정한 특질이 내재되었다고 보는 시각이 위험한 이유는 유해한 남성성을 사회 전반의 문제를 일으키는 유일한 동인으로 간주하기 때문이다(Waling, 2019a; 2019b). 이런 접근은 "남성성을 남성의 삶을 움직이는 유일한 원인으로 과도하게 강조한다(Waling, 2019b: 103)." 하지만 현실 속 남성의 삶은 그렇게 단순하지 않다. 좀 더 일상적인 예로 생각해 보자. 나는 일주일에 서너 번 헬스장에 간다. 헬스 문화와 남성성 사이에는 분명한 연관성이 있다. 많은 남성이 남성성을 강화하려는 목적으로 헬스장을 찾고 이런 경향은 종종 유해한 남성적 분위기를 만들기도 한다. 나 역시 내면 깊은 곳에서 헬스장에 가는 이유 중 하나가 내 남성성을 북돋는 데 있다는 점을 부인하지 않는다. 그러나 그것만이 전부는 아니다. 나는 그곳의 공동체가 좋아서 간다. 운동 후에는 기분이 한결 나아져 정신 건강에도 도움이 된다. 또한 나이가 들수록 근육을 키우는 것이 신체에 유익하다는 과학적 근거를 알기에 체력을 기르고 싶은 마음도 있다. 헬스장은 분명히 남성성과 관련이 있지만 결코 그게 전부는 아니다. 이렇듯 모든 문제를 남성성 하나로 설명하려는 시도는 지나치게 단순화된 관점일 뿐 아니라 우리가 진짜로 마주하고 해결해야 할 더 본질적인 문제를 흐리게 만든다.

    문제의 원인을 유해한 남성성 하나로 환원하는 것은 복잡하고 광범위한 사회 문제에 대해 지나치게 단순한 해답을 제시하려는 시도에 불과하다. 이는 남성이 자신의 남성성을 어떻게 인식하는지가 시대, 공간, 역사적 맥락, 지역적 특수성에 따라 달라질 수 있다는 점을 간과한 결과이다(Waling, 2019a). 남성성 자체가 언제 어디서나 동일한 것이 아닌 만큼 남성과 관련된 모든 문제의 원인을 남성성 하나에 돌리는 것은 명백히 무리이다. 이에 대해 마이클 솔터(Salter, 2019)는 다음과 같이 말했다.

> 유해한 남성성이라는 개념은 남성의 폭력성과 기타 사회 문제의 원인이 어디서나 동일하다는 전제에서 비롯되었으며 그 결과 모든 남성 문제의 해결책 또한 동일하다는 착각을 불러일으킨다. 그러나 물질적 조건의 중요성을 결코 간과할 수 없다.

이 문제는 특히 사회에서 주변부로 밀려난 남성 집단에 유해한 남성성이 적용될 때 더 두드러진다. 듀리스미스(Duriesmith, 2020: 25)는 필리핀의 폭력적 극단주의자를 다룬 연구에서 그들을 "유해한 남성성이나 '초남성성' 같은 단순화된 틀로 설명하는 대신에 관계 속에서 이해하는 게 중요하다"라고 말한다. 그는 기존의 극단주의 연구가 "유해한 남성성과 초남성성 개념에 의존하여 일반화하는 경향이 있고 그 결과 젠더가 각 지역의 맥락에서 어떻게 작동하는지 충분히 설명하지 못한다"라고 지적한다. 나 역시 이 의견에 동의한다. 이런 시각은 마치 하나의 진짜 혹은 건전한 남성성이 있고, 나머지는 거기서 벗어난 해로운 일탈처럼 보이게 만드는 이미지를 형성한다. 동시에 이렇게 해로운 변이들을 사회의 주류와 분리하면 (예를 들어 폭력성 같은) 많은 '유해한' 특성이 사실은 우리 사회의 핵심 제도 안에 깊게 뿌리내리고 있다는 점을 놓치게 된다. 결국 유해한 남성성이라는 개념은 '유해한' 개인을 사회와 떼어 놓는다(Pearson, 2019). 피어슨은 이 개념이 기존의 젠더 질서를 실제로 뒤흔드는 데 아무런 도움이 되지 않는다고 지적하며 이렇게 주장한다.

> 사회 주변부의 극단주의자가 보이는 소위 유해한 관행 가운데 상당수는 사실 사회 전반에 퍼져 있다는 점을 충분히 알 수 있다. 극단주의자가 실제로 사회와 완전히 분리된 존재가 아닌 것처럼 유해한 남성성 역시 가부장제나 사회적 젠더 규범과 따로 떨어져 있는 게 아니다. (Pearson, 2019, p.1269)

이처럼 유해한 남성성이라는 개념은 남성의 경험을 지나치게 단순화하는 동시에 이른바 유해한 남자를 주류 사회와 분리하는 결과까지 낳는다. 이 두 가지 결과 모두 매노스피어 커뮤니티의 복잡한 현실을 이해하거나 그들이 주류 사회와 어떻게 연결되어 있는지 파악하는 데 도움이 되지 않는다. 그래서 나는 매노스피어를 설명할 때 이 용어를 되도록 쓰지 않겠다.

소름 끼치도록 평범한 남자들

우리는 이보다 더 나은 길을 찾아야 한다. 매노스피어에 모인 소외된 남성, 심지어 폭력적인 이들조차 예외적이거나 극단적인 존재가 아니다. 그들은 우리가 함께 살아가는 사회의 징후를 드러내는 하나의 단면일 뿐이다. 그들은 괴물이 아니고 사실 우리와 크게 다르지도 않다. 그들이 겪는 문제, 그들이 드러내는 문제는 결국 이 사회 전체의 문제이다. 앞으로도 계속 강조하겠지만 매노스피어는 지극히 평범한 공간이다.

 이를 설명하기 위해 나는 한나 아렌트의 '악의 평범성'(Arendt, 1994)이라는 개념을 빌리고자 한다. 아렌트는 저서 《예루살렘의 아이히만: 악의 평범성에 대한 보고서 Eichmann in Jerusalem: A Report on the Banality of Evil》에서 제2차 세계대전 당시 수백만 명을 강제 수용소로 이송하는 작전을 조직한 나치 공작원 아돌프 아이히만의 전범 재판을 다뤘다. 예루살렘에서 열린 재판을 참관하며 아렌트는 그에게서 '악의 얼굴'을 보게 될 것이라고 예상했다. 그러나 그녀가 마주한 인물은 변태적이지도 가학적이지도 않은, 평범하고 무미건조한 관료였고 오히려 '소름 끼치게 정상적인' 사람이었다(Arendt, 1994: 276). 아렌트에 따르면 아이히만이 그런 범죄에 가담한 동기는 순수한 악이 아니라 그저 자신의 경력을 충실히 쌓고자 했던 욕망이었다. 나는 아이히만이 정말로 악했는지에 대한 논쟁에 깊이 들어가고 싶지는 않다. 일부 학자는 아렌트가 아이히만의 나치 이데올로기에 대한 헌신을 보여 주는 중요한 증거를 간과했거나 접근하지 못했다고 지적한다(White, 2018). 그러나 더 넓은 맥락에서 볼 때 아렌트의 핵심 통찰은 여전히 유용하다. 때때로 악하고 폭력적인 사상은 사회에 너무 깊이 스며들어 그것이 하나의 규범으로 자리 잡는다. 그러면 그 규범은 주류가 되고 사회 구성원은 누구나, 심지어 고리타분한 공무원조차 그 체계의 일부분이 된다. 이러한 맥락에서 극단적인 운동에 가담하는 남성은 어떤 일탈적인 존재가 아니다. 오히려 그들은 평범하고 지루하기도 한 바로 옆집 남자와 다를 바 없는 개인이다. 그들 역시 우리처럼 그저 일상에서 살아남고 성공하기 위한 길을 모색하려 애쓸 뿐이다. 아이히만이 그러했듯 매노스피어의 남성 역시 (비록 끔찍한 방식으로기는 하지만) 점점 더 버거워지는 세상 속에서 생존을 추구하는 평범한 사람들인 것이다.

이러한 생존을 향한 추구는 매노스피어를 이해하는 핵심 개념이다. 사실 매노스피어는 후기 자본주의가 만든 수많은 위기에 대한 하나의 대응 방식으로 볼 수 있다. 남성 역시 다른 사람과 마찬가지로 경제적, 사회적 측면에서 급격하게 변화하고 복잡해지는, 점점 더 불확실해지는 세계에 직면하고 있으며 이 모든 변화는 매우 빠른 속도로 진행되고 있다. 매노스피어는 일부 남성이 이 세계를 이해하고 살아남기 위해 택한 하나의 방식이다. 그곳은 불만을 표출할 수 있는 통로이며 세상이 왜 이렇게 되었는지 설명하는 서사를 제공하고 비슷한 생각을 가진 사람과 연결될 수 있는 공동체이자 점점 더 무의미하게 느껴지는 세계 속에서 의미와 목적을 찾는 공간이다. 그러나 문제는 이들이 자신이 비판하는 그 문제를 스스로 재생산하고 있다는 사실을 인식하지 못한다는 데 있다. 물론 남성은 자신이 내리는 결정에서 주체성을 가진 존재이며 나는 이 논의를 통해 그들이 저지르는 수많은 행동을 정당화하려는 것이 아니다. 다만 내가 말하고자 하는 바는 이 공동체에서 발생하는 폭력은 이미 우리 사회 구조 속에 깊숙이 내재된 것이며 남성은 수백 년, 어쩌면 수천 년에 걸쳐 자신의 문제를 해결하기 위해 반복해 온 행동을 또다시 되풀이하고 있을 뿐이라는 것이다.

분노를 배설하는 공간의 창조

남성은 이러한 위기에 대해 저마다 다른 방식으로 대응해 왔다. 테이트, 피터슨, 야노폴로스, 루시V와 같은 인물은 이 위기를 교묘히 이용해 수익을 올리는 데 성공했다. 그들은 남성들에게 자신의 사상을 따르면 위기에서 벗어날 수 있을 뿐 아니라, 오히려 그 안에서 성공할 수 있다는 환상을 터무니없이 높은 가격에 팔았다. 그들이 퍼뜨리는 메시지를 살펴보면 이들이 실상 그럴듯한 말로 헛된 희망을 파는 뱀기름 장수에 지나지 않음을 알 수 있다.

그러나 매노스피어를 이루는 대다수의 남성, 내가 이 책에서 주목하는 이들은 위기 속에서 세상을 이해하고, 존재하고, 살아남기 위한 공간과 공동체를 찾아 이곳에 이르게 되었다. 매노스피어는 이론가들이 '친밀한 공적 영역intimate public'이라고 부르는 현상의 한 예이다. 친밀한 공적 영역이란 공유된 세계관과 정서적 인식을 바탕으로 유대감을 형성하는 집단을 뜻한다. 그게 도대체 무슨 말이냐고? 친밀한 공적 영역 안에서 개인은 단지 같은 생각으로만 연결되는 것이 아니라 자신들이 이 세상에서 어디에 속해 있는지에 대한 집단적인 감정으로도 묶인다. 이들은 정치라는 수단을 거부하며 자신들이 속한 공동체의 결속력과 그 속에 깃든 감정의 힘만으로도 세상을 바꿀 수 있다고 믿는다.

친밀한 공적 영역은 우리 사회 전반에 걸쳐 존재하며 정치적 성향과 관계없이 다양한 집단을 설명하는 데 쓰일 수 있는 개념이다. 로런 버런트(Berlant, 1988; 2008)의 연구에 따르면 이 개념이 처음 적용된 집단은 주로 백인 미국 여성으로 로맨스 소설을 매개로 같은 불만을 공유하던 독자층이었다. 버런트는 이 현상을 두고 여성이 소설의 텍스트를 활용해 자신들의 삶에 대한 집단적 불만을 드러냈다고 주장했다. 그는 이 현상을 '여성의 불만'이라고 명명했다. 이 책의 제목에서도 드러나듯 나 역시 버런트의 개념을 차용해 매노스피어를 설명하고자 한다. 매노스피어는 남성이 서로의 불만을 공유하고 그 불만을 중심으로 연결되는 공간이다. 말하자면 '남성의 불만'이 형성된 것이다. 물론 그들의 불만이 언제나 합리적이거나 타당한 것은 아니다. 그러나 이 공통된 불만을 기반으로 한 커뮤니티는 일부 남성에게 강한 매력을 발휘하며 집단적 정체성과 목적 의식을 통해 그들을 하나로 결속시킨다.

내가 매노스피어를 이런 시각으로 바라본다고 해서 그들이 퍼뜨리는 편견과 여성혐오의 심각성을 과소평가하려는 건 아니다. 오히려 그 반대이다. 편견과 여성혐오는 결코 사소한 문제가 아니며 매노스피어 남성은 여성혐오를 명분으로 삼아 여러 차례 폭력적 공격을 정당화해 왔다. 우리는 이를 막기 위해 가능한 모든 노력을 기울여야 한다. 하지만 기억해야 할 점은 매노스피어의 여성혐오가 결코 새로운 현상이 아니라는 사실이다. 이들은 수 세기 동안 반복된 상투적 담론과 사고방식을 그대로 되풀이하며 오늘날 우리가 겪는 모든 문제의 책임을 여성에게 떠넘기는 방식으로 커뮤니티를 유지해 왔다. 우리는 또 한 번의 성 전쟁 국면에 직면해 있고 일부 남성은 그 전장에 자발적으로 뛰어들어 치열하게 싸우고 있다. 매노스피어 남성이 그렇게 나서는 이유는 그것만이 살아남기 위한, 어쩌면 살아남을 가치를 찾기 위한 유일한 길이라고 믿기 때문이다.

나는 매노스피어를 이런 시각으로 바라보는 것이 그 커뮤니티를 제대로 이해하고 필요한 대응을 모색하는 데 매우 중요하다고 본다. 매노스피어와 그 안의 남성을 주류 사회와 단절된 별종처럼 취급한다면 이는 결국 우리 자신, 나아가 사회를 이끄는 지도자와 주류 제도를 그 책임에서 면제해 주는 꼴이 된다. 그것은 매우 중대한 실수이다. 매노스피어는 무에서 갑자기 생겨난 것이 아니다. 오히려 현대 사회의 이념과 제도, 특히 후기 신자유주의적 자본주의가 낳은 실패에 대한 반응으로 나타났다(Bratich and Banet-Weiser, 2019). 이 점을 이해하는 것이 중요한 이유는 많은 논평가가 매노스피어의 여성혐오를 이야기할 때 특히 소셜 미디어의 부상과 결합해 이 현상을 마치 완전히 새로운 것처럼 묘사하기 때문이다. 예를 들어 페이스북 창립자 마크 저커버그의 여동생 도나 저커버그는 자신의 저서에서 이렇게 주장한다.

소셜 미디어는 전례 없는 정보 민주화를 가져왔지만 동시에 반페미니즘적 사상을 지닌 남성에게 그 어느 때보다 넓은 확산 경로를 열어 주었다. 그들은 이 공간을 통해 자신들의 견해를 퍼뜨리고 각종 음모론과 거짓, 허위 정보를 확산시킬 수 있게 되었다. 그 결과 소셜 미디어는 여성혐오를 과거 어느 때보다 폭력적이고 악의적인 수준으로 끌어올렸다.

그러나 폭력적 여성혐오는 소셜 미디어나 매노스피어가 등장하기 훨씬 이전부터 존재했으며 현재의 사회적 조건을 고려할 때 설령 이러한 플랫폼이 내일 당장 사라진다 해도 여전히 지속될 가능성이 높다. 예를 들어 도나 저커버그의 주장은 과거 여성이 여성혐오적 폭력의 일환으로 말 그대로 화형당했던 마녀사냥의 역사를 간과한다(Federici, 2018). 매노스피어가 새로운 방식으로 표현하고 있을 수는 있지만 그 사상 자체는 전혀 새로운 것이 아니다. 그렇기에 이 커뮤니티의 역사와 그들이 반복해 온 여성혐오적 사상의 계보를 되짚고 이해하는 일은 매우 중요하다.

이 연구에서 나의 핵심 목표는 매노스피어의 여성혐오가 어디에서 비롯되는지를 이해하는 것이다. 여성혐오는 어느 날 갑자기 생겨나는 것도, 무에서 갑자기 솟아나는 것도 아니다. 매노스피어라는 공간이 왜, 어떻게 생겨났는지 이해해야만 문제의 근원을 찾아내고 실질적인 대응이 가능하다. 레이첼 오닐(O'Neill, 2018b)은 이렇게 말한다. "여성혐오가 그저 이유 없이 존재하는 것이 아니며 그것이 결코 움직일 수 없는 고정된 힘이라고 믿는 것이 아니라면 우리는 무엇이 남성을 매노스피어로 이끄는지 이해해야 한다." 이것이 이 책의 가장 본질적이며 가장 우선적인 목표이다.

나쁜 남자 담론을 넘어

매노스피어를 이런 시각으로 바라보며 사유하고 글을 쓴다는 것은 결코 쉬운 일이 아니다. 끔찍한 말을 내뱉거나 폭력적인 행동을 저지르는 남성을 이해하려고 하고, 심지어 그들에게 어느 정도 공감하려는 시도를 동반하기 때문이다. 그 과정에서 나는 남성의 폭력을 정당화한다는 비난을 받기도 했다. 하지만 그것은 내가 의도한 바도, 실제로 하고 있는 일도 아니다. 나는 다만 이 공동체를 조금 다른 시각으로 사유하고 다른 방식으로 접근하고자 할 뿐이다.

이 책은 남성이 왜 매노스피어에 끌리는지, 그곳에서 무엇을 얻는지, 더 넓게는 매노스피어가 남성과 사회에 어떤 영향을 미치는지를 탐구한다. 매노스피어 같은 집단을 설명할 때 많은 사람이 이를 일련의 단계로 파악하려 한다. 예컨대 어떤 남성이 A 지점(평범한 청년)에서 시작해 B, C를 거쳐 결국 인셀이 되어 대규모 폭력에 이르는 과정처럼 선형적으로 접근하는 것이다. 하지만 나는 이런 방식이 크게 도움이 된다고 보지 않는다. 삶의 궤적은 누구에게나 다르기 때문이다. 불행히도 나 역시 각각의 남성이 어떻게 이 커뮤니티에 이르게 되는지, 또 그들이 파괴적인 방향으로 나아가는 것을 막기 위해 어떤 시점에서 개입해야 하는지를 명확하게 설명할 수는 없다.

그 대신에 이 책은 각 장에서 매노스피어를 이루는 다양한 요소를 하나씩 살펴보며 남성이 왜 이런 커뮤니티에 끌리는지, 그 안에서 무엇을 얻는지, 매노스피어가 개인과 사회 전체에 어떤 영향을 미치는지를 퍼즐 조각처럼 맞추려 한다(Hafez and Mullins, 2015). 이 여정을 통해 나는 독자와 함께 다음 네 가지 주제를 차례로 깊이 탐구하고자 한다. 첫째, 불만과 소외, 둘째, 정체성의 형성, 셋째, 외로움과 공동체, 넷째, 허무주의와 폭력이다.

2장에서는 남성이 무엇에 불만을 가지는지, 그 불만이 어디에서 비롯되는지, 왜 그것이 남성을 하나의 커뮤니티로 이끌 만큼 중요한지 살펴본다. 이어지는 3장에서는 남성이 이러한 불만을 중심으로 어떻게, 왜 집단적 정체성을 형성하는지를 탐구하며 그들이 어떻게 우리 사회 안에서 자신을 억압받는 존재로 자리매김할 수 있는지를 질문한다. 4장과 5장은 매노스피어 남성이 자신들의 불만에 어떻게 반응하고 그에 대해 어떻게 대처하는지 다룬다. 4장은 커뮤니티가 왜 그들에게 중요한지, 그 커뮤니티를 형성하기 위한 실천으로서 자기 계발이 어떤 역할을 하는지를 살펴본다. 5장은 이러한 불만이 어떻게 여성에 대한 증오와 폭력으로 이어지는지 분석한다. 마지막으로 6장은 매노스피어에서 비롯되는 여성혐오와 폭력 문제에 사회가 어떻게 대응할 수 있을지를 고찰하며 이 책을 마무리한다.

퍼즐 조각들은 서로 긴밀하게 맞물려 있다. 예를 들어 커뮤니티는 매노스피어의 핵심 매력 요소이자 동시에 정체성을 형성하는 기반이다. 남성의 불만 역시 폭력으로 이어진다는 점에서 각각의 조각은 고립된 요소가 아니라 서로 연결된 구조의 일부이다. 이러한 퍼즐을 떠받치는 것은 사회의 지배적 제도와 이념이며 그

근저에는 자본주의가 자리한다. 이 책은 바로 이 구조들이 어떻게 작동하는지를 하나하나 살펴볼 것이다. 매노스피어가 단순한 현상이 아니듯 퍼즐이라는 은유 또한 결코 단순하지 않다. 복잡하게 얽힌 조각들을 탐구하는 일은 쉽지 않지만 충분히 가치 있는 작업이며 매노스피어를 어떻게 이해하고 분석할지에 대한 방향성을 제시할 것이다.

　이 주제를 다루는 일은 결코 쉽지 않다. 이 책에는 읽는 이에게 불편함을 줄 수 있는 내용이 포함되어 있다. 나는 매노스피어를 떠받치는 성차별적 현실을 직시하는 데 주저하지 않을 것이며 그 내용을 분명히 드러낼 것이다. 그러니 독자 역시 때로는 불쾌할 수 있는 진실을 마주할 준비를 해 주기 바란다. 그럼에도 나는 확신한다. 매노스피어를 제대로 이해하지 않고서는 이 문제에 결코 효과적으로 대응할 수 없다. 그러니 각오를 단단히 하고 이 커뮤니티의 심층으로 함께 들어가 보자.

2장
소외된 젊은 남성

결혼은 끝났다. 이혼은 곧 인생이 망했다는 뜻이다. 여성은 이제 일부일처제에 관심이 없다. 그러니 진지한 관계나 가정을 꾸리는 건 우리에게 더 이상 의미가 없다. 그게 현실이다. 설령 우리가 위험을 감수하고 결혼을 한다 해도 태어나는 아이가 정말 내 아이일 거라는 보장도 없다. 프랑스에서는 아내가 바람나서 낳은 아이에 대해서도 남편이 양육비를 내야 한다.

학교에서도 남학생은 계속해서 당하고 또 당한다. 학교라는 제도 자체가 여자를 위해 설계돼 있다. 미국에서는 남자아이들이 시끄럽다는 이유로 ADHD, 즉 주의력결핍과잉행동장애에 쓰는 리탈린을 사탕 먹이듯 들이붓는다. 여학생은 여성할당제 덕분에 특혜를 받지만 남학생은 점점 더 밀려나 변두리로 떨어지고 있다.

우리 세대 중 누구도 여유 있는 노후를 기대하지 않는다. 우리는 이전 세대가 누린 부의 4분의 1, 많아야 3분의 1 정도밖에 갖지 못한다. 일자리가 없어 실업과 빈곤을 피하기 위해 모두가 고등교육으로 몰려가고 있는 상황이다.

지금 이 현실이 아무리 힘들어도 최소한 여자에게서 위안을 받을 수만 있다면 그렇게까지 나쁘진 않았을 거다. 하지만 우리는 여성에게 관심을 보였다는 이유만으로 소아성애자나 잠재적 강간범 취급을 받는다.

이상은 독일의 젊은 남성이자 비디오게임 애호가인 루퍼트의 말이다. 극우 성향의 선동가였으며 현재는 온라인에서 값싼 종교용품을 판매하는 마일로 야노풀로스는 〈브라이트바트 뉴스〉에 매노스피어 사상에 관한 인기 있는 기고문을 쓰면서 루퍼트를 알게 되었다고 한다(Yiannopoulos, 2014). 루퍼트의 발언은 10년도 더 전에 쓰인 것이지만 오늘날 매노스피어 남성이 반복하는 주장과 크게 다르지 않다. 여성에 대한 불만에서부터 학교에서 받은 대우, 자신의 미래에 대한 허무감에 이르기까지 루퍼트의 말은 매노스피어를 지배하는 여러 불만을 함축적으로 드러낸다

여러분은 지금 《젊은 남성은 왜 분노하는가?》라는 제목의 책을 읽고 있다. 그렇다면 내가 가장 먼저 던져야 할 질문은 이것이다. 도대체 남자가 불평할 일이 무엇이 있는가? 우리는 그 불만에 진지하게 귀 기울여야 할까? 아니면 한때의 권력을 잃고 분노하는 일부 특권층 남성의 불만으로 치부해야 하는 걸까?

이런 질문을 던진 사람이 내가 처음은 아니다. 사회학자 마이클 키멜은 그의 저서 《분노하는 백인 남성들 Angry White Men》에서 조롱 섞인 말투로 이렇게 묻는다. "중산층 또는 상류 중산층에 속한 백인 중년 남성이 대체 무엇 때문에 불평을 할 수 있다는 말인가?"(Kimmel, 2017: 137) 키멜은 이처럼 서구 남성의 불만을 가볍게 치부한다. 그는 이들의 불평이 '박탈된 특권 의식'에서 비롯된다고 본다. 즉 남성이 자신이 당연히 누려야 할 부와 권력을 박탈당했다는 인식에서 분노가 생긴다고 주장한다. 물론 이러한 해석에도 일리가 있고 그 점에 대해서는 뒤에서 더 자세히 다룰 예정이다. 하지만 남성의 불만은 단순히 특권을 잃었다는 설명만으로는 다 담아낼 수 없는, 훨씬 깊은 뿌리를 지니고 있다.

매노스피어 남성의 불만을 제대로 들여다보자. 이들은 도대

체 무엇에 대해 불평하는 걸까? 그 불만은 어디에서 비롯되며, 왜 결국 여성과 페미니즘을 향하게 되는 걸까? 나는 이들의 불만을 진지하게 다뤄야 한다고 믿는다. 우리가 그들의 주장에 모두 동의하지 않더라도, 그들이 자신의 문제를 여성에게 돌리는 방식이나 그 불만이 폭력적인 방향으로 나아가는 것에 동의하지 않더라도 말이다.

남자의 상황이 정말 그렇게 나쁜 걸까?

남성은 도대체 무엇을 두고 불평하는 걸까? 이런 질문을 받으면 매노스피어 남성은 자신들이 과거에 비해 그리고 여성에 비해 점점 뒤처지고 있는 여러 영역을 지적한다. 일부 저명한 페미니스트조차 이런 통계에 주목한다. 예컨대 케이틀린 모런은 자신의 저서 《남자들은 어떨까?What About Men?》에서 한 중산층 소년이 현대 남성이 직면한 다양한 문제를 열거하며 자신을 놀라게 했던 일화를 소개한다. 소년은 "제가 몇 가지 통계를 보여 드릴까요?"라고 말하며 이렇게 이야기를 이어 갔다고 한다.

남자는요, 학교에서 성적도 여자애보다 낮고, 퇴학도 더 많이 당해요. 대학도 덜 가고요. ADHD나 문제 행동 같은 거 때문에 약 먹는 애도 훨씬 많고, 중독도 더 잘 돼요. 마약, 술, 포르노 같은 거요. 조직폭력배도 대개 남자이고 노숙자도 거의 다 남자예요. 자살하는 사람, 살해당하는 사람도요. 감옥에 있는 사람들도 남자가 훨씬 많아요. 실업자도 남자가 더 많고 일하다 죽는 사람도 그렇고, 전쟁 나가서 죽는 것도 남자예요. 이혼하면 자녀 양육권을 가져갈 확률도 여자가 훨씬 높고요. (Moran, 2023)

서구 국가에 사는 팔자 좋은 십대 소년의 불만이 정말 믿을 만하냐고 묻는 독자도 있을 것이다. 하지만 소년이 말한 통계만큼은 틀리지 않았다. 예를 들어 학교 성적만 봐도 남학생은 여학생보다 모든 지표에서 뒤처진다. 시험 점수도 낮고, 고등학교 졸업률이나 대학 진학률도 낮다. 남학생은 여학생보다 더 자주, 더 심하게 징계를 받고 학습장애 진단을 받을 확률도 더 높다(Abrams, 2023). 남성 자살률은 더 심각하다. 2019년 영국 웨일스의 자료에 따르면 남성 자살률은 인구 10만 명당 16.9명으로 2000년 이후 가장 높은 수치를 기록했다(Butler, 2020). 이는 여성 자살률(10만 명당 5.3명)의 세 배를 넘는다. 이런 통계는 다른 서구 국가에서도 크게 다르지 않다. 교도소 수감률도 마찬가지이다. 2022년 미국에서 수감된 남성은 114만 2359명이었는데 같은 해 수감된 여성은 8만 7784명에 불과했다(Statista, 2022). 물론 남성이 여성보다 더 많은 범죄를 저지르는 건 사실이다. 하지만 수감 생활이 개인의 삶에 끼치는 영향을 생각할 때 이처럼 압도적으로 많은 남성이 감옥에 있다는 사실은 결코 가볍게 넘길 수 없다.

매노스피어 남성뿐만 아니라 여러 사상가 역시 이러한 통계를 '남성성의 위기'가 도래했다는 증거로 지목한다. 사실 이 위기에 대한 논의는 이미 1980년대부터 제기되었다. 남성과 소년이 특정한 사회적, 경제적 어려움에 직면해 있으며 그로 인해 부정적인 결과를 겪고 있다는 것이다(Edley, 2017). 매노스피어 남성은 이러한 위기의 원인을 '남성에 대한 공격'에서 찾는다. 반면 다른 이들은 오히려 전통적인 남성성에 과도하게 집착하는 것이 현대 사회에서 남성이 제대로 살아가고 번영하는 데 방해가 된다고 본다. 어느 쪽이든 분명한 것은 이러한 위기가 실재한다는 점이다. 따라서 남성이 이러한 문제에 대해 불평하고 문제를 제기하는 것 자체는 정당하다. 왜 남성만 여전히 전쟁터에서 목숨을 잃어야 하며 점점 더 복잡해지는 정신건강 문제와 자살의 위협에 시달려야 하는가? 만약 소년들이 학교에서 낙오하고 있다면 당연히 우리는 그 문제를 해결해야 하지 않겠는가? 또한 희생자가 남자이든 여자이든 일터에서 발생하는 사망 사고 역시 우리가 지속적으로 해결해야 할 중요한 과제임이 분명하다. 그런 의미에서 매노스피어 남성의 주장 중 일부는 타당하다. 그들이 제기하는 문제 중에는 실제로 우리가 직면하고 해결해야 할 것들이 존재한다.

    문제가 정말 그렇게 간단하다면 얼마나 좋을까? 그렇다면 이쯤에서 글을 마치고 좀 더 가벼운 읽을거리로 넘어가도 좋을 것이다. 하지만 이런 통계만으로는, 남성성의 위기라는 개념만으로는 현재 남성이 겪는 문제를 온전히 설명할 수 없다. 매노스피어라는 현상이 왜 등장하게 되었는지도 충분히 설명하지 못한다. 무엇보다 이러한 통계는 동전의 한 면만을 보여 줄 뿐이며 남성이 지금 억압받는 집단이라는 주장의 근거로 삼기에는 무리가 있다. 예를 들어 남학생이 학교에서 어려움을 겪는다는 것은 맞지만 그들은 여전히 졸업 후 정치, 경제, 과학 등 사회 전반에서 지도자 자리를 차지하는 경우가 많다. 남녀 간 임금 격차도 여전히 크며 쉽게 좁혀질 기미가 보이지 않는다. 또한 앞서 언급했듯 남성이 교도소 수감자의 대다수를 차지하는 주된 이유는 남성이 실제로 더 많은 범죄를 저지르기 때문이다. 특히 여성(그리고 다른 남성)을 향한 폭력 범죄가 그렇다. 세상이 많이 변하기는 했지만 여전히 이 사회에서 남성이 상당한 권력을 쥐고 있다는 사실만큼은 부인할 수 없다.

    게다가 이 통계들은 대부분 새로운 것도 아니다. 더 아이러니한 건 매노스피어 남성 스스로 이런 통계가 발생하는 사회 구조의 유지를 주장해 왔다는 점이다. 예컨대 전쟁터에 나가는 것이 남성의 몫이었던 건 오래된 현실이다. 요즘은 여성도 전투에 참여할 수 있게 되었지만 매노스피어 남성은 오히려 그런 변화를 못마땅해한다. 한편으로는 전쟁에서 남성이 목숨을 잃는 현실을 비판하면서도, 다른 한편으로는 그것을 남성다움의 상징이자 명예로 여기며 여성의 참전을 비난하는 모순적인 태도를 보인다. 일터에서 사망하는 사람 대다수가 남성이라는 점도 마찬가지이다. 전통적으로 남성이 노동 시장을 지배해 왔고 위험이 높은 직군에 더 많이 배치되었기 때문에 이는 어느 정도 자연스러운 결과이다. 그럼에도 매노스피어 남성은 이런 수치를 근거 삼아 남성의 희생을 강조하면서도 정작 그들을 위험한 노동 환경으로 내모는 고용 구조나 자본주의적 시스템에 대해서는 침묵한다. 결국 이런 통계들은 불만의 정서를 자극하는 데는 충분하지만 매노스피어나 '억압받는 남성'이라는 서사의 부상을 온전히 설명하기에는 부족하다. 남성이 직면한 문제는 어제오늘의 일이 아니다. 그렇다면 이 현상을 낳은 더 근본적인 배경이 따로 있는 것이 아닐까?

가장 중요한 사실은 이런 모든 통계가 매노스피어 남성이 왜 분노의 화살을 페미니즘에 겨누는지는 설명하지 못한다는 점이다. 많은 페미니스트 역시 이러한 통계에 우려를 표해 왔으며 이미 여러 해 전부터 그래 왔다. 페미니스트는 이러한 통계가 적어도 부분적으로는 남성과 여성에게 강요되는 엄격한 성역할 규범에서 비롯된 것이라고 올바르게 지적해 왔다. 다시 말해 성차별적인 사회는 여성뿐 아니라 남성도 해치고 있다는 것이다. 이러한 시각은 초기 남성 해방 운동과도 일치한다. 이 운동은 한때 페미니즘과 손잡고 연대하기도 했지만 1990~2000년대에 들어서면서 뚜렷한 균열을 드러내며 결별했다(Coston and Kimmel, 2013). 또 하나 기억해야 할 것은 모든 남성이 이러한 문제의 원인을 여성이나 페미니즘에 돌리는 것은 아니라는 점이다. 많은 남성은 노동조합에 가입하거나 정신건강 지원 모임을 찾고 반전 운동에 참여하는 방식으로 자신의 불만을 표현해 왔다. 따라서 단순한 통계 수치만으로는 매노스피어 남성이 왜 유독 페미니즘을 적대시하는지를 설명할 수 없다.

따라서 매노스피어의 등장을 이해하기 위해서는 좀 더 깊이 있는 탐구가 필요하다. 이것은 단순히 남성과 여성을 비교하는 문제가 아니다. 우리는 최근의 사회 변화가 남성의 광범위한 불만을 촉발하게 된 이유뿐 아니라 왜 그 불만이 하필 페미니즘을 겨냥하게 되었는지 함께 살펴보아야 한다. 지금부터 우리가 향할 방향이 바로 그 지점이다.

남성성의 약속과 배신

우리는 남성의 불만을 단지 학업적 성취, 수감률, 자살률 같은 통계에만 근거해 설명할 수 없다. 사실 매노스피어의 부상을 이끈 근본적인 원인은 훨씬 더 깊은 곳에 있다. 그 뿌리는 서구 사회의 변화, 특히 남자다움에 대한 인식의 변화 속에 자리 잡고 있다.

모든 남성이 그렇지는 않지만, 매노스피어 남성들은 자신들이 생각하는 이상적인 남성성에 대한 서사를 공유한다. 다음이 그 대표적인 예다. 다음의 인용문은 현재는 폐쇄된 웹사이트 MGTOW.com에 게재된 글의 일부로, 그들은 다음과 같은 말로 매노스피어에 대한 설명을 시작한다.

행복이란 하늘을 나는 독수리와 같다. 독수리는 원래 날기 위해 태어난 존재이다. 그래서 독수리는 바람을 두려워하지 않는다. 바람은 저항을 만들지만 그 저항이 날개를 들어 올리는 힘이 되기 때문이다. 행복이란 또한 물속을 헤엄치는 물고기와 같다. 물고기는 원래 헤엄치기 위해 태어난 존재이다. 그래서 물고기는 거센 물살을 두려워하지 않는다. 시야를 흐리는 그 물살이 동시에 먹이를 끌어올려 주기 때문이다. 행복이란 또한 뿌리 깊은 나무와 같다. 나무는 원래 뿌리를 내려 존재한다. 나무는 자유롭지 못함을 두려워하지 않는다. 뿌리가 나무를 붙잡고 거센 폭풍 속에서 꺾이지 않게 지탱해 주기 때문이다.

　행복이란 가족을 지키고 돌보며 앞으로 나아가 정복하고 더 큰 목적을 위해 자신을 희생하며 끝내 자신의 유산을 남기는 남자이다. 남자는 그렇게 존재하도록 만들어졌기 때문이다. 그는 고난도, 혼란도, 자신을 헌신하는 것도 두려워하지 않는다. 남자는 구조상 고난을 성장의 동력으로 삼고 거센 물살 속에서도 먹이를 찾아내며 헌신이라는 깊은 뿌리를 통해 스스로에게는 흔들리지 않는 안정감을, 보호하기로 맹세한 이들에게는 안전을 제공하기 때문이다.[1]

이처럼 이상화된 남성성에 대한 서사는 20세기 두 차례 세계대전 이후 사회가 남성에게 내건 약속과 궤를 같이한다. 수진 팔루디(Faludi, 1999: 26)는 이를 '남성성의 사명'이라 부르며 이 시기 사회가 남성에게 네 가지 사명을 부여했다고 설명한다. 남성에게 행복과 존재의 목적을 보장할 것이라 약속했던 네 가지 사명은 다음과 같다. (1) 개척해야 할 새로운 영역. (2) 무찔러야 할 사악한 적. (3) 익명의 구성원이 더 큰 영광을 함께 누릴 수 있는 형제애적 제도. (4) 부양하고 지켜야 할 가족.

　이러한 사명은 앞서 소개한 MGTOW.com의 소개 글에도 뚜렷하게 드러난다. 특히 행복을 "가족을 보호하고 돌보며 앞으로 나아가 정복하고 더 큰 목적을 위해 자신을 헌신하며 자신의 유산을 남기는 것"이라고 정의하고 그것을 남자가 태어난 이유라 명명한 서술이 그렇다.

이러한 남성의 사명은 단지 개인의 행복을 위한 설계에 그치지 않고 사회에 기여하는 방식으로도 정당화되었다. 그렇게 형성된 이상적 남성상은 다양한 현대 신화 속에서 반복적으로 재현된다. 이를테면 미국 서부를 개척하는 카우보이, 제1차 세계대전에서 적을 물리치는 데 보여 준 '동지애'와 결연함으로 숭배받는 호주·뉴질랜드 연합군ANZAC 병사 '디거diggers', 매일 출근해 가족을 부양하는 중산층 가장은 모두 자신에게 부여된 남자의 사명을 수행하는 존재로 그려진다. 우리의 집단적 상상 속에서 이 남성들은 세상 속으로 나아가 개척지를 차지하고 적을 물리치며 그렇게 함으로써 동시에 형제애를 만들고 가족을 지키는 존재로 자리한다.

이러한 남성의 사명은 자본주의 사회에서 남성에게 일정한 지위와 존재의 의무를 부여했다. 초기 자본주의는 가사 노동을 여성에게 전가하는 방식으로 작동했으며(Brenner and Ramas, 1984: 26), 가정 내에서 일어나는 모든 일은 여성의 몫으로 귀속되었다. 여성에게는 집에 머물며 자녀를 돌보는 역할이 주어졌고 반대로 남성은 집 밖으로 나가 일하고, 싸우고, 정복하는 역할을 맡았다. 이렇게 자본주의는 '공적 영역(남성적)'과 '사적 영역(여성적)'을 분리하고 이원화된 질서를 강화했다(Sheller and Urry, 2003; Sheller, 2004). 결국 남성성의 사명은 남성이 자신에게 주어진 사회적 역할을 충실히 수행하며 그 안에서 성공을 추구하는 하나의 경로로 작동한 셈이다.

남성의 사명은 남성성 이론가가 말하는 '패권적 남성성'의 기반이 되기도 한다. 이 개념은 가장 널리 알려진 남성성 연구자 중 한 명인 레이윈 코넬(Raewyn Connell, 1995)이 제시한 것으로 특정한 유형의 남성성이 다른 유형보다 문화적, 정치적으로 더 정당하고 이상적인 것으로 여겨지게 만드는 사회적 과정을 설명한다. 패권적 남성성은 가장 존경받는 남성성의 형태, 즉 다른 남성들이 본받고자 하는 이상으로 기능한다(Connell, 1995; Connell and Messerschmidt, 2005). 물론 모든 남성이 패권적 남성성이 제시하는 규범에 부합하는 것은 아니다. 하지만 모든 남성은 각기 다른 방식으로 이 규범을 유지하고 강화하는 데 참여한다(Connell, 1995). 이렇게 남성성의 사명이 주도하는 패권적 규범은 '자수성가한 남성'의 이미지로 대표된다(Kimmel, 2011). 그는 사회에 기대지 않고 오직 노력과 성공을 통해 스스로를 단련한 존재로 그려진다. 이 자수성가한 남성은 오직 자신의 기지와 창의력으로 성공을 일군 기업가의 모습에서, 시대별 이상적 남성상이 체화된 존재이자 독보적인 천재로 여겨지는 미국 대통령의 이미지에서 우리의 집단적 상상에 깊이 각인되어 있다. 이러한 현상을 팔루디(Faludi, 1999: 10)는 다음과 같이 설명한다.

자신의 환경을 완벽히 통제하는 남성, 이것이 오늘날 미국 사회가 이상적으로 그리는 남성성의 모습이다. 그는 공동체의 일원이 됨으로써가 아니라 공동체의 영향을 전혀 받지 않고 그 위로 비상함으로써 자기 가치를 입증해야 한다. 그는 사회의 손길이 닿지 않는 곳까지 홀로 나아가며 그 길을 가로막는 모든 것 혹은 모든 사람을 세울 수도, 무너뜨릴 수도 있는 존재이다. 그는 철저히 혼자이며 그 누구의 도움도 없이 모든 것을 스스로 이루어야 하는 사람이다.

물론 모든 남성이 이런 사명을 완수한 것은 아니다. 아무리 원하고 노력해도 누구나 이처럼 높은 기준을 충족할 수는 없었다. 그러나 코넬(Connell, 1995)에 따르면 패권적 남성성에서는 남성(그리고 여성까지도!)이 저마다 다른 방식으로 이 규범을 유지하는 데 참여한다. 누군가는 자수성가한 남성이라는 이상에 실제로 가까이 다가가지만 다른 이들은 그 이상을 좇으려 애쓰거나 이미 그 자리에 오른 이를 숭배하거나 혹은 그 기준에 도달하지 못한 사람이나 그 기준 자체를 거부하는 사람들을 공격하고 배척하는 방식으로 이 규범을 지탱한다.

나는 이 남성의 '사명'이나 패권적 남성성의 이상이 남성이나 사회에 긍정적이었다고 주장하려는 게 아니다. 개척해야 할 전선이라는 사명은 세계를 이끌어 온 남성과 그들을 따르는 이들이 식민주의적이고 공격적인 전쟁에 참여하도록 부추겼다. 가정을 부양하고 보호해야 할 책임이라는 사명은 남성을 한 집안의 가장으로 고정시켜 여성 억압과 가정폭력, 심지어 성폭력을 정당화하는 데 활용되었다. 이러한 사명은 전반적으로 남성을 철저히 '사회적 영역'에 배치함으로써 주요 제도 전반에서 그들에게 권력을 부여하는 역할을 했다. 그러나 가장 중요한 점은 이 사명이 모든 남성에게 해당되지 않는다는 것이다. 동성애자, 유색인종, 트랜스 남성, 애초부터 분할과 정복의 논리에 동의하지 않는 남성은 이 서사에서 처음부터 배제되었고 지금도 배제되고 있다. 이들은 남성성의 이상에 부합하지 못하거나 그것을 원하지 않는다는 이유로 주변화되거나 처벌받았다. 따라서 이 패권적 남성성이 요구하는 사명과 그것이 그리는 남성성의 이미지는 반드시 도전받고 극복되어야 한다. 이를 위해 수많은 페미니스트, 남성 해방 운동가, 다양한 진보적 사회 운동이 꾸준히 이어지고 있다.

패권적 남성성이 요구하는 사명은 문제가 많은 개념이지만 동시에 많은 남성에게 삶의 목적과 방향성을 제공한 것도 사실이다. 매노스피어 남성은 이 점을 끊임없이 강조한다. 그들은 남성이 사회에서 더 가치 있는 존재로 여겨진 시절을 그리워하며 그때로 돌아가고 싶어 한다. 예컨대 〈가부장제를 옹호하며In defence of the patriarchy〉라는 제목의 블로그 글에서 제레미 윌슨(Wilson, 2014)은 가부장제가 남성과 여성에게 각자의 중요한 역할을 부여했던 제도였다고 회상한다. 그는 이렇게 쓴다.

가부장제의 목적은 남성과 여성에게 각기 다른 역할을 부여함으로써 아이를 낳고 가정을 보호하는 데 있다. 여성은 자녀를 양육하고 남성은 가족을 부양하는 구조이다. 물론 이러한 성역할이 성미에 맞지 않는 소수의 사람, 이를테면 아이를 싫어하는 여성이나 소꿉놀이를 좋아하는 남성은 언제나 존재했다. 그들에게는 이 체제가 꽤나 불편하고 고통스러웠을 것이다. 하지만 인류 생존이라는 긴 역사 속에서 보면 가부장제는 그 나름의 방식으로 잘 작동해 왔다.

이 논리에 따르면 남성적 사명이 지닌 가장 실용적인 기능은 남성성과 '사회적 유용성'을 강하게 연결했다는 점이다(Faludi, 1999: 11). 매노스피어 남성은 이 연결 고리를 극단적으로 해석한다. 그들은 인류 문명과 현대 사회를 구성하는 거의 모든 핵심 요소가 남성에 의해 창조되었다고 주장한다. 한 예로 윌슨(Wilson, 2014)은 이렇게 말한다.

> 가부장제는 우리에게 불, 쟁기, 바퀴, 직물, 자본주의, 회화, 문자, 의학, 음악, 금속, 종이, 문학, 피라미드, 운하, 다리, 조각, 광학, 도자기, 불꽃놀이, 인쇄술, 산업화, 기계공학, 전기, 비행기, 기차, 자동차, 우주선, 전화기, 라디오, 텔레비전, 스포츠, 마을과 도시, 마천루, 핵융합, 컴퓨터, 인터넷, 정치학, 철학, 경제학, 민주주의, 계몽주의, 전자레인지와 청소기, 일회용 기저귀, 세탁기, 심지어 배터리로 작동하는 여성용 자위 기구까지 선물했다.

윌슨이 강조하는 바는 단순히 가부장제가 문명적 성취를 가능하게 했다는 것이 아니다. 그는 그 모든 것을 남성이 해냈다고 주장한다. 물론 이러한 성취를 가능하게 하기 위해 여성이 맡았던 역할, 가정을 돌보고 남편을 먹이고 씻기며 바깥일을 가능하게 한 존재로서의 여성은 전혀 언급하지 않는다. 매노스피어 남성 역시 마찬가지이다. 이들은 남성적 사명이 수많은 남성을 사회의 가장자리로 밀어내고 그들을 사회적으로 유용하지 않은 존재로 취급해 왔다는 사실에는 관심이 없다. 그럼에도 이 남성성의 사명이 일부 남성에게 삶의 목적과 사명감, 사회적 유용성이라는 감각을 제공했다는 점은 부인할 수 없다. 비록 사회적으로 파괴적인 방식으로 발현되기도 했지만 그 사명은 남성에게 자신이 세상과 연결되어 있다는 확신, 즉 하나의 삶의 닻을 제공했다.

하지만 20세기 후반에 접어들어 이러한 남성성의 사명은 점차 균열되었다. 매노스피어 남성은 그 원인을 제2물결 페미니즘을 비롯한 계급 및 사회 정의 운동 탓으로 돌렸다. 물론 페미니즘은 훨씬 이전부터 존재했지만 1960~70년대에 이르러 남성성의 사명을 정면으로 비판하는 운동이 본격적으로 전개되었다. 페미니즘은 가정의 '보호자'라는 남성의 지위에 정당한 의문을 제기했다. 여성은 남성의 보호를 필요로 하지 않을 뿐 아니라 많은 경우 가정이라는 공간이 보호가 아니라 폭력과 억압의 장소라는 점을 드러냈다. 당시 전개된 반전 운동 역시 서구의 '개척자적 사고방식'을 비판하면서 군인을 남성성의 이상으로 여기는 시각에 문제를 제기했다. 베트남전 이후 귀국한 군인들은 더 이상 영웅으로 환영받지 못했고 부당한 전쟁에 가담한 식민주의자로 간주되었다. 이로써 이상적인 남성상으로서의 군인 이미지에도 균열이 생겼다. 물론 이런 사회 운동이 모두 전면적인 성공을 거둔 것은 아니다. 가정 내 남성의 폭력은 여전히 이어지고 있으며 전쟁 역시 오늘날까지 우리 사회의 현실로 남아 있다. 그럼에도 이러한 운동은 남성과 여성, 그리고 젠더 자체에 대해 새롭게 사고하고 논의할 수 있는 공간과 관점을 열었다는 점에서 인류 역사에 중대한 진전을 이루었다.

이처럼 페미니즘을 비롯한 다양한 사회 운동이 남성성의 사명 해체에 영향을 미친 것은 분명하다. 그런 영향은 솔직히 말하면 사회 전반에 걸쳐 대체로 긍정적이었다. 그러나 남성성의 사명을 근본적으로 뒤흔든 것은 훨씬 더 광범위한 사회경제적 변화였다.

20세기 후반 들어 자본주의 생산 방식에는 중대한 변화가 있었고 그 핵심에는 신자유주의의 부상이 있었다. 신자유주의는 20세기 동안 유지된 경제적, 사회적 규범을 전반적으로 해체했는데 그 첫 단계는 일에 대한 전통적 개념과 이를 기반으로 한 경제적 안정성을 약화하는 것이었다. 이 과정에서 노동조합은 해체되었고 '유연한 노동'이라는 이름 아래 일터는 점점 더 불안정하고 비정형화된 형태로 재편되었다. 실질 임금은 정체되었고 수백만 명이 경제적으로 후퇴했다. 그 결과 남성은 다음과 같은 현실에 직면하게 되었다고 키멜은 지적한다(Kimmel, 2014:10). 최근 수십 년간 남성은 여러 방면에서 타격을 받았다. 이는 단지 최근의 경기 침체 때문만은 아니다. 백인 중산층 남성의 실질 소득은 1990년대 이후 하락세를 보였으며 사실상 1970년대 초반부터 정체되어 있다. 1971년, 한 가정의 중위소득(현재 가치 환산)은 5만 6329 달러였다. 정확히 40년이 지난 2011년, 이 수치는 5만 54 달러로 떨어졌다. 그렇다. 실질 소득 기준으로 봤을 때 중위 가구의 소득이 약 6000 달러나 줄어든 것이다. 그리고 지난 40년 간의 가장 큰 변화는 이제 아내도 함께 경제 전선에 뛰어들어 돈을 벌고 있다는 사실이다. 오늘날에는 맞벌이를 해야만 40년 전 외벌이로 유지할 수 있던 생활 수준에 간신히 도달할 수 있으며 그마저도 부족한 경우가 많다.

매노스피어 남성은 이 냉혹한 경제 현실을 끊임없이 지적한다. 이 장의 서두에 등장한 루퍼트 역시 이렇게 말했다. "우리 세대 중에 은퇴할 나이가 되어도 이전 세대처럼 여유 있게 노후를 보낼 수 있다고 믿는 사람이 없어요. 우리가 모을 수 있는 자산은 고작해야 이전 세대의 4분의 1, 많아야 3분의 1 수준이니까요." MGTOW.com에 실린 매노스피어 소개 글도 비슷한 불만을 토로한다. 현대 노동 시장에서 남성은 소모품에 불과하다고 말한다. "회사는 충성을 요구하지만 수익이 0.1퍼센트만 떨어져도 아무렇지도 않게 해고하거나 감원해 버린다". 솔직히 말하면 틀린 말은 아니다.

후기 자본주의 체제의 변화는 남성만이 아니라 초부유층을 제외한 거의 모든 이에게 영향을 미쳤고 이로 인해 많은 사람이 경제적, 사회적 안정성을 상실했다. 특히 여성과 유색인종은 매노스피어의 대다수를 차지하는 백인 남성보다 훨씬 더 큰 타격을 입었다. 신자유주의는 우리 모두에게 전방위적 위기를 안겼고 남성 역시 그 위기의 한복판에 있을 뿐이다. 문제는 일부 남성이 이 위기에 대해 매우 젠더화된 방식으로 반응하고 있다는 점이다.

우리가 기억해야 할 점은 신자유주의가 단순한 경제 시스템에 그치지 않는다는 사실이다. 신자유주의는 우리 문화 전반에 깊은 영향을 미쳤으며(Brown, 2015; O'Neill, 2018a), 남성성의 의미를 바꾸는 데에도 중대한 역할을 하여 남성성의 사명에 자리한 문화적 기대를 약화했다. 특히 신자유주의는 재정 보수주의, 개인주의, 경쟁 같은 경제 논리를 비경제적 영역까지 확장한다는 특징이 있다(Brown, 2015). 이것이 무엇을 의미할까? 웬디 브라운(Brown, 2015: 31)은 신자유주의가 "삶의 모든 측면에 대한 집요하고 전방위적인 경제화"를 초래했다고 지적한다. 다시 말해 오늘날 세계는 모든 것이 개인주의와 경쟁을 중심으로 재편되었다. 소셜 미디어에서 '좋아요'를 더 많이 받기 위한 경쟁에서 온리팬스 같은 구독형 플랫폼을 통한 성의 상품화까지 모든 것이 신자유주의 경제에 봉사하는 방향으로 흘러가고 있다. 이러한 흐름 속에서 "신자유주의적 합리성은 시장 논리를 모든 영역과 활동에 퍼뜨리며 돈이 직접적으로 개입되지 않는 영역마저도 시장화하고 인간 존재를 철저히 '호모 이코노미쿠스homo economicus'로만 구성한다. 언제나, 오직, 어디에서나, 시장 행위자로 존재하도록 만드는 것이다(Brown, 2015: 31)." 즉 신자유주의는 인간 삶의 목적 자체를 바꾸어 놓았다. 이제 삶은 더 이상 행복이나 가족이나 친구들과 맺는 관계가 아니라 오직 돈, 돈, 돈과 자기 이익만을 추구하는 것이 되어버렸다.

진짜 문제는 남성성의 사명이 약화되었다는 사실이 아니다. 문제는 그 자리를 무엇이 대신하게 되었느냐에 있다. 오늘날에는 남성뿐 아니라 사실상 우리 모두가 '장식적 문화ornamental culture' 를 받아들인다. 이 문화는 우리가 인생과 사회를 바라보고 살아가는 방식을 근본적으로 재구성하고 있다(Faludi, 1999). 장식적 문화란 사람들이 공적 영역에서 어떤 기능적 역할도 수행하지 않고 오직 장식적인 존재나 소비자로만 살아가도록 부추기는 문화를 의미한다(Faludi, 1999: 35). 이런 문화 속에서 사람들은 정치, 교회, 노동조합, 사회단체 등 다양한 공동체 활동에서 점점 멀어진다. 이런 영역들이 더 이상 사회적으로나 개인적으로 유용한 것으로 간주되지 않기 때문이다.

이제 우리는 소비를 통해 사회에 참여하도록 유도된다. 진정한 행복은 소비 시장에서 서로 경쟁하는 과정을 통해 얻을 수 있다는 인식이 자리 잡았다. 이러한 흐름은 자기 계발 열풍, 개인주의에 대한 집단적 집착, 최근 소셜 미디어 인플루언서 현상의 유행으로 더욱 강화되었다. 이는 마거릿 대처가 "사회라는 것은 존재하지 않는다"라고 선언했던 발언의 불가피한 귀결이다.

장식적 문화는 남성성이 인식되는 방식을 크게 변화시켰는데 많은 경우 그 변화는 부정적인 방향이었다(Faludi, 1999). 팔루디(Faludi, 1999: 38 - 9)는 이 문화를 이렇게 묘사한다. "이제 세상은 남성을 젊음과 외모, 매력, 돈과 공격성, 자세와 허세, 과시적 '소품', 비꼬듯 올라간 입술과 토라진 듯한 찡그림, 긴장된 이두근, 잡지 표지 모델의 매력, 그리고 우주비행사나 운동선수나 갱스터를 다른 이들보다 돋보이게 하는 시장에서 흥정된 '개성'에 의해 정의된다." 장식적 문화는 한때 남성성의 사명이 남성에게 부여한 사회적 목적과 소속감을 완전히 지워 버렸다. 수많은 남성이 자신이 속할 수 있었던 공동체나 사회 구조에 더 이상 접근할 수 없게 되었고 이제는 오직 혼자의 힘으로 가능한 많이 소비함으로써만 자신의 남성성을 증명하라고 요구받는다. 이에 대해 팔루디는 이렇게 말한다.

> 연예인과 이미지, 화려함과 오락, 마케팅과 소비주의를 중심으로 구성된 그것은 아무 데도 이르지 못하는 의례적인 관문이다. 그 본질은 단순히 무언가를 파는 행위가 아니라 자기 자신을 파는 행위이며 이 추구 속에서 모든 남자는 본질적으로 혼자가 된다. (Faludi, 1999: 34–5)

그 결과

장식적 문화는 20세기 미국 중심의 세계 질서가 낳은 궁극적인 산물이 되었다. 이 문화는 남성이 소속감을 느낄 수 있었던 공동체와 제도를 쓸어버리고 그 자리를 그저 구경만 할 수 있는 시각적 볼거리로 대체했다. 그 볼거리들은 남성이 이해할 수도, 통제할 수도 없는 글로벌 상업 권력의 이익만을 위해 존재한다. (Faludi, 1995: 35)

팔루디는 주로 미국 사회를 중심으로 논의하고 있지만 이 현상은 사실상 다른 서구 국가도 마찬가지였다. 전 세계를 장악한 장식적 문화는 과거 남성성의 사명이 지녔던 생산적 기능을 상업 문화로 대체했고 그 결과 "남성은 그저 거울 앞에서 남성성을 흉내 내는 조악한 연극을 반복하게 되었다(Faludi, 1999: 37)."

물론 장식적 문화가 남성성의 사명을 단순히 1:1로 대체한 것은 아니다. 오늘날 서구 사회에서 남성성의 이상은 여전히 견고하다. 전쟁을 수행하고, 적을 무찌르며, 가족을 (때로는 폭력을 동반해서라도) '보호'해야 한다는 역할은 여전히 남성에게 요구되고 있다. 문화는 그렇게 단숨에 바뀌지 않는다. 그럼에도 장식적 문화의 부상은 거대한 전환을 불러왔고 수많은 남성에게 혼란과 좌절, 환멸을 안기고 있다.

아이러니한 점은 이런 장식적 문화가 신자유주의와 함께 처음 등장한 것이 아니라는 것이다. 실제로 팔루디(Faludi, 1999: 39)는 이러한 특성이 "오랫동안 여성이 지닌 허영심의 본질로 간주되었으며 돌보고 보살피는 사적 여성상과는 대조되는, 공적 영역의 여성성을 대표해 왔다"라고 지적한다. 장식적 문화는 역사적으로 여성과 여성성을 표현해 온 공적 이미지의 연장선에 있으며 그 안에서 여성은 대상화되고, 유아화되며, 수동적이고, 받들어 모셔지며, 거울 앞에 머무는 존재로 여겨졌다.

여성이 여전히 이러한 이미지에서 벗어나지 못하고 있다는 사실은 분명하다. 오히려 오늘날 여성에게는 이 이미지가 더욱 강화되었다. 장식적 문화는 단지 남성성의 사명을 약화하는 데 그치지 않고 20세기 후반과 21세기 초 페미니즘에도 깊은 영향을 미쳤다. 특히 '포스트페미니즘' 개념의 부상과 함께 더욱 뚜렷해졌다(Gill, 2017; Banet-Weiser, 2018; Ging, 2019). 포스트페미니즘은 자유, 선택, 독립성 같은 "자유주의적 페미니즘 담론을 다양한 미디어, 상품화, 소비 참여와 결합하는 일련의 이데올로기이자 전략, 실천이다(Banet-Weiser, 2018: 153)." 이 사조는 세 가지 핵심 개념을 중심에 둔다. 첫째, 젠더 논의의 무게 중심을 정치나 사회가 아닌 문화적 영역으로 되돌리는 것. 둘째, 개인의 선택과 행동을 통해 평등과 권능 부여가 가능하다고 주장하며 신자유주의적 개인주의를 전면에 내세우는 것. 셋째, 남성과 여성 사이에 존재한다고 여겨지는 본질적 차이에 기반한 생물학적 결정론으로의 회귀다(Ging, 2019). 이러한 포스트페미니즘은 서구 세계에서 젠더 담론의 지형을 크게 변화시켰고 그 결과 여성의 권능 부여란 "더 나은 페미니즘적 주체가 되는 것이 아니라 더 유능한 **경제적 주체가** 되는 것으로 축소되고 있다(Banet-Weiser, 2018: 155)."

주목할 점은 포스트페미니즘이 매노스피어 남성 문화가 성장하고 확산되는 비옥한 토양 역할을 했다는 것이다. 포스트페미니즘은 페미니즘을 극단적이고, 까다롭고, 즐겁지 않은 것으로 '타자화'하면서 비판할 수 있도록 하는 문화적, 사회적, 정치적으로 용인 가능한 이데올로기를 제공한다(Tasker and Negra, 2007). 이 장 전반에 걸쳐 살펴보겠지만 포스트페미니즘은 생물학적 결정론, 개인주의, 상품화 등 매노스피어 남성이 젠더와 젠더 정치, 남녀 관계를 사유하는 데 활용하는 문화적 기제를 제공했다. 장식적 문화는 매노스피어 남성이 세상에 대해 불만을 제기하는 씨앗 가운데 하나이지만 그들은 동시에 그러한 문화의 핵심 원리를 페미니즘을 공격하는 데 사용한다.

따라서 많은 여성과 일부 페미니즘 운동 내 흐름이 장식적 문화와 포스트페미니즘이 제시하는 개념에 강하게 반발해 온 것은 무리가 아니다(비록 제3물결 페미니즘의 일부는 포스트페미니즘에서 주장하는 권능 부여 개념과 유사한 담론을 수용하기도 했지만). 이와 마찬가지로, 많은 남성 역시 이러한 사상에 반발하고 있다는 사실은 놀랍지 않다(다만 이후 살펴보겠지만 남성 역시 그 개념들을 차용하고 있기도 하다). 팔루디(Faludi, 1999: 39)는 이렇게 말한다.

> 남성들이 이토록 괴로워하는 것도 무리는 아니다. 그들은 한때 자신의 존재를 필요로 한 사회에서 밀려났을 뿐 아니라 이제는 여성이 최근에서야 벗어날 수 있었던 굴욕적이고 비인간적인 세계를 '얻고' 있기 때문이다.

팔루디가 이 말을 한 지 20여 년이 지난 지금 나는 이 인용문에 한 가지를 덧붙이고 싶다. 여성 역시 이 세계에서 완전히 벗어날 수 없었다는 점이다. 이 문화는 폐기되기는커녕 오히려 지배적 질서가 되었다. 앞으로 더 설명하겠지만 매노스피어 남성은 이러한 현실에 모순적인 방식으로 반응한다. 이들은 이 문화를 스스로 비판하고 거부하면서도 이와 동시에 그 동일한 문화와 이데올로기를 무기 삼아 페미니즘과 여성을 공격하며 나아가 자신의 삶을 더 나은 방향으로 재구성하려 한다. 즉, 이 문화는 그들의 반발과 구애를 동시에 받고 있는 셈이다.

이 모든 사회적, 경제적 변화와 그로 인한 영향을 가장 잘 요약하는 인물은 믹타우 남성인 '선라이즈 후디'이다. 그는 오늘날 남성이 단지 살아갈 권리뿐만 아니라 남성으로 존재할 권리마저 빼앗기고 있다고 믿는다. 그는 이렇게 말한다.

> 남성들이여 이제 우리는 사냥할 권리도, 집을 지을 권리도, 싸울 권리도, 살아갈 권리도 모두 빼앗겼다. 결국 우리는 쫓겨났다. 지금도 같은 규칙이 적용된다. 다만 훨씬 더 추상적일 뿐이다. 더 많은 일자리가 자동화되고 로봇에게 넘어간 반면 생계비는 계속 오르고 있다. 남성은 이제 스스로의 능력만으로는 생존할 수 없고 타인에게 의존해 수입을 얻는 처지에 놓였다. 세상은 전반적으로 1980년대보다 훨씬 더 불확실해졌다. (sunrise hoodie, 2018)

20세기 후반에 일어난 변화들이 일부 남성에게 끼친 부정적 영향은 시간이 흐를수록 더욱 누적되며 심화되었다. 젠더를 둘러싼 환경이 달라지고 있음에도 여전히 많은 남성은 남성성의 사명에 부응하라는 기대를 받고 있다. 이와 동시에 이 사명과 그것이 초래한 여러 해악을 정당하게 비판하는 움직임도 등장했다. 그 결과 수많은 남성이 남자다움이란 무엇인지 혼란을 느끼며 갈피를 잡지 못하고 있다. 이 정도의 혼란이라면 감당할 수도 있겠지만 문제는 이러한 변화들이 후기 자본주의 체제 아래에서 벌어진 경제적, 사회적 불안정성과 맞물려 나타났다는 점이다. 이 혼란 속에서 남성은 이제 자신에게 남겨진 유일한 사회적 역할이 소비자에 불과하다는 현실을 마주하고 있다. 이미 너무 빠르게 변화하는 세상 속에서 이러한 현실은 남성에게 더욱 깊은 고립감과 소외감을 안기고 있다.

섹스에 배신당하다

지금까지는 남성성과 남자다움의 규범이 변화하면서 남성에게 끼친 영향을 살펴보았다. 이에 대한 남성의 반응은 매우 다양했다. 모든 남성이 남성성의 사명을 추구한 것은 아니었고 그 사명이 사라졌다고 해서 모두가 같은 방식으로 반응한 것도 아니었다. 이처럼 복합적인 반응 가운데 가장 두드러진 사례가 바로 '남성 권리 운동'의 부상이다. 이 운동은 신자유주의가 대두된 시기인 1980~1990년대에 등장했으며 남성이 사회적, 정치적 영역에서 배신당했다는 인식을 중심으로 형성되었다. 이들은 오늘날에도 남성 중심의 사회 질서를 되찾기 위한 투쟁을 이어가고 있다(Coston and Kimmel, 2013).

남성 권리 운동이 매노스피어의 일부이기는 하지만 매노스피어 남성은 이러한 더 넓은 정치적, 사회적 투쟁에는 대체로 관심이 없다. 그 대신에 그들은 일상 속 사소한 문제에 대한 끊임없는 불평을 통해 자신의 좌절감과 분노, 소외감을 드러낸다. 특히 이들의 불만이 거의 대부분 섹스와 연애에 집중되어 있다는 점은 주목할 만하다. 버런트(Berlant, 2008: 10)는 어떤 공적 영역이 친밀해지는 것은 "공통적인 것, 일상적인 것, 평범함에 대한 환상 속에 자리한 정서적, 감정적 애착을 전면에 내세울 때" 가능하다고 주장한다. 다시 말해 친밀한 공적 영역이란 사람 사이에서 일상적이고 사소한 문제를 공유하며 감정적으로 연결되는 공간이다. 매노스피어의 친밀한 공적 영역도 바로 이것을 수행한다. 남성이 개인적인 경험—때로는 긍정적이기도 하지만 주로 부정적인—인 섹스와 연애에 대해 논의하면서 말이다. 이러한 서사는 매노스피어 공동체의 핵심을 이루고 섹스는 그들이 생각하고 말하며 행동하는 거의 모든 것의 중심에 자리한다.

섹스에 대한 이러한 집착은 〈여자가 어떤 느낌일지 상상해 봐Imagine how a woman feels〉라는 제목의 인셀 포럼 글에서 가장 극명하게 드러난다. 원글 작성자Original Poster, OP 자신의 가장 깊은 판타지를 묘사하는데 그 내용은 처음부터 끝까지 섹스를 중심으로 전개된다.

> 그녀의 피부가 얼마나 부드럽고 따듯할지, 그녀의 향수에서 퍼지는 달콤한 향기가 어떤 느낌일지 상상해 봐. 그녀가 조심스레 입술을 맞대고 마침내 당신을 온전히 받아들이는 순간을 떠올려 봐. 그녀의 온기 속에서 점점 숨이 거칠어지고 당신을 깊이 끌어안으며 모든 것을 함께 나누는 모습을 그려 봐. 그 뒤에 찾아오는 깊은 만족감과 평화, 곁에 있는 누군가가 당신을 있는 그대로 받아 준다는 감정까지 상상해 보는 거야.

글쓴이는 여성과의 성적 친밀감이야말로 자신에게 순수한 만족감과 평화를 줄 수 있는 열쇠이며 인셀에게는 이러한 친밀감이 허락되지 않기에 그 결핍이 고통을 야기한다고 주장한다. 버런트(Berlant, 2012: 89)에 따르면 친밀감과 그로부터 비롯되는 사랑은 삶을 단순하게 만들어 준다. 이들에게 진정한 행복은 다른 무엇보다도 결국 섹스에서 비롯되기 때문이다. 이들에게 섹스는 모든 것의 중심이다.

섹스가 매노스피어에서 왜 그토록 중요한 위치를 차지하게 되었는지를 이해하려면 현대 사회에서 섹스와 연애가 어떤 역할을 하는지를 먼저 살펴봐야 한다. 산업 자본주의의 등장은 결혼에 대한 인식을 계약 중심에서 '사랑' 중심으로 전환했다(Illouz, 2012). 사회학자 에바 일루즈는 산업 자본주의가 결혼이라는 제도에 '새로운 정서적 기대'를 부여했다고 말한다. 이 기대는 관계 속의 친밀감, 정서적 강도, 관계에서의 평등을 중시한다(Illouz, 2012: 11). 이제 우리는 국가와 교회, 심리학자, 문화적 담론을 통해 사랑이란 자신의 '운명의 반쪽'에게 전적으로 헌신하는 것이라는 메시지를 받는다(Illouz, 2012). 이러한 정서적 기대의 변화는 단순히 결혼의 형식만 바꾼 것이 아니라 섹스와 연애가 갖는 중요성까지 바꾸었다. 사랑과 성은 점차 개인의 정체성과 자아 인식의 중심축이 되었다(Foucault, 1976; Berlant, 2012; Illouz, 2012). 프로이트(Freud, 1961: 29)가 주장했듯이 사랑과 친밀감은 모든 것의 중심이 되었다. 사랑은 우리의 행복, 정체성 감각에 중요한 역할을 하며 현대 사회의 가치에 편입되는 것이다(Foucault, 1976; Berlant, 2012; Illouz, 2012). 이는 신자유주의 시대에 사랑이 '진정성, 자율성, 평등, 자유, 헌신, 자기 실현'이라는 이상을 수행하는 방식임을 의미한다(Illouz, 2012: 9).

버런트의 묘사에 따르면 여성 문화에서 사랑의 환상은 낭만적 이상을 중심으로 형성된다. 여성은 사랑에 빠지는 경험을 통해 행복과 진정한 여성성을 동시에 얻을 수 있다는 이야기를 듣는다(Berlant, 2008). 사랑이야말로 여성이 진짜 여자가 되는 길인 것이다. 그러나 매노스피어 남성에게는 이런 공식이 통하지 않는다. 이들도 친밀감과 사랑에 대한 욕망을 말하긴 하지만 그 초점은 정서적 연결보다는 대부분 섹스에 맞춰져 있다. 앞서 인용한 인셀 남성의 글 역시 성적인 장면으로 가득하다(예를 들어 자신의 성기를 그녀 안에 삽입하는 장면, 그녀의 따뜻한 성기가 자신을 감싸는 느낌 등). 그는 성관계가 선행되어야만 자신이 완전한 만족과 평화를 느낄 수 있다고 말한다. 〈소년을 위한 레드필 입문 글red pill primer for boys〉은 이러한 시각을 잘 정리해 보여 준다. 이 글은 '진정한 사랑'이라는 환상은 남성에게 아무런 의미가 없으며 남성에게 정말 중요한 것은 사랑이 아니라 섹스라고 강조한다. 다음은 그 글에서 발췌한 내용이다(강조는 원문).

> 진정한 사랑은 섹스를 거의 혹은 전혀 언급하지 않는다. 그러나 당신의 몸과 마음이 집착하는 것은 섹스이다. 그것은 남성성의 유산이자 사춘기가 가져온 신체적 변화 때문이다. 물론 진정한 사랑이라는 개념에도 섹스가 암묵적으로 포함돼 있지만 어디까지나 부차적인 문제로 취급된다. 결혼이라는 제도 역시 마찬가지이다. 섹스를 전제

로 하긴 하지만 현대의 짝짓기 전략으로 보자면 그다지 효과적인 방식은 아니다.

진정한 사랑은 디즈니 만화, 중세 프랑스 문학, 로맨스 소설이 만들어 낸 여성적 이상이다. 대부분의 소년에게 이러한 진정한 사랑은 교묘한 덫에 불과하다.

이 입문 글에 따르면 진정한 사랑은 남성에게 일종의 함정이다. 왜냐하면 진정한 사랑은 섹스를 보장하지 않을 뿐 아니라 오히려 성관계에 대한 접근을 지연시킬 수 있기 때문이다. 그런데 바로 그 섹스야말로 소년과 남성에게 가장 필요한 것이라고 이 글은 주장한다. 사실 남성이 여성보다 일반적으로 성욕이 더 강하고 섹스가 남성에게 더 중요하다는 인식은 사회 전반에 퍼져 있는 고정관념이다(Hollway, 1984). 여자가 "오늘은 머리하러 가야 해"라든가 "두통이 있어서 안 돼" 같은 이유로 섹스를 거절하고 남성이 애원하듯 요구하는 장면은 익숙한 클리셰이다. 배우 닐 패트릭 해리스가 연기한 《내가 그녀를 만났을 때 How I Met Your Mother》의 '바니' 같은 캐릭터는 섹스에 집착하는 남성상을 코믹하게 그린 대표적 사례이다. 이러한 고정관념은 이성애 남성이 자신을 젠더화된 존재이자 성적 존재로 인식하는 방식에 깊은 영향을 미쳤다(O'Neill, 2018a: 125; Gavey et al., 1999; Mooney-Somers and Ussher, 2010; Terry, 2012 참조). 이처럼 섹스는 남성에게 단순한 즐거움을 넘어 자아감, 성취감, 행복감의 핵심적 요소로 작용한다.

하지만 매노스피어 남성은 성에 대한 환상조차 매우 부정적으로 바라본다. 버런트가 말한 여성 커뮤니티는 사랑의 가능성에 대해 대체로 낙관적이다. 물론 사랑의 일부 측면에 대해 불평하기도 하지만 그들은 여전히 사랑이 실재하며 자신의 삶을 더 나은 방향으로 변화시킬 수 있다고 믿는다. 그러나 매노스피어 남성은 그렇지 않다. 그들은 자신의 성적 욕망을 충족시키지 못하는 현실에 대해 깊은 실망과 절망을 드러낸다. 앞서 언급한 포럼 글의 작성자는 성적 욕망을 매우 구체적으로 묘사하며 그것이 충족되었을 때 느낄 수 있는 순전한 행복을 상상한다. 그러나 그는 곧바로 이 환상에 스스로 찬물을 끼얹고 나아가 모든 사람의 환상까지도 무너뜨린다. 그는 이렇게 말한다.

> 아쉽지만 이런 경험은 당신에게는 결코 찾아오지 않을 것이다. 당신의 체구가 너무 작거나 얼굴이 못생겼기 때문이다. 그럼 좋은 하루 보내길.

작성자는 외모 때문에 여성이 인셀과 성관계를 맺으려 하지 않으며 그로 인해 자신들이 가장 기본적인 욕구조차 박탈당하고 있다고 주장한다. 이것이 바로 인셀이 가진 불만의 핵심이다. 그들은 친밀감과 사랑, 섹스가 줄 수 있는 만족에 집착하면서도 그것을 실현하지 못할 때마다 반복적인 좌절을 경험한다. 이 좌절은 단순히 연애에 실패했다는 차원을 넘어 인간으로서 실패했다는 감각으로 이어지며 결국에는 삶의 목적마저 상실하게 만든다. 남성에게 사랑과 섹스가 인생의 전부라면 그것의 부재는 곧 인생 전체의 부재처럼 다가오는 것이다. 이러한 경험은 특정 개인만의 것이 아니다. 해당 게시글에 달린 댓글을 보면 '자살 연료suifuel'라는 표현이 반복적으로 등장한다. 한 사용자는 "이 글은 순도 1kg짜리 보툴리눔 독소보다 더 치명적이다"라고 썼고 또 다른 사용자는 "자살 연료라는 게 뭔지 보여 주네"라고 반응했다. "인셀 전원 밧줄 경보"라는 댓글도 있었다. 여기서 '밧줄'은 인셀 커뮤니티에서 자살을 뜻하는 은어이다. 이처럼 섹스와 성적 친밀감은 남성의 자아 감각에서 중심적 위치를 차지한다. 그렇기에 그것이 박탈되었다고 느끼는 것만으로도 자살 충동을 경험하거나 최소한 자살이라는 가능성을 언급하게 되는 것이다.

    섹스와 연애에 얽힌 문제는 결국 남성이 가진 모든 불만을 대신하는 핵심 쟁점으로 떠오른다. 마치 인생의 모든 문제가 여기에서 비롯된 것처럼 이 문제 하나가 모든 고통의 근원이라고 여겨지는 것이다. 이들이 믿는 바는 단순하다. 만약 이 문제만 해결된다면 나머지 모든 삶의 문제도 함께 해결될 수 있다는 믿음이다. 이러한 사고방식에는 몇 가지 원인이 있다.

    첫 번째 원인은 신자유주의와 장식적 문화가 너무 당연한 것으로 여겨지고 있다는 점이다. 이제는 이 시스템이 어떻게 작동하는지 의심하거나 그것을 바꾸려는 시도 자체가 거의 불가능해진 상태이다. 세상의 종말은 상상할 수 있어도 자본주의의 종말은 상상할 수 없다는 말처럼 말이다. 문제는 매노스피어 역시 이 신자유주의와 자본주의 논리에 깊이 물들어 있다는 점이다(이 부분은 책 후반에서 자세히 다룰 것이니 지금은 이렇게 이해하고 넘어가도 좋다).

결국 자신이 이미 의존하는 구조에 대해서는 제대로 문제를 제기하기 어렵다. 예를 들어 숀 반 발켄버그는 레딧의 매노스피어 커뮤니티인 레드필 서브레딧 r/TheRedPill의 '사이드바'[2](커뮤니티의 기본 철학과 행동 지침이 정리되어 있는 오른쪽 메뉴 – 옮긴이)를 분석한 뒤 다음과 같이 말했다.

> 후기 자본주의가 초래한 경제 위기, 소외, 착취, 실업 등의 부정적인 결과가 계속해서 누적되고 있음에도 사람들은 여전히 자본주의가 본질적으로 선하다는 믿음을 의심하지 못한다. 이런 상황에서 레드필 서브레딧의 '사이드바 담론'은 남성으로 하여금 그 분노를 경제 체계가 아니라 여성에게 향하도록 만든다. (Valkenburgh, 2019: 9)

또 하나의 중요한 원인은 오늘날 자본주의 사회에서 모든 공동체가 직면하는 문제들이 지나치게 복잡하다는 점이다. 자본주의는 수많은 행위자와 구조가 얽힌 매우 복합적인 체계이기 때문에 대부분의 사람은 이 시스템이 어떻게 작동하는지, 또 우리 삶에 어떤 방식으로 영향을 미치는지 제대로 이해하지 못한 채 살아간다(Srnicek and Williams, 2015: 14). 지난 수십 년간 자본주의가 전 세계적으로 확장되면서 이러한 복잡성은 더욱 심화되었다. 게다가 자본주의는 때때로 문제의 원인과 해결책이 쉽게 드러나지 않도록 의도적으로 설계된 것처럼 작동하기도 한다. 그 결과 우리가 직면한 수많은 사회 문제는 너무 거대하고 광범위해서 기존의 정치 참여 방식이나 사고 체계로는 제대로 대응하기 어려운 지경에 이르렀다. 스르니첵과 윌리엄스는 이 현상을 다음과 같이 설명한다. "일상적인 경험과 우리가 살아가는 시스템 사이의 괴리는 점점 더 큰 소외감을 낳는다. 우리는 이해할 수 없는 세계에 내던져진 채 그저 표류하고 있는 듯한 감각에 사로잡힌다(Srnicek and Williams, 2015: 14)."

이 모든 요소가 얽혀 작용하면서 복잡한 문제에 대해 단순한 해답을 제시하는 운동이 생겨나기 쉬운 환경이 조성되었다. 남성은 자신이 느끼는 불행의 원인을 복잡하고 눈에 보이지 않는 자본주의 시스템 탓으로 돌리기보다는 여성이나 페미니즘, 혹은 사랑처럼 눈에 보이고 이해하기 쉬운 대상으로 전가하는 편이 훨씬 간단하다. 매노스피어, 그리고 조던 피터슨이나 앤드루 테이트 같은 인물들은 이런 흐름 속에서 사람들에게 개인적인 삶에 집중하라고 말한다. 왜냐하면 개인의 삶은 훨씬 익숙하고 통제하기도 쉬운 영역이기 때문이다. 사랑과 연애 이야기를 중심에 두면 탓할 대상도 분명하게 설정할 수 있다. 이런 식의 명확한 적 만들기 전략은 극우 집단만의 전유물이 아니라 다양한 운동에서 흔히 나타나는 방식이다. 예를 들어 최근 음모론이 퍼지는 현상도 비슷한 맥락에서 이해할 수 있다. 사람들은 점점 더 세상이 어떻게 돌아가는지 이해하기 어려워졌고 그래서 혼란과 소외감을 느끼기 때문이다. 스르니첵과 윌리엄스는 음모론의 작동 방식을 이렇게 설명한다.

음모론은 세상에서 벌어지는 모든 일의 배후에 단 하나의 강력한 존재가 있다는 식으로 현실을 단순화해 설명한다. 어떤 이론들은 놀라울 만큼 복잡하지만 그럼에도 '도대체 누가 이 모든 걸 움직이는가'라는 질문에 단순하고 위안이 되는 답을 제시한다. 이와 동시에 우리가 그 안에서 어떤 위치에 있는지도 알려준다. 즉, 음모론은 부정확하긴 하지만 그 나름대로의 인지적 지도 역할을 하는 것이다.
(Srnicek and Williams, 2015: 14)

매노스피어 역시 이와 같은 방식으로 작동한다. 자본주의가 만든 압도적인 복잡성과 마주하면서도 그 근본 원칙을 의심하거나 질문할 능력도 의지도 없는 이들은 훨씬 더 단순한 희생양을 찾아 나선다. 이들은 '남성성의 사명' 중 첫 번째 과업, 즉 '분명하고 사악한 적을 찾아 무너뜨리는 것'을 되살리려 한다(Faludi, 1999). 매노스피어가 규정한 그 사악한 적은 다름 아닌 여성과 페미니즘이다.

이 모든 복잡한 흐름은 믹타우 커뮤니티의 한 게시글에서 매우 단순한 형태로 드러난다. 믹타우는 겉으로는 여성에게서 독립을 선언하지만 실제로는 장기 연애나 결혼에 실패한 경험을 공유하며 여성에 대한 불만을 지속적으로 표출하는 남성으로 가득한 공간이다. 〈무슨 의미가 있는가? What is the point?〉라는 제목의 게시글에서 한 남성이 자신의 이야기를 이렇게 털어놓는다.

51세. 이혼으로 모든 걸 빼앗긴 남자이다. 지금 나는 육체적으로, 경제적으로, 정서적으로, 영적으로 완전히 무너진 상태이다. 평생을 더럽고, 위험하고, 불편한³ 산업 현장에서 일하며 모든 것을 바쳤지만 그녀는 더 좋은 사람이 나타나자마자 나를 쓰레기처럼 버렸다. 나는 사랑이 영원하다고 믿었지만 그건 모두 거짓이었다. 그녀에게 난 그저 밟고 지나가는 디딤돌에 불과하다는 걸 뼈저리게 깨달았다. 앞으로 인생이 나아질 거란 희망은 도무지 들지 않는다. 남은 건 아픔과 외로움뿐이라는 생각만 든다. 믹타우 형제들이여, 이 커뮤니티에서 위안을 찾아보려 했지만 이제는 너무 늦은 것 같다. 이상하다. 한때는 사람들이 나를 존경하던 시절도 있었는데, 지금은 길을 걷기만 해도 사람들이 나를 피하는 기운이 느껴진다. 마치 내가 전염병이라도 걸린 것처럼 말이다. 예전에는 친구들도 있었지만 이제는 아무도 연락하지 않는다. 여자들은 마치 내 비참함의 냄새를 맡기라도 한 듯 나를 쳐다보지도 않는다.

이 작성자는 이성애적 사랑과 관련된 전형적인 서사를 여럿 반복한다. 그는 자신이 "더럽고, 위험하고, 불편한 산업 현장"에서 일하며 "모든 것을 바쳤다"라고 말한다. 또한 사랑이 "영원하다"라고 믿었다며 '죽음이 우리를 갈라놓을 때까지 서로에게 충실해야 한다'는 사랑의 이데올로기를 그대로 되풀이한다. 그러나 그 환상이 "모두 거짓이었다"라고 주장하는 순간에도 그는 오히려 이상적 사랑에 대한 자신의 헌신을 더욱 강하게 드러낸다. 즉, 문제는 사랑에 대한 믿음이 아니라 그 믿음을 배신한 여성이라는 식이다. 진정한 사랑을 박탈당했기 때문에 그는 완전히 "무너진" 존재가 되었고 자신이 마땅히 가졌어야 할 무언가를 빼앗겼다고 확신한다.

　이 남성에게 사랑은 그의 모든 실패를 대신 짊어진 상징이 되었으며 사랑의 상실은 곧 존재 전체의 붕괴로 이어졌다. 그는 단지 실연당한 것에 그치지 않고, "육체적으로, 경제적으로, 정서적으로, 영적으로 완전히 망가졌다"라고 고백한다. 믹타우 커뮤니티의 남성은 여성에게서 독립하자고 주장하지만 그것은 어디까지나 선택이 아니라 필요에 의한 결과일 뿐이다. 그들은 모두 이성애적 사랑이라는 판타지를 이루지 못한 데서 오는 깊은 절망감을 공유한다. 이 남성의 글에서도 그의 '최고의 시절'은 사랑받고 사랑하던 때였다. 그는 그 시기를 "사람들이 나를 존경하던 때"로 회상한다. 그러나 사랑을 잃고 난 후 그는 경제적으로도, 감정적으로도, 영적으로 파괴되어 "사람들이 나를 전염병이라도 걸린 사람처럼 피하려 한다"라고 느낀다. 즉, 사랑하고 사랑받는 상태는 건강한 상태이며 사랑이 결여된 삶은 병들고 고립된 상태로 인식하고 있는 것이다.

실망으로 끝나는 사랑 서사

　매노스피어 남성은 섹스와 연애에 대해 끊임없이 이야기한다. 특히 섹스는 그들의 삶에서 모든 것의 중심에 있다. 하지만 이것이 단순히 사랑과 섹스가 행복의 핵심이라는 뜻만은 아니다. 20세기에 접어들며 성은 단순한 행위가 아니라 정체성의 핵심으로 자리 잡았다. 이러한 인식 변화와 함께 성에 대한 논의 역시 사회 전반에서 활발히 이루어지기 시작했다(Foucault, 1976). 사람들은 이제 제대로 된 사회 구성원이 되기 위해 사랑과 성에 대해 끊임없이 말하도록 요구받는다(Berlant, 2012: 67). 미셸 푸코(Foucault, 1976)는 잘 알려진 것처럼 이러한 변화가 고백이라는 행위를 통해 이루어졌다고 분석했다. 우리가 사제, 심리상담사, 의사, 친구, 가족 등에게 사랑과 성에 대해 이야기하면서 성 정체성과 자아 감각을 형성해 간다는 것이다. 이 과정에서 친밀한 공적 영역은 핵심적인 역할을 하며 이는 매노스피어 남성이 커뮤니티 안에서 서로를 끌어당기는 방식이기도 하다. 결국 매노스피어 남성이 섹스와 연애에 집착하는 이유는 단순한 욕망 때문만이 아니다. 그들에게 성과 사랑은 말하지 않고는 견딜 수 없는 무엇인 것이다.

사랑과 성에 대한 이 모든 논의는 결국 버런트(Berlant, 2012)가 말한 '사랑 서사'의 반복을 통해 이루어진다. 사랑 서사는 사람들이 친밀함과 사랑이라는 순수한 만족에 도달하기 위해 거치는 단계를 설명하는 이야기로서 다양한 형태로 반복된다. 물론 각자의 사랑 서사는 조금씩 다르지만 놀라울 만큼 유사하며 그중에서도 특정한 유형의 사랑 서사가 가장 이상적인 것으로 여겨진다(Berlant, 2012: 44). 이 사랑 서사는 사랑이 모두에게 동일한 방식으로 작동한다고 상상하게 만든다. 이때 말하는 사랑은 대개 백인 중심의 서구적, 이성애적, 중산층 규범에 기반한다(Berlant, 2012: 112). 이렇게 볼 때 사랑 서사는 단지 개인의 이야기를 구성할 뿐만 아니라 그 이야기의 반복을 통해 사람들을 하나의 유대 공동체로 묶는 기능을 수행한다(Foucault, 1976; Berlant, 2008; 2012). 이처럼 사랑 서사의 사회화 기능이야말로 매노스피어 남성을 하나로 엮고 그들이 커뮤니티 안에 머무르게 만드는 핵심 동력이다.

여러분도 이 사랑 서사를 분명히 알고 있을 것이다. 비록 이렇게까지 의식해 본 적이 없을지라도 말이다. 이야기는 보통 이렇게 전개된다. 남자가 여자를 만난다(항상 이 방향이다). 두 사람은 연애를 시작하고 사랑에 빠진다. 중간에 다투기도 하지만 화해하고 결혼을 한다. 흰 울타리가 있는 집을 사고 아이 둘 혹은 셋을 낳아 행복하게 오래오래 산다. 이것이 바로 진정한 사랑과 진정한 행복을 얻기 위해 따라야 할 순서이다.

이 사랑 서사는 특히 여성으로 구성된 친밀한 공적 영역에서 중심적인 역할을 한다. 이는 여성에게 사랑이 진정한 행복의 핵심으로 여겨지기 때문이다. 이 사랑 서사가 어떻게 작동하는지를 보여 주는 좋은 사례로는 리베카 캠벨의 책 《138번의 데이트138 Dates》가 있다. 이 책은 뉴스 매체 《가디언》 온라인 서평(Cunningham, 2021)에 소개된 바 있으며 캠벨이 자신에게 완벽한 남성을 찾기 위해 138번의 데이트를 거치며 펼치는 여정을 담고 있다. 그녀는 이 과정에서 '여성을 위한 데이트 전략'이라 불리는 기법을 활용하는데 이는 매노스피어 남성이 사용하는 데이트 기술인 '게임' 전략과 유사하다는 평가를 받고 있다.

이 책에서 캠벨은 자신이 30대 중반의 미혼 여성이었던 시점에서 이야기를 시작한다. 그 시절 그녀는 싱글이라는 이유만으로 행복하지 않았다. 시간이 얼마 남지 않았다는 불안 속에서 그녀는 '달라지기로' 결심한다. 사랑 서사에서 이런 변화는 흔한 요소이다(Berlant, 2008). 특히 여성은 사랑을 얻기 위해 외모나 성격을 바꾸거나, 전반적인 삶의 방식을 조정하곤 한다. 예를 들어 로맨틱 코미디 영화인 《더티 댄싱Dirty Dancing》이나 《댄싱 히어로Strictly Ballroom》에서는 여성 주인공이 몸매나 외모를 변화시키고 《브리짓 존스의 일기Bridget Jones's Diary》나 《내 남자친구의 결혼식My Best Friend's Wedding》에서는 주인공이 자신의 성격이나 나쁜 습관을 고친다. 이처럼 사랑 서사는 대개 처음부터 무언가 잘못되었다는 전제를 깔고 출발한다. 그 안에는 인생의 어려움이나 실패는 사회 구조가 아니라 개인의 선택 탓이라는 메시지가 담겨 있다(Illouz, 2012). 캠벨의 경우 변화는 연애에 접근하는 방식을 바꾸는 것이었다. 그녀는 이상형 조건을 목록으로 정리하고 후보자를 사전 전화 인터뷰로 걸러낸다. 그리고 매주 같은 두 장소 중 한 곳에서 상대를 만나는 '통제된 실험'을 반복하며 자신의 연애 전략을 실행해 나간다.

 이러한 여성 중심의 사랑 서사는 일종의 환상에 기반한다. 여성들은 스스로의 '해피 엔딩'을 만들 수 있다는 낙관적 믿음을 갖는다. 버런트(Berlant, 2008: 171)는 이 점에 대해 이렇게 말한다. "현대의 사랑 서사에서 여성은 적어도 한 번쯤은 사랑이 자신을 지금의 삶에서 구해 주고 새로운 삶을 줄 수 있으리라는 믿음을 품어야 한다." 리베카 캠벨의 이야기는 이러한 이상적 서사의 전형이다. 그녀는 여러 난관을 극복하며 완벽한 사랑을 찾아가고,

마침내 남편인 로드를 만나 결혼한다. 《가디언》에 실린 서평 기사에는 캠벨이 로드, 그리고 두 자녀와 함께 서 있는 사진이 실렸다. 이상적인 이성애 가족의 풍경이 완성된 셈이다.

　이러한 사랑 서사를 반복적으로 이야기하는 것은 여성 중심 문화에서 흔히 나타나는 현상이다. 그러나 이성애 남성에게는 오랫동안 이러한 이야기를 말할 환경이 주어지지 않았거나 그런 이야기를 제대로 할 수 없는 존재로 여겨져 왔다. 남성은 대체로 친밀한 관계를 잘 맺지 못하고(Berlant, 2012), 감정을 억누른 채 살아간다는 인식이 강하게 자리 잡고 있기 때문이다(de Boise, 2015). 물론 최근에는 이러한 전제가 반드시 사실은 아닐 수 있음을 보여 주는 연구가 점차 늘고 있다(Wester et al., 2002; Dixon, 2005; MacArthur and Shields, 2015; de Boise and Hearn, 2017). 그럼에도 이러한 고정관념은 여전히 강력하게 작동한다. 이성애 백인 남성은 성적, 정서적으로 억압된 존재로 여겨지는 반면 '그 외의 사람'에게는 성과 섹슈얼리티에 대한 이야기 자체가 비교적 자유롭게 허용된다는 분위기가 지배적이다.

　그런데 매노스피어 남성은 이 구조를 뒤엎었다. 이들은 성과 섹슈얼리티에 대한 이야기를 커뮤니티의 중심 주제로 삼으며 여성의 사랑 서사를 지겹도록 되풀이하며 변주한다. 그 반복 안에는 분명한 차이가 있다. 이를 잘 보여 주는 사례가 레딧의 레드필 서브레딧에 올라 온 게시글 〈나는 이제 여성 정복자 채드가 되었다Now I am become Chad, the destroyer of pussy〉이다. 이 글에서 작성자는 자신이 어떻게 성적으로 매력적인 알파 남성, 채드로 변화했는지 설명한다. 그는 이 과정에서 자신이 어떤 변화를 겪었는지, 무엇을 배웠는지를 상세히 서술한다. 이 서사는 흥미롭게도 여성 중심의 사랑 서사와 여러 면에서 닮아 있다. 더 나은 미래에 대한 환상, 그 미래를 이루기 위한 자기 변화, 이성애 규범에 기반한 구조가 그 환상을 실현해 줄 것이라는 믿음이 그것이다. 그러나 그 결말은 여성과는 전혀 다른 방향으로 나아간다. 여성 서사가 희망과 낙관으로 마무리되는 것과 반대로 이 글은 빠르게 냉소와 허무로 치닫는다. 목표로 삼았던 환상을 실현한 뒤 작성자는 결국 그 모든 이야기가 거짓이었음을 선언한다. 남성적 사랑 서사의 본질은 희망이 아닌 실망에 있다.

글은 이렇게 시작한다.

> 약 2년 전쯤, 나는 매력적인 남자가 되었다.
> 레드필을 삼킨 건[4] 그보다 훨씬 전의 일이었지만 여기 있는 사람 대부분처럼 나도 나만은 예외일 거라고 생각했다. 그래서 운동도 거의 하지 않았다. 뭐, 아예 안한 건 아니지만 워낙 대충대충병이 심한 데다가 자기 관리는커녕 제대로 된 식사도 못 챙기는 수준이었으니 성과가 나올 리 없었다.

작성자는 자신의 매력 점수를 10점 만점에 3점으로 평가하면서도 세상과 연애에 대한 낙관적인 기대를 가지고 여정을 시작한다. 그는 여성을 자신과는 완전히 다른 존재로, 마치 다른 세계에 사는 이들처럼 묘사한다. 그는 이렇게 말한다.

그때만 해도 나는 여자에 대해 환상을 품고 있었다. 여자는 우리와는 다른 존재이며 겉모습이 아니라 내면의 알파적인 성격에 끌릴 수 있다고 믿었다. 우리가 잘생기지 않아도 우리와 섹스하기를 원하고 우리는 다른 방식으로 충분히 매력을 보완할 수 있다고 생각했다. 또 여자는 우리보다 성욕을 더 잘 통제하고 시각적인 자극에도 우리가 느끼는 만큼 크게 반응하지는 않는다고 생각했다. 여자는 성관계를 우리처럼 즐기지는 않으며 문란하거나 방탕한 분위기에는 불쾌함을 느낀다고 믿었다. 나는 여자들이 깨끗하고, 단정하며, 우아하고 순수한 존재라고 생각했다.

그러나 안타깝게도 시간이 흐르면서 그의 이런 낙관은 점점 시들기 시작한다. 여전히 여성과 관계를 맺지 못하는 실패가 계속되자 그는 자신이 착각 속에 살고 있었음을 깨달았다. "수년간 싸늘한 거절과 무시를 반복해서 겪고 나니 더는 핑계를 댈 수 없었다. 나는 내가 예외적인 존재가 아니라는 걸 인정해야 했다. 매력적으로 보이기 위해선 운동하고 몸부터 고쳐야 했다. 아무리 데이트 기술 같은 걸 익혀도 내가 여전히 십대 찐따처럼 보인다면 아무 소용이 없었다."

달라져야겠다고 결심한 그는 외모부터 변화를 시도한다. 헬스장에 다니고, 머리를 자르고, 옷차림을 바꾸고, 식단도 조절한다. 이런 신체 변화는 사랑 서사에서 흔히 등장하는 요소이다(Berlant, 2012). 예를 들어 1992년에 개봉한 호주 로맨틱 코미디 영화《댄싱 히어로》의 여주인공 프랜은 어색하고 못생겼으며 춤도 잘 추지 못하는 인물로 등장한다. 그럼에도 그녀의 꿈은 볼룸 댄서가 되는 것이다. 그녀는 잘생기고 인기 많은 스콧과 몰래 춤을 연습하면서 사랑에 빠지고 이와 동시에 외모와 몸매에도 변화가 생긴다. 머리를 풀고, 안경을 벗고, 옷차림을 바꾸면서 점차 사랑받을 만한 여성으로 변모해 간다. 이러한 변화는 단순히 사랑받을 자격뿐 아니라 사랑 서사에 진입할 수 있는 입구로 작용한다.

작성자에게도 이러한 신체적 변화는 단순한 외모 개선을 넘어 진짜 남성성을 획득하는 과정이었다. 그는 자신이 무엇을 어떻게 바꾸었는지를 자세히 서술한다. 예를 들면 다음과 같다.

> 그다음으로는 머리를 잘랐다. 예전에는 머리카락이 귀밑까지 내려올 정도로 길었는데 그건 내가 젠더 규범 같은 건 엿 먹으라지 하고 생각했기 때문이다. 게다가 짧은 머리는 운동 잘하는 애들이나 하는 머리였고 나는 헤비메탈 매니아였다. 그렇지만 이번에는 원래 다니던 데 말고 새로운 미용실에 가서 그냥 짧게 잘라달라고 했다. 왜냐하면 남자라면 짧은 머리를 해야 하니까.

작성자에게 진짜 남자가 되기 위해 꼭 필요한 조건은 자신이 게이처럼 보일 수 있는 모든 요소를 철저히 배제하는 것이다. 변화를 시도하기 전 그는 자신의 머리카락이 "길고, 숱이 많고, 게이 같았다"라고 묘사하며 그것부터 반드시 바꿔야 했다고 말한다. 또 다른 대목에서는 여성을 어떻게 대해야 하는지 배운 과정을 설명한다. 그는 '베타' 남자[5]가 여자에게 들이대다 망하는 모습을 자주 보았다며 이렇게 덧붙인다. "난 조용히 앉아서 그놈들이 망하는 걸 지켜보지. 여자 꼬실 때 가장 중요한 규칙이 뭔지 아니까. 말을 많이 할수록 게이처럼 보일 뿐이야." 그가 보기에 진짜 남성성을 갖추기 위해서는 동성애와 관련된 모든 특성을 철저히 거부해야 한다. 단, 그가 동성애 자체를 대놓고 혐오하는 태도를 취하는 건 아니다. 실제로 매노스피어에서는 동성애자에 대한 노골적인 언급은 거의 없고 있어도 간간히 무시하거나 비아냥거리는 수준에 머문다. 그러나 이 서사에는 훨씬 구조적이고 은근한 형태의 동성애 혐오가 깔려 있다. 그건 바로 게이 같다는 인상이 곧 여성스럽다는 이미지와 직결된다는 믿음이다. 매노스피어 남성은 여성성과 조금이라도 연결된 특성을 본능적으로 피한다(Thorburn, 2023). 이성애적이고 남성적인 존재로 인정받기 위해 그들은 절대 여성스럽거나 게이처럼 보여서는 안 된다고 믿으며 그런 특성을 철저히 제거하고 그 반대의 모습으로 스스로를 재구성해 나간다.

이러한 변화를 거치면서 작성자는 점차 자신이 성공하고 있다고 느끼기 시작한다. 여성들이 그를 의식하기 시작한 것이다. 어떤 여성은 그를 흘끗 바라보고 어떤 여성은 대놓고 플러팅을 하기도 한다. 주변 친구, 가족, 직장 동료까지 그의 외모 변화를 칭찬하며 그가 전보다 훨씬 자신감 있어 보인다고 말한다. 이렇게 긍정적인 피드백을 받으면서 그는 데이트를 시작하고 정기적으로 성관계도 갖게 된다. "어느 순간부터 여성들이 나를 쳐다보기 시작했다는 사실을 부정할 수 없다." 그는 이렇게 말한 뒤 다음과 같이 덧붙인다. "지하철을 탈 때마다 최소 한 명은 나를 쳐다보곤 했다. 나와 눈이 마주치면 그녀는 곧 시선을 피했다."

작성자가 말한 경험담 중 일부는 커뮤니티 내 다른 회원들의 비판을 받기도 했다. 몇몇은 그가 상황을 과장했다고 의심했다. 예컨대 어느 대목에서 작성자는 이렇게 주장한다. "한번은 지하철에 어떤 여자를 봤는데 딱히 예쁘진 않았다. 그런데 사람이 꽉 찬 틈을 타 그녀가 내 앞에 바짝 붙더니 클럽에서 춤이라도 추듯 자기 엉덩이를 내 사타구니에 비비기 시작했다." 이 발언은 커뮤니티 내에서 격렬한 논쟁을 불러일으켰다. 일부는 이 이야기가 지나치게 비현실적이라며 의심한 반면 다른 이들은 '채드'를 차지하기 위해서라면 뭐든 할 '창녀들'이라면 충분히 가능한 일이라며 오히려 옹호했다.

이렇게 외부에서 긍정적인 반응을 받고 있음에도 작성자는 정작 자신이 더 행복해졌다고 느끼지는 못한다. 이는 놀라운 일은 아니다. 외모의 변화로 더 깊은 문화적, 사회적 문제를 해결하려는 시도는 흔히 표면적인 접근에 그치기 때문이다(Berlant, 2008). 스티드먼(Steedman, 1986)은 이를 이렇게 설명한다. "몸은 다른 어떤 것도 손댈 수 없을 때 힘없는 사람이 마지막으로 매달리는 대상이다. 인간관계가 뜻대로 되지 않을 때 특정한 옷을 입거나 특정한 음식을 먹는 행위가 만족이라는 환상을 제공하기 때문이다." 작성자는 이 말에 공감하듯 이렇게 토로한다. "거울을 볼 때마다 실망스러웠다. 여전히 못생겼고, 말라빠졌으며[6], 앞으로도 영원히 왜소할 것이다." 그는 겉모습을 바꿔 '채드'가 되었지만 진정으로 바꾸고 싶었던 자아에 대한 인식 변화까지는 얻지 못했던 것이다.

게다가 이 작성자는 매노스피어 남성이 꿈꾸는 목표를 모두 이뤘음에도 곧 깨닫는다. 자신을 둘러싼 사회 구조, 특히 여성의 행동 양식이 전혀 달라지지 않았다는 사실을 말이다. 그는 과거에는 여성에 대한 이상적 환상을 품고 있었지만 이제는 "모두 창녀일 뿐이었다"라고 단언한다. 자신과 잠자리를 가진 여성 중에 남자친구가 있다는 사실을 나중에 알게 된 경우도 있었고 어떤 여성은 성관계가 끝나자마자 다른 남성에게 메시지를 보냈다고 말한다. 처음에는 섹스를 더 많이 하게 된 게 그저 좋았지만 점차 그는 여성이란 그저 '받기만 하는 존재'라는 결론에 도달한다. 여성은 한 남자에서 다른 남자로 옮겨 다니기만 할 뿐 자신이 주었던 친밀감이나 사랑을 결코 돌려주지 않는다는 것이다.

이 작성자는 자신이 헌신하는 만큼 여성이 감정적으로 응답하지 않는 사실에 분개한다. 감정의 상호성은 사랑의 핵심을 이루는 요소이다(Singer, 1984; Ahmed, 2004; Berlant, 2008). 사람은 누구나 자신이 사랑한 만큼 사랑받기 원한다. 그렇기에 이러한 상호성의 결여는 불만이라는 감정이 작동하는 핵심 동력이 된다. 이 글에서 작성자는 여성에게 이러한 상호성의 결여는 결코 예외적인 일이 아니라 보편적인 현상이라고 주장한다. 그것이 바로 여성이라는 존재의 본질이라는 것이다. 이러한 인식은 그를 깊은 환멸에 빠뜨린다. 이제 그는 여성에 대한 환상뿐 아니라 세상 전체에 대한 환상을 잃었다. 그는 이렇게 말한다.

여자는 모두 창녀이다. 단 하나도 예외가 없었다. 그저 외모 하나 변했을 뿐인데 나는 완전히 다른 세계에 들어와 있었다. 그 뒤틀린 세계에서 여성이라는 존재의 본성이 낱낱이 드러났다. 채드가 된 건 내 인생에서 가장 좋은 일이자 동시에 가장 끔찍한 일이었다. 전에는 성관계를 하지는 못했어도 적어도 여성이라는 존재에 대한 믿음이 있었고 세상은 지금보다 훨씬 더 아름다워 보였다. 그 환상을 붙들고 사는 것도 한동안은 나쁘지 않았던 것 같다. 하지만 그 환상이 산산이 부서진 지금, 내 앞에 남은 건 역겹고 처참한 현실뿐이다. 내가 원했던 건 이런 게 아니었다.

이러한 정서는 댓글에서도 그대로 반복된다. 한 사용자는 이렇게 말한다. "모든 여성은 다 똑같다All Women Are Like That, AWALT"[7]. 그리고 저기 있는 창녀That Ho Over There, THOT[8] 같은 여자들은 왜 채드가 자신을 존중하지 않고 진지하게 만나려 하지 않는지 궁금해하지. 존중은 스스로 얻어야 하는 건데도 말이야. 하지만 무언가를 얻기 위해 노력한다는 개념 자체가 요즘 여자들한텐 너무 낯설지." 이 커뮤니티 어느 누구도 이 담론의 위선을 지적하지 않는다. 글 작성자는 자신이 이제는 일명 여자 킬러가 되었다며 뻔뻔하게 자랑하면서 얼마나 많은 여성과 잠자리를 가졌는지를 스스로 내세운다. 그러고는 여성들이 자신과 똑같이 행동한다고 비난하고 있는 것이다. 이는 여성이 성적으로 자유로울 때 남성과는 전혀 다른 기준으로 평가받는 성적 이중 잣대의 전형이다(Farvid et al., 2015). 매노스피어 남성은 작성자가 가능한 많은 여성을 '정복'하는 것은 당연하다고 여기면서도 여성이 똑같이 행동하면 창녀로 낙인찍는다.

비록 이 글은 심각한 위선을 드러내고 있지만 그와 동시에 남성, 사랑, 섹스 사이의 복잡한 관계를 보여 주기도 한다. 작성자는 글 전반에 걸쳐 마르크스(Marx, 2009[1844]) 가 말한 '유類적 존재'로부터의 소외를 경험하는 듯한 정서를 드러낸다. 마르크스는 인간에게 노동은 단순한 생계 수단이 아니라 삶의 목적이자 인간 정체성의 핵심이라고 보았다. 그러나 자본주의적 생산 체제에서는 노동자가 자신의 노동과, 나아가 인간 존재의 본질에서 소외된다고 보았다. 오늘날 사랑 역시 이와 유사한 위치를 차지하고 있다. 사랑은 현대인에게 자아를 구성하는 핵심 요소가 되었고 그 자체로 하나의 유적 존재가 되었다. 그런 의미에서 이 글 속 작성자는 사랑을 통해 자신의 본질적 자아에 도달하려고 했으나 오히려 그로부터 철저히 소외되었다는 감각을 표현하고 있는 셈이다.

이런 식의 소외감은 종종 모순적으로 나타난다. 작성자는 실망감을 토로하지만 그의 글에는 기쁨과 만족의 흔적도 있으며 여러 면에서 자신의 성취를 축하하는 톤도 묻어난다. 그는 스스로가 매노스피어에서 가장 추앙받은 여자 킬러가 되었다고 여기며 적어도 겉보기에는 모든 남성이 이루고 싶어 하는 목표를 달성한 셈이다. 이처럼 매노스피어 남성은 사랑과 섹스에 좌절하면서도 동시에 그것을 향한 추구를 멈추지 않는다. 이 지점에서 우리는 로런 버런트(Berlan, 2011)가 제시한 중요한 개념 '잔인한 낙관주의'를 살펴볼 필요가 있다. 잔인한 낙관주의란 "당신이 바라는 어떤 것이, 사실은 당신의 성장과 번영을 가로막는 장애물이 되는 관계"이다(Berlant, 2011: 1). 예를 들어 좋지 않은 연애 관계를 떠올려 보자. 당신은 그 사람을 사랑하고 그 관계가 잘되도록 애쓴다. 노력하면 행복해질 수 있다고 믿는다. 그러나 현실에서는 그 관계가 기쁨보다 고통을 더 많이 가져다줄 때가 있다. 이럴 때 두 사람의 관계는 잔인한 낙관주의에 해당한다. 이 책에서 내가 말하고자 하는 잔인한 낙관주의는 주로 자본주의 구조와 그에 대한 우리의 애착에 관한 것이다. 자본주의는 '열심히 일하고 규칙을 지키면' 행복하게 살 수 있다고 우리를 설득한다. 그러나 점점 더 많은 사람이 이는 사실과 거리가 있다는 것을 깨닫고 있다. 그런 의미에서 자본주의는 그 자체로 잔인한 낙관주의적 관계라 할 수 있다.

매노스피어에서는 일부 남성이 사랑과 섹스 자체를 잔인한 낙관주의의 구조로 인식하기도 한다. 이는 해당 게시물에서 댓글이 줄줄이 달린 스레드에서 잘 드러난다. 이 스레드는 "자신도 원글 작성자와 똑같은 대우를 받았다"라고 말한 한 사용자의 경험담으로 시작한다. 그 발언은 여성과의 연애가 과연 가치 있는 일인지, 남성이 상처받지 않으면서 연애를 하는 가장 효율적인 방법은 무엇인지에 대한 긴 토론으로 이어진다. 이 댓글 행렬의 핵심은 오늘날 사회가 섹스에 얼마나 많은 가치를 부여하고 있는가 하는 문제로 수렴된다. 한 사용자는 이렇게 말한다. "오늘날 우리는 '단 하나의 진정한 사랑'과 '섹스'가 곧 행복이라는 동화를 끊임없이 소비하고 있다." 그는 바로 이러한 동화가 매노스피어 남성 전체의 고통을 낳는 근본 원인이라고 주장한다. 사랑에 대한 집착 자체가 문제라는 것이다. 그것은 애초에 실현 불가능한 환상을 제공하며 본질적으로는 잔인한 구조를 지녔기 때문이다. 그럼에도 이러한 인식은 매노스피어 내에서 지배적인 정서는 아니다. 대부분의 남성은 여전히 어떤 대가를 치르더라도 사랑과 섹스를 얻고자 한다.

결국 원글의 작성자도 자신이 제기한 문제를 해결하기 위해 개인적으로, 집단적으로 취할 수 있는 구체적인 행동을 제시하지 않는다. 다만 한 지점에서 그는 이러한 말로 변화의 필요성을 암시한다. "사회적으로 다시 성적 일부일처제를 강제하면 안 되나? 모두가 평생 단 한 사람하고만 섹스하고 섹스를 별것도 아니게 만들면 안 되나? 섹스가 마약처럼 인간에게 파괴적이라는 것을 이해하고 사회적으로 그걸 통제하는 거지." 그러나 그런 발언조차 단지 울분 섞인 바람일 뿐 실제로 행동에 나서자는 제안은 아니다. 청원 서명을 독려하거나 시위를 촉구하거나 특정 정치인을 지지하자는 식의 제안은 없다. 이처럼 세상이 잘못되었다고 목소리를 높이면서도 매노스피어 남성은 정작 그것을 둘러싼 정치적 움직임을 조직하거나 동원하지 않는다. 그들은 자신이 느끼는 소외감이 피할 수 없는 운명이라 느끼고 그 안에서 그들이 할 수 있는 일은 불평밖에 없다. 이처럼 해결 없이 반복되는 불평은 무력감을 낳기 마련이다. 원글 작성자는 글 말미에서 자신의 환상과 낙관이 허상이었음을 어느 정도 인정하는 듯 하다. 애초부터 성공이란 존재하지 않았고 이제 남은 건 허무뿐이라는 식이다(이에 대해서는 뒤에서 더 다루도록 하겠다).

나는 여자를 얻으려고 매력적인 사람이 되었고 마침내 채드가 되었다. 하지만 그 결과로 들어선 세계는 역겨웠다. 이제 나가고 싶다.

유전자부터 실패다

실망스러운 사랑 서사는 단순히 반복되는 이야기일 뿐 아니라 매노스피어의 핵심 철학이기도 하다. 이 철학은 레드필이라는 이름으로 부른다.[9] 아마 레드필이라는 말을 한 번쯤 들어본 적이 있을지도 모른다. 이 개념은 매노스피어 커뮤니티에서 가장 중요한 상징이다. 여기서는 이 개념이 무엇을 의미하는지, 어디서 비롯되었는지, 왜 이토록 중요한지에 대해 이야기하고자 한다. 항상 그렇듯 이 개념을 이해하기 위해서는 매노스피어 남성의 실제 발화를 보는 것이 좋다. 다음에 소개할 게시물에는 레드필이라는 말이 직접적으로 등장하지는 않지만 이 개념을 이해하는 매우 적절한 출발점이다.

레드필 포럼에 한 남성이 〈원시 시대 제인의 삶: 남자들은 사냥 중이다Life of primitive Jane: the boys are hunting〉라는 글을 게시했다. 이 글은 '제인', '밥닉', '채드록'이라는 세 인물이 등장하는 가상의 원시 부족 이야기를 담고 있다. 제인은 여성 집단의 최상위에 있는 존재이다. 그녀는 대부분의 남성이 사냥을 나간 뒤 며칠째 돌아오지 않자 불안에 빠진다. 밤이 되면 그녀는 사냥 나간 알파남 채드룩을 떠올리며 잠을 이루지 못한다. 채드룩은 단지 매력적일 뿐 아니라 그녀와 부족을 보호하는 존재이기도 하다. 제인은 자신이 채드룩을 사랑한다고 '믿는다.' 그러나 채드룩이 사냥하다가 죽었을지도 모른다는 불안감과 함께 그녀의 머릿속에는 자신의 지위를 어떻게 유지할 것인가에 대한 계산이 스멀스멀 피어난다. 그러다 그녀의 시선이 부족에 남겨진 유일한 남성, 밥닉에게 향한다. 밥닉은 가장 약한 남성이었고 바로 그 이유 때문인지 몰라도 사냥에 끼지 못한 채 여성들과 남겨져 있었다. 다른 여성들과 마찬가지로 제인은 밥닉을 경멸하지만 만약 남자들이 돌아오지 못한다면 결국 생존을 위해 그에게 의존할 수밖에 없는 처지였다. 제인은 자신의 지위를 지키기 위한 전략으로 밥닉을 눈여겨보았고 마침내 그와 성관계를 가지기로 결심한다. 밥닉은 당연히 그 제안을 받아들인다. 그런데 막 관계를 하려는 순간 제인이 비명을 지른다. 원글 작성자는 뒤이어 이렇게 쓴다.

거대한 나무 몽둥이가 밥닉의 머리를 세게 내리쳤다. 그의 뇌가 동굴 벽에 흩날리고 제인은 그 틈을 타 그의 밑에서 빠져나온다. 채드룩이 돌아온 것이다. 그는 한 손으로 밥닉의 시신을 나무토막처럼 옆으로 내던진다. 채드룩과 함께 돌아온 남자들은 고기를 잔뜩 든 채 피곤에 절어 있다. 제인은 채드룩에게 착 달라붙어 감사를 표하며 밥닉이 자신을 강제로 덮쳤다고 둘러댄다. 채드룩은 그녀의 말을 끝까지 듣지도 않고 뺨을 세게 후려친다. 제인은 땅에 나가 떨어지고 입 안에서 피맛을 느낀다. 그런 다음 채드록은 고깃덩이를 한쪽에 내던지고 제인을 덮친다. 그는 밥닉보다 훨씬 크지만 전혀 아프지 않다. 제인은 단번에 젖는다. 안도감도 밀려온다. 며칠간의 불안이 순식간에 사라졌기 때문이다. 이제 그들은 살아남을 수 있을 터였다.

이 글은 다음과 같이 끝맺는다.

교훈은 이것이다. 이런 일은 약 20만 년 동안 계속되어 왔다. 현대 사회가 존재한 건 고작 몇 세기(전체 시간의 1%도 안 된다)이다. 우리의 유전자는 어디에 맞춰져 있을까? 한번 맞혀보라.

이 마지막 문장이 흥미로운 이유는 작성자가 인류는 수천 년 동안 이렇게 행동해 왔다고 주장함으로써 이 이야기가 단지 한 여성의 문제가 아니라 세상이 어떻게 작동하는지를 깨닫는 과정, 즉 진실에 눈뜨는 경험으로 해석되기 때문이다. 그리고 바로 이 지점이 레드필 철학의 핵심이다.

레드필이라는 개념은 영화 〈매트릭스The Matrix〉에서 가져온 것이다(Ging, 2017). 영화에서 주인공 네오는 반란군 지도자 모피어스에게서 빨간 약과 파란 약 중 하나를 선택하라는 제안을 받는다. 빨간 약을 삼키면 네오는 매트릭스의 통제에서 벗어나 '진짜 현실 세계'로 탈출한다. 이 과정에서 그의 이름도 평범했던 토머스 앤더슨에서 더 날카롭고 비범한 네오로 바뀐다. 그러나 그가 마주한 현실 세계는 지금보다 훨씬 더 불확실하고, 거칠고, 고통스럽다. 반면 파란 약을 선택하면 그는 매트릭스라는 감옥이 만든 꿈의 세계에 머물며 무지하지만 상대적으로 편안한 삶을 계속 영위한다. 매노스피어는 이 설정을 그대로 차용해 레드필을 여성과 페미니즘, 사회에 대한 진실을 깨닫는 것으로 정의한다. 이 진실은 불편하고 삶을 더 힘들게 할 수 있지만 동시에 남성이 페미니즘이 지배하는 사회라는 감옥에서 벗어날 수 있게 한다는 것이다. 레드필은 사랑, 섹스, 삶 전반에 대한 남성의 불만을 하나의 일관된 서사로 엮는 철학이며 남성이 공동체적인 유대감을 형성하는 매개체이다. 깅(Ging, 2017: 8)의 표현을 빌리면 이는 "감정과 이데올로기를 결합해 매노스피어 내부의 다양한 요소 사이에서 합의와 소속감을 만드는 데 성공한 강력한 문화적 모티프"이다.

레드필은 극우 진영의 여러 세력이 받아들이고 있다(Bratich, 2024). 일론 머스크, 카니예 웨스트, 캔디스 오언스, 닉 푸엔테스 같은 유명인도 자신이 레드필을 삼켰다고 발언하거나 다른 이들에게 이를 권장한 바 있다(Bratich, 2024). 레드필을 삼키는 것의 의미는 사람마다 조금씩 다르기는 하나 언제나 극우적 성향과 긴밀히 연결되어 있다는 사실에는 변함이 없다. 여기서는 레드필이 매노스피어에서 어떤 의미를 가지는지를 구체적으로 살펴보겠지만 대부분의 아이디어는 상당히 유사하다.

레드필 철학은 여성의 성에 대한 일련의 '어두운 진실'이 존재한다는 믿음에 기반한 것으로 이러한 진실은 진화심리학에 뿌리를 두고 있다. 진화심리학은 과학과 인류학이 결합된 형태로 인간의 많은 성향과 행동이 진화적 필요에 의해 형성되었다고 본다. 이 학문은 대중적인 영역에서 최근 몇십 년 사이 다시 주목받기 시작했는데, 그 계기가 된 것이 바로 존 그레이의 《화성에서 온 남자, 금성에서 온 여자Men are from Mars, Women are From Venus》와 데보라 태넌의 《당신은 이해 못해!You Just Don't Understand!》 같은 책이었다(Cameron, 2010). 이 책과 이후의 담론들은 이성 간 관계의 차이는 선천적이며(Cameron, 2007; 2010; 2015) 남성과 여성은 "성격, 기술, 능력 면에서 타고난 차이를 가지고 있다"라고 주장했다(Ging, 2019: 56 - 57). 즉 남성과 여성은 근본적으로 바뀔 수 없으며 "남녀의 생물학적으로 주어진 본성을 재설계하려는 페미니즘의 시도는 (혼란스럽게도) 헛된 동시에 해롭다"라는 결론에 이른다(Cameron, 2010: 528).

내가 지금부터 다룰 내용의 대부분은 과거에도 그랬고 지금도 신뢰성이 떨어질 뿐 아니라 현재 학계에서는 거의 아무런 학술적 근거가 없는 것으로 간주되는 과학에 기반한다(Cameron, 2010; Ging, 2019). 그럼에도 이러한 사상은 여전히 영향력을 발휘하고 있는데 이는 자본주의에 이익이 되기 때문이다. 남성과 여성을 명확히 구별된 소비자 집단으로 설정하고 핵가족을 위협하는 그 어떤 시도도 거부함으로써 자본주의를 강화할 수 있기 때문이다(Ging, 2019). 깅(Ging, 2019: 57)의 표현을 빌리면 다음과 같다.

이러한 사상은 개인주의, 기업의 이익, 사유 재산의 축적에 깊이 투자된 정치경제 체제 속에서 뿌리를 내렸다. 또한 구조적 분석, 국가의 개입, 핵가족 중심의 기본 질서를 위협할 수 있는 가부장제에 대한 비판적 탐구에는 본질적으로 적대적이었다.

진화심리학은 매노스피어에 매우 적합한 이론이다. (그 내용이 틀렸더라도) 매노스피어 남성에게 일관된 서사를 제공함과 동시에 그들이 가장 깊이 믿는 가치에는 도전하지 않기 때문이다. 그런 이유로 매노스피어 남성은 이 이론을 적극적으로 자신들의 세계관에 끌어들였다.

매노스피어는 진화심리학의 몇 가지 핵심 개념을 적극 수용하는데 여기에는 여성은 비이성적이고 하이퍼가미hypergamy적이며 오직 알파 남성과만 짝짓기를 원하도록 유전적으로 설계되어 있고 남성의 지배를 필요로 한다는 주장이 포함되어 있다(Ging, 2017: 12). 이들이 주장하는 바가 구체적으로 무엇을 의미하는지 살펴보기 위해 스스로를 '이성적인 남성'이라 칭하는 롤로 토마시가 쓴 블로그 글을 분석해 보자. 그는 여성에 관한 가장 '어두운 진실'로서 '하이퍼가미'를 지목하며 이 개념에 자신의 글 대부분을 할애한다(2011; 2012; 2013). 그는 하이퍼가미야말로 여성이 야기하는 모든 문제의 핵심이라고 주장한다.

하이퍼가미는 매노스피어가 새롭게 만든 용어는 아니다. 실제로 이는 진화심리학자도 널리 받아들이는 개념이다(Bokek-Cohen et al., 2008). 그 핵심은 간단하다. 여성은 자신보다 사회적, 경제적 지위가 더 높은 파트너를 선호한다는 것이다(Buckley,

2016). 다시 말해 여성은 본능적으로 골드 디거gold digger(원래 미국 문화권에서 등장한 경멸적 표현으로 경제적 이득을 위해 의도적으로 부유한 남성과 연애 혹은 결혼 관계를 맺는 여성을 비하하는 데 쓴다 - 옮긴이)적 성향을 타고났다는 주장이다. 이들에 따르면 하이퍼가미는 남성과 여성 모두의 유전적 본능에서 비롯된다. 진화론적 관점에서 볼 때 남성의 생존 전략은 가능한 많은 여성과 짝짓기를 해서 자신의 유전자를 널리 퍼뜨리는 것이다. 반면에 여성은 임신과 양육에 막대한 시간, 노동, 에너지, 자원이 필요하기 때문에 짝을 고르는 데 훨씬 더 신중하고 까다롭다. 따라서 여성은 더 나은 유전적 형질을 지닌 것은 물론이고 돈, 자원, 사회적 지위까지 제공해줄 수 있는 상층 계급 남성을 본능적으로 선호하게 되었다는 것이다(Tomassi, 2011). 토마시(Tomassi, 2013: 16)는 다음과 같이 설명한다.

> 어떤 종이 생존하려면 자손이 살아남을 수 있는 최적의 환경을 제공해야 한다는 것은 간단한 연역 논리이다. 그게 어렵다면 가능한 한 압도적인 수로 자손을 많이 낳아 생존을 보장해야 한다. 이 논리를 여성에게 적용하면 그녀는 자신의 유전자가 허용하는 범위 내에서 가장 우수한 짝을 유혹해 그와 함께 자녀에게 장기적인 안전과 생존 조건을 제공하는 것이 최선이라는 결론에 도달한다. 다시 말해 여성은 생물학적, 심리적, 사회적으로 자신의 번식 상대를 선별하는 필터 역할을 하도록 설계된 반면 남성은 가능한 한 많은 성적 파트너에게 자신의 유전자를 퍼뜨리는 방식으로 번식을 추구하도록 설계되어 있다.

매노스피어의 남성은 하이퍼가미가 여성에게 성적 관계에 대한 주도권을 쥐게 만든다고 믿는다. 짝을 고르는 데 더 까다로운 여성이 친밀한 관계의 열쇠를 쥐고 있으며 결과적으로 남성이 섹스와 사랑에 접근할 수 있는 권한을 관리하게 된다는 것이다. 이러한 주장은 새로운 것이 아니다. 남성이 여성에게 섹스를 구걸하고 여성은 "두통이 있다"거나 "오늘은 머리하러 가야 해"하며 거절하는, 전형적인 로맨스 서사로 되돌아가는 것이다. 버런트(Berlant, 2012: 88)의 표현을 빌리면 "낭만적/가족적 사랑이라는 제도와 이데올로기는 여성을 성관계의 선별자이자, 원천이자, 관리자이자, 행위자이며 동시에 피해자로 규정한다."

　　남성의 불만이 본격적으로 터져 나오는 지점이 바로 이 부분이다. 매노스피어 남성은 여성의 하이퍼가미적 특성이 남성을 냉담하게 대하게 만들고 그로 인해 남성은 끊임없이 좌절을 겪는다고 주장한다(Hollway, 1984; O'Neill, 2018a). 토마시는 자신의 블로그 글에서 이렇게 말한다(2013:16). "남성은 여성보다 성적 흥분을 유발하는 주요 호르몬인 테스토스테론을 12배에서 17배 더 많이 가지고 있으며 여성은 반대로 성적 경계를 강화하는 에스트로겐과 안정감 및 양육 본능을 자극하는 옥시토신을 남성보다 훨씬 더 많이 분비한다." 이런 주장을 바탕으로 매노스피어의 진화심리학과 실제 이 학문 분야 전체(Gill, 2009; Cameron, 2010; O'Neill, 2018a)는 다음과 같은 성별 구도를 그리고 있다. 남성은 성적으로 충동적이고 문란한 존재이며 여성은 냉담하고 조심스럽고 자신보다 사회적 지위가 높은 남성과만 성관계를 맺으려 한다고.

그 결과 여성과 남성에게 성적 기준이 다르게 적용된다고 매노스피어는 주장한다. 여성은 성적 파트너에게 더 높은 기대치를 설정하고 언제든 '마음을 바꿀 권리'를 가진 반면에 남성은 더 높은 도덕적 기준을 지켜야 한다는 압박을 받는다는 것이다. 토마시는 "여성은 언제든 마음을 바꿀 수 있는 특권이 있다"라고 불평하면서 남성은 반드시 "바르게 행동해야 한다"라는 기대를 받는다고 말한다. 만약 남성이 그 기대를 충족시키지 못하면? 그녀는 그냥 다른 남자를 찾으면 그만이다! 토마시는 이어 이렇게 주장한다. '바람둥이'처럼 행동하며 여러 여성과 관계를 맺는 남성은 사회적으로 악인 취급을 받지만 가족을 위해(심지어 자기 자식이 아닌 경우에도) "재정적으로, 정서적으로, 그리고 인생의 중요한 결정에 있어서 자신을 희생하는 아버지"는 사회적 영웅 대우를 받는데 그 이유는 오로지 그들이 여성의 유전적 본능에 순응하기 때문이라는 것이다(Tomassi, 2013: 17). 물론 여러분도 잘 알다시피 현실은 분명히 다르다. 오히려 여성을 많이 만나는 남성은 능력자로 추앙받고 똑같이 행동한 여성은 문란하다며 손가락질 받는 것이 우리가 살아가는 현실이다. 하지만 매노스피어 남성은 그런 불편한 진실에는 눈을 돌린다.

토마시가 주장하는 하이퍼가미의 최종 결과를 살펴보자. 매노스피어 이론에 따르면 하이퍼가미는 남성에게 일부일처제 관계를 강요한다. 여성은 남성이 여러 파트너와 자녀를 갖는 것을 허용하지 않는데 이는 그런 방식이 자신과 자녀에게 돌아올 자원과 지원을 분산하기 때문이다. 토마시는 이렇게 말한다. "여성이 자녀의 생존 가능성을 최대로 높이기 위해서는 남성이 자신의 번식 전략을 포기하고 여성의 방식에 순응해야 한다." 성적 '시장'을 통제하는 여성은 남성이 자신의 번식 본능을 희생하고 그녀의 조건에 따르기 전까지는 성관계나 연애를 허용하지 않는다는 것이다(Tomassi, 2013: 16).

한 가지 주목할 점은 매노스피어 남성도 이러한 여성의 '억압적' 행동들이 의도적이라고 생각하지는 않는다고 본다는 점이다. 토마시는 이렇게 설명한다(Tomassi, 2013: 18).

> 나는 다시 한번 강조하고 싶다. (대부분의) 여성이 어떤 큰 그림을 의식적으로 계획하고 남성을 이런 순환 구조에 가두려는 의도를 갖고 있는 것은 아니다. 여성이 이런 방식으로 행동하게 되는 동기와 이를 정당화하기 위해 사회적으로 발명된 여러 논리는 대부분 무의식적으로 작동한다. 여성은 이러한 역학을 인식하지 못한 채 그 영향력 아래서 살아간다. 어떤 종이든 암컷이 자신이 유혹할 수 있는 최고의 유전자를 지닌 파트너와 **짝**을 이루고 자신과 자녀의 생존을 보장해 줄 수 있는 최고의 부양 파트너를 확보할 수 있는 전략을 수행한다면 그것은 진화론적으로 잭팟이 터진 것이나 다름없다. (강조는 원문)

그럼에도 매노스피어 남성은 여성의 하이퍼가미에 대해 끊임없이 불만을 토로한다. 이들은 오늘날 이 사회의 성적 규범 아래에서 진짜 피해자는 여성이 아니라 바로 자신들이라고 주장한다. 욕망과 성, 사랑의 세계에서 패배자가 된 쪽은 다름 아닌 자신들이라는 것이다. 예를 들어 한 레드필 커뮤니티 게시글에는 다음과 같은 사연이 소개된다. 원글 작성자의 친구는 한 여성과 4년 동안 교제 중이었는데 그의 수입이 늘기 시작하자 그녀의 태도가 달라졌다. 작성자는 이러한 변화가 그녀의 본능적인 생물학적 충동 때문이며 결국 그녀는 그의 인격보다 돈을 더 중시하고 있다는 것을 암시한다고 말한다. 그 사례는 다음과 같다.

> 그녀는 이유 없이 의심이 많아져서 남자가 하루 종일 어디서 무엇을 하는지, 누구와 이야기 하는지, 누구에게 문자를 보내는지 캐물었다.

> 크리스마스에는 남자가 선물로 사 준 시계가 고작 500 달러짜리라는 이유로 하루 종일 차갑게 굴었다. 그 시점에는 이미 잠자리도 거부하고 있었으며 특별한 이유 없이 언제나 원망과 적대감으로 남자를 대했다.

이러한 불만은 종종 인종차별적 언어로 귀결된다. 왜냐하면 하이퍼가미는 결국 '골드 디거'라는 오래된 모욕의 또 다른 이름일 뿐이기 때문이다. 골드 디거는 1920년대부터 미국 문화에서 사용되어 온 경멸적 표현으로, 특히 흑인 여성에게 자주 향했던 비난이다(Boris, 2021). 이 표현은 서구 대중문화에서 반복적으로 재현되어 왔다. 예컨대 캐롤 채닝과 마릴린 먼로가 부른 〈다

이아몬드는 여성의 제일 좋은 친구Diamonds Are A Girl's Best Friend〉, 마돈나의 〈물질적인 여자Material Girl〉, 카니예 웨스트의 〈골드 디거〉 같은 노래가 대표적이다. 이때의 골드 디거는 사회의 '정직한 노동자' 위에 군림하고 가난하고 게으른 채로 기생하는 여성으로 그려지며 종종 흑인 여성의 모습으로 묘사된다(Sandlin et al., 2011).

이러한 인종차별적 담론은 믹타우 커뮤니티에서 가장 두드러지게 나타난다. 예를 들어 이들은 종종 미국의 흑인 남성이 자신의 흑인 여성 파트너를 '골드 디거 짓' 한다고 비난하는 소셜 미디어 게시물을 공유하곤 한다. 특히 유명한 게시물 중 하나는 한 흑인 여성이 남자친구에게서 크리스마스 선물을 받는 장면을 담고 있다. 첫 번째 선물은 '전기 요금'이라고 적힌 종이, 다음은 '자동차 할부금', 이어서 '월세' 등이 차례로 등장한다. 마지막에 남성은 "내가 1년 내내 이걸 다 냈어. 메리 크리스마스"라고 말한다. 이에 매노스피어 남성들은 "이 모든 걸 남자가 다 부담했는데도 여자는 크리스마스 선물까지 바란다"라며 조롱성 댓글을 단다. 여성은 철저히 물질에 집착하는 인물로 묘사된다. "교활하고, 계산적이며, 물질적이고, 성을 무기로 삼는 동시에 자신의 욕망을 거의 통제하지 못하는 흑인 여성"이라는 오래된 인종적 고정관념이 그대로 투영된 것이다(Neuback and Cazenave, 2001: 127).

인셀 커뮤니티에서 하이퍼가미에 대한 비난은 조금 다른 양상으로 나타난다. 이들은 여성이 남성의 외모에만 관심이 있다고 믿는다. 자신들이 연애에 실패하는 이유는 못생겼기 때문이라는 주장이다. 이들은 자신의 키, 턱선, 머리숱 같은 신체적 결점을 끊임없이 불평하며 스스로를 연애 시장이라는 개념 안에서 외모와 지위에 따라 서열화한다 그 결과 채드, 스테이시, 베키, 쿡/베타 같은 용어가 만들어졌다. 채드는 잘생기고 사회적 지위가 높으며 여성과의 성적 관계에 쉽게 접근할 수 있는 남성을 뜻한다. 스테이시는 극도로 여성스럽고 매력적인 여성을 지칭하는데 인셀에게는 도달 불가능한 존재로 오직 채드와 데이트한다고 여겨진다. 베키는 평범한 여성이지만 그럼에도 여전히 채드와의 연애를 원한다는 점에서 인셀에게 깊은 좌절감을 준다. 인셀은 자신들과 대부분의 남성을 베타, 쿡홀드cuckold(오쟁이 진 남편을 뜻한다), 줄여서 '쿡cuck'이라 부른다. 베타는 착하고 순종적인 남성이지만 여성들이 채드를 좇는 데 지쳐 모든 걸 포기한 뒤에야 겨우 만나는 대체물처럼 묘사된다.

흥미롭게도 매노스피어 남성은 여성이 일관되게 일부일처제를 고집한다고 주장하면서도 동시에 문란하다고 비난한다. 이들은 여성들이 이른바 '알파는 섹스, 베타는 육아' 전략을 취한다고 말한다. 즉 여성은 알파 남성과 성관계를 맺어 아이를 낳고 이후 베타 남성과 정착하여 그 아이를 키우게 만든다는 것이다(Tomassi, 2013). 여성이 이렇게 행동하는 이유는 알파와 베타에게서 서로 다른 자원을 얻을 수 있기 때문이라고 설명한다. 알파는 '좋은 유전자'를 제공하고, 베타는 '안정성'을 제공한다는 것이다. 매노스피어 이론에 따르면 이처럼 좋은 유전자와 착한 남자를 동시에 활용하는 전략은 "진화적 차원에서 대규모로 작동하는 메커니즘"이며(Tomassi, 2013) 여성은 이 둘 사이의 균형을 전략적으로 조율해 자신의 생물학적 이점을 극대화한다. 여기서 한 걸음 더 나아가 매노스피어 남성은 여성의 바람에는 두 가지 유형이 있다고 주장한다. 첫째는 반응적 바람으로 이미 '착한 남자'와 짝지은 여성이 더 나은 유전자를 가진 남성과 성관계를 맺은 경우다. 이때 착한 남자는 자신과는 무관한 아이의 양육을 떠맡는다. 둘째는 선제적 바람으로 여성은 의도적으로 '좋은 유전자'를 가진 남성의 아이를 만든 뒤 그 남성을 떠나 자신과 자녀를 부양할 착한 남자를 따로 찾아 나선다는 것이다. 이는 소위 '엄마 딜레마'라 한다.

물론 여성과 결국 맺어지더라도 베타나 쿡은 여전히 여성에게 무시당하는 존재로 묘사된다. 매노스피어 담론에 따르면 여성은 이들을 남겨진 선택지로 받아들인 현실에 모멸감을 느끼기 때문이다. 매노스피어 남성 다수는 자신들이 바로 이러한 착한 남자에 해당한다고 주장한다. 여성이 자신들을 진심으로 사랑하는 것

그림 2.1 인셀 vs. 채드 밈

이 아니라 과거에도 현대에도 오직 경제적 안정만을 보고 이용하려 한다는 것이다. 이러한 인식은 '인셀 vs. 채드' 밈을 통해 대중화되었다(그림 2.1 참조).이 밈의 왼쪽에는 인셀을 상징하는 마른 체형의 남성이 등장한다. 고개를 숙인 그는 자신감이 없고, 등이 굽어 있으며, 안경을 쓰고 단조롭고 평범한 옷차림을 하고 있다. 그 옆에는 채드가 서 있다. 채드는 근육질 몸매에 날카로운 턱선, 과장된 특정 신체 부위, 세련된 헤어스타일, 다채롭고 개성 있는 옷차림을 하고 있다.

왼쪽에 있는 남성은 마치 태어날 때부터 실패할 수 밖에 없는 인생을 타고난 존재처럼 묘사된다. 그가 비참한 삶에서 벗어날 길은 없다. 하이퍼가미를 비롯한 진화심리학적 요소는 남성이 행복해질 수 있다는 가능성 자체에 본질적인 한계를 부여한다. 결국 그는 고개를 떨군 채 누구의 선택도 받지 못하고 쓸쓸히 연애 시장을 떠도는 구제 불능한 독신남으로 남는다.

레드필을 삼키다

레드필이란 개념은 여성이 본질적으로 하이퍼가미 성향을 지니고 있으며 남성이 여성과 관계를 맺기 위해서는 이 불편한 현실을 받아들여야 한다는 믿음에서 비롯한다. 이러한 믿음은 남성의 불만에서 매우 핵심적인 요소로 작용한다. 버런트가 말한 바와 같이 남성의 불만은 일종의 "'상처에 대한 증언'의 형식"을 띤다(Berlant, 1988: 243). 이런 증언의 특징은 해결책을 제시하지 않는다. 버런트가 설명하듯 "'여성의 불만'은 말하는 이의 좌절, 분노, 존엄이 짓밟힌 감정, 영웅적인 자기 희생을 드러내며 그 발화를 통해 스스로의 한계를 선언하는 반대적 발화이다(Berlant, 1988: 244)." 남성은 하이퍼가미의 문제에 대해 해결을 모색하지 않는다. 왜냐하면 그들은 하이퍼가미가 여성성의 본질이자 변화 불가능한 사실이라고 믿기 때문이다. 따라서 할 수 있는 것이라고는 불만 표출밖에 없다. 사실상 그것이 가능한 전부이다.

이러한 행동의 부재는 진화심리학과 깊이 얽혀 있다. 진화심리학은 "인간의 성에 보편적 진리가 존재한다(O'Neill, 2018a: 114)"라는 믿음을 바탕으로 하며 그 결과 남녀 간의 차이와 그로 인해 발생하는 불평등은 '유전적 대물림'이라는 이름 아래 자연화된다(O'Neill, 2018a: 114). 진화심리학은 "남녀 관계를 남성이 아니라 자연의 법칙에 종속된 것으로 본다(Edley and Wetherell, 2001: 452)". 데이비드 그레이버(Graeber. 2014)의 말처럼 이러한 관점은 인간의 삶을 "DNA 염기서열을 복제하기 위한 단순한 수단"으로 축소하며 인간은 오직 생물학적 번식 욕구에 의해 움직이는 존재로 간주된다. 그렇기 때문에 남녀 관계에 변화를 도모하려는 모든 시도는 "진화를 부정하는 것으로 여겨지며 무지하고 부질없는 시도로 치부될 위험이 크다(O'Neill, 2018a: 130)."

따라서 레드필은 '대안은 없다'는 믿음에 기반한 하나의 철학이라 할 수 있다. 신자유주의는 적응력과 유연성을 강조하는 사상임에도 불구하고 성에 대한 집단적 상상력을 확장하기보다는 오히려 제한해 왔다(Jackson and Scott, 1997:O'Neill, 2018a). 이러한 경향은 매노스피어 남성이 자신과 여성을 오직 합리적인 개인으로만 간주하며 성행위를 개인의 이익을 극대화하기 위한 전략적 행위로만 바라보는 태도에서 잘 드러난다(O'Neill, 2018a). 그들에 따르면 성은 단지 유전자를 퍼뜨리기 위한 수단일 뿐이며 그 이상은 존재하지 않는다. 맥키넌(McKinnon, 2005)은 이러한 과정을 '유전적 개인주의'라 명명하며 진화심리학이 인간의 삶을 "사회적 관계와 인간 행동을 오직 자기 이익을 위한 개인 간 경쟁의 산물로 환원하는 관념"으로 자연화한다고 비판한다(2005: 43).

이러한 합리적인 선택으로서의 섹스는 매노스피어에서 자주 사용되는 '성적 시장' 개념을 통해서도 잘 드러난다. 매노스피어 남성은 섹스를 시장 내에서 이루어지는 거래 행위로 인식하며 이 시장에서는 모든 사람이 각자의 '가치'에 따라 가격이 매겨지고 따라서 성적 경쟁은 자연스럽고 불가피한 현상이라고 주장한다(O'Neill, 2018a). 이들의 설명에 따르면 성적 시장은 일련의 규칙에 의해 작동한다. 예를 들어 매노스피어 유튜버인 콜테인은 '80대 20 법칙(여성의 80%가 상위 20%의 남성과만 성관계를 원하거나 장기적인 관계를 맺고 싶어한다는 주장)'을 하이퍼가미의 통계적 근거로 제시한다(Tomassi, 2016). 콜테인은 이러한 성적 불균형이 성적 시장의 구조에서 비롯된 것이라고 해석하며 다음과 같이 말한다. "여성은 성적 파트너를 선택할 때 자신에게 얼마큼의 자원을 제공할 수 있는지를 가장 큰 요인으로 고려할 가능성이 크다." 콜테인은 성적 매력과 성적 행위는 철저히 합리적인 선택에 따라 이루어진다는 전제를 깔고 있다. 매노스피어 남성은 이러한 전제를 바탕으로 각 개인이 지닌 '성적 시장 가치Sexual Market Value, SMV'를 평가한다. 레드필 용어집은 성적 시장 가치를 "원나잇이든 장기적인 연애 관계든 간에 당신이 '상대에게 제공할 수 있는 것'을 요약한 지표"로 정의한다. 콜테인은 이러한 성적 매력의 불균형이 남성이 성적 시장에서 겪는 다양한 문제를 설명해 준다고 말한다. 대다수의 여성이 상위 20%의 남성만을 원하지만 현실적으로 모든 여성이 그런 남성과 짝을 이룰 수는 없기 때문에 결국 여성은 자신보다 낮은 성적 시장 가치를 지닌 남성과 '타협'하게 된다는 것이다. 그는 영상에서 다음과 같이 말한다.

> 그녀는 자신보다 사회적 지위와 성적 시장 가치가 훨씬 낮다고 여겨지는 남성과 타협하고 있다고 느낀다. 여성이 흔히 만날 남자가 없다며 소위 남자 부족을 한탄하는 이유는 바로 여기에 있다. 주변에 꽤 괜찮은 남자들이 있음에도 불구하고 문제는 미혼 남성의 숫자가 아니라 여성의 눈에 비치는 적격성에 있기 때문이다. 여성의 인식에서는 실제 인구통계적 분포도와 자신이 느끼는 매력도가 깔끔하게 일치하지 않는다. 그 결과 여성은 남성의 평균적인 매력도를 과소평가하게 되고 중앙값과 평균 사이에 큰 인식의 괴리가 생긴다. 두 사람이 동일한 백분위에 속해 있더라도, 그녀는 자신을 '8점짜리'로, 상대는 '3점짜리'로 느낀다. 따라서 그녀에게 이 관계는 유전적으로 손해 보는 선택처럼 보이지만 시장 압력(예를 들어 외로움에 대한 두려움 혹은 더 늦기 전에 가정을 이루고자 하는 욕망)이 그녀로 하여금 자신

의 인구군 내에 남아 있는 남성을 현실적인 선택지로 인식하게 만든다. 결국 그녀는 그 관계에 투자하기로 결정한다.

진화심리학은 성별 차이에 대한 '이유'를 정치적이지 않은 것처럼 제시한다. 이 이론은 개인의 '선택'이 남성과 여성 간의 자연스러운 심리적 차이에서 비롯되며, 이러한 차이는 수천 년에 걸쳐 남녀가 서로 다른 생존 환경에 적응해 온 결과, 뇌 구조 자체가 성별에 따라 다르게 발달하게 되었다고 설명한다(Donaghue, 2015: 363). 이러한 관점에서 섹스는 측정 가능하고 전략을 통해 획득할 수 있는 대상으로 여겨진다. 레드필 커뮤니티의 한 사용자는 이를 다음과 같이 요약한다. "섹스를 획득하기 위한 전략은 도덕의 문제가 아니다." 단지 성적 시장이라는 현실을 관리하기 위해 따라야 할 일련의 규칙일 뿐인 것이다. 남성은 이 규칙에 저마다 다른 방식으로 대응한다. (유혹 커뮤니티처럼) 게임의 규칙을 학습하고 그것을 실행하거나 (믹타우처럼) 그 규칙 자체를 거부하고 여성과의 관계를 단절하거나 (인셀 커뮤니티처럼) 자신들에게 이 게임을 수행할 도구조차 없다며 불만을 토로한다.

이러한 접근 방식에는 어딘가 씁쓸한 면이 있다. 의미 있는 성적, 감정적 관계의 가능성 자체를 제한하기 때문이다. 성은 거래적 행위로만 인식되며 그 결과 이 아름다운 행위를 지탱하는 친밀감의 감각마저 사라진다(Tyler, 2004). 성에 동반될 수 있는 상호성, 즐거움, 실험적 시도 같은 요소가 배제되고 마는 것이다.

또한 레드필은 잔인한 낙관주의의 대표적인 예라고도 할 수 있다. 매노스피어 남성은 레드필 담론에 깊이 빠져 있지만 정작 레드필은 그들이 지향하는 이성애 규범에 대해서 냉소적이기 때문이다. 연구를 하면서 나는 몇 번이고 이런 생각이 들었다. 이성애 규범에 대한 이런 비판적인 태도가 오히려 지금까지 남성을 얽매어 온 고정된 젠더 규범을 흔들 수 있는 건 아닐까? 이 커뮤니티가 사회가 요구한 성역할의 문제점에 대해 진지하게 고민하고 그것을 다시 생각해 보는 공간이 될 수도 있다는 이야기이다.

실제로 남성 권리 단체의 일부 구성원은 남자가 무조건 집안을 책임져야 한다거나 아이 키우는 건 여자의 몫이라는 식의 문화적 기대에 대해 불만을 드러내며 그러면서 아이와 더 많은 시간을 보내고 싶다는 열망을 표현하기도 한다. 이런 문제의식은 이론적으로는 같은 고민을 하는 일부 페미니스트와 뜻을 모을 수 있는 지점이기도 하다.

하지만 이런 방향으로 나아가기보다 매노스피어는 기존의 이성애 규범에 다시 기대며 그것을 더욱 강화한다. 레드필 담론은 진화심리학을 이용해 남자는 이래야 하고 여자는 저래야 한다는 고정된 성역할을 자연스러운 것으로 포장한다. 결국 이들은 더 낡고 더 제한적인 형태의 이성애적 사랑으로 되돌아간다. 이런 시각은 남성의 삶이 가질 수 있는 다양한 가능성을 오히려 막는다.

이에 대해 오닐(O'Neill, 2018a: 156)은 다음과 같이 말한다.

이성애 관계에서 전통적인 성역할을 따르는 것이 어느 정도 안정감을 줄 수는 있다. 익숙하고 이미 많이 반복된 역할일수록 받아들이기도, 수행하기도 더 쉽기 때문이다. 그러나 이성애 규범이라는 것은 본질적으로 제한적이다. 그것은 친밀한 관계에서 우리가 무엇을 할 수 있고 무엇이 될 수 있는지를 한정한다. 특히 이성애 남성에게 이 규범은 인간 본연의 연약함을 인정하지 못하게 만드는 힘으로 작용하곤 한다.

이처럼 여러 문제점에도 불구하고 레드필은 남성을 매노스피어 커뮤니티로 끌어들이는 강한 정서적 흡인력을 가지고 있다. 레드필은 남성이 자신들의 문제를 하나의 일관된 틀 속에서 이해하게 하며 더 나아가 매노스피어를 그 문제를 해결할 수 있는 유일한 공간으로 인식하게 만든다. 이는 특히 남성이 정작 자신의 모든 불만의 뿌리인 자본주의 경제 시스템에 대해서는 의문을 제기할 능력도, 의지도 부족하다는 점을 감안할 때 더욱 중요한 역할을 한다. 매노스피어는 그들에게 현대 사회에서 남자로 산다는 것을 이해할 수 있는 방식을 제시한다. 레드필이 남성에게 일종의 '출구'를 제공하는 것이다. 자신이 겪는 연애나 성적 관계의 어려움은 결코 자신의 책임이 아니라 여성이라는 존재의 본질적 결함 때문이라는 설명이 그것이다. 이 설명은 일부 남성에게 마치 구원의 메시지처럼 다가오기도 한다. 실제로 레드필 서브레딧 r/TheRedPill의 한 사용자는 이렇게 말한다.

레드필은 내 인생을 완전히 바꿔 놓았다. 사실 내가 이 커뮤니티를 처음 접했을 때 어느 정도는 스스로를 '레드필링'하던 중이었다. 인생이 뜻대로 풀리지 않는다는 절망감 속에서 나는 근육을 키우려고 운동을 하고, 똑똑해지기 위해 책을 읽고, 직장 상황도 개선하려 애쓰고 있었다. 어쩌면 우리 모두 그렇듯 레드필은 처음부터 내 안에 있었는지도 모른다. 다만 사회적 영향에 의해 억눌리고 왜곡된 채 잠들어 있었을 뿐이다. 내가 이 커뮤니티를 찾아낸 건지 아니면 내가 철이 들자 이곳이 날 찾아온 건지는 사실 지금도 잘 모르겠다.

　어쨌든 이곳에 발을 딛자마자 난 완전히 빠져들었다. 처음 몇 주간은 밤마다 몇 시간씩 레드필 콘텐츠를 탐독했다. 관련 서적, 핸드북, 고전 게시글부터 새로 올라온 글까지 모조리 읽었다. 그건 정말 영양가 있는 시간이었다. 왜냐하면 28년간의 좌절과 혼란 끝에 마침내 현실적으로 납득이 가고 결국에는 나를 더 행복하고 나은 사람으로 만들어 주는 삶의 구조를 찾은 기분이었기 때문이다."

　레드필 서사가 매노스피어 남성에게 미치는 영향력은 매노스피에서 흔히 통용되는 사고방식에서 잘 드러난다. 〈매트릭스〉의 네오와 마찬가지로 남성은 "레드필을 삼켰다." 이처럼 매노스피어에서 레드필은 단순한 철학이나 세계관이 아니라 남성들이 거치는 하나의 전환 과정이다. 레드필을 삼킨다는 것은 단순한 깨달음이 아니라 자기 자신을 완전히 변혁하는 일종의 통과 의례에 가깝다. 브래티치(Bratich, 2024: 94)는 이를 다음과 같이 설명한다. "이러한 깨달음은 자기 변혁으로 이어지며 이제는 세상에 나가 실제로 행동하는 존재로 변화하게 된다." 이러한 변화는 단순히 세상을 새롭게 이해하는 데 그치지 않는다. 그것은 곧 삶의 방식 자체를 바꾸는 실천이기도 하다(Bratich, 2024: 95).

레드필 서브레딧의 또 다른 게시글을 보면 한 사용자는 대부분의 여성이 동시에 여러 남성을 '돌려 가며' 만나는 경향이 있다고 주장한다. 그의 말에 따르면 여성이 특정 남성에게 유난히 들러붙거나 집착하지 않는다면 그 남성은 그녀에게 최우선 순위가 아니라는 뜻이다. 그는 이런 경우에 남성은 미련을 버리고 다른 여성들을 '공략'하러 가야 한다고 조언한다. 이 글에 다음과 같은 댓글들이 이어진다. "이렇게 받아들이기 힘든 글이 오히려 이 커뮤니티에 끌리게 만든다. 진실은 속을 쓰리게 하지만 엄청 도움이 된다.", "이런 글은 특히 뼈를 때린다. 하지만 이와 동시에 세상을 더 똑바로 보게 해 준다."

레드필을 삼키는 순간 특정한 지식 체계에 접근하게 되며 이 지식은 세상의 본질과 그 속에서 남성 개인이 겪는 문제의 원인을 일관성 있게 설명하는, 일종의 '내부 집단' 논리를 형성한다. 이 전환 과정은 어렵고 따라서 레드필은 삼키기 힘든 알약이지만 반드시 삼켜야 하는 알약이다. 레드필은 남성에게 특수한 지식을 제공하여 필요할 때 그것을 삼킬 용기를 내지 못한 다른 남성보다 자신들을 더 높은 위치에 두게 한다. '몰록어보브morlockabove'라는 닉네임을 쓰는 한 사용자는 이렇게 말한다(Bratich, 2024에서 재인용). "레드필을 삼킨다는 건 세상의 본질에 대한 계몽이다. 그것은 불편하고 충격적인 진실을 마주하는 일이기도 하다. 레드필을 삼킨다는 건 달콤한 거짓말을 거부하고 숨겨진 혹은 사악한 진실과 직면하는 것이다." 브래티치(Bratich, 2024: 95)의 표현처럼 이러한 경험은 "존재론적 변혁을 수반하는 계시적 체험"으로 여겨진다. 레드필을 삼킨다는 것은 종교적 깨달음에 가까운 감각을 불러일으키는 행위이다.

3장
우리는 억압받고 있다!
- 상처 입은 주체로서의 남성

사람들은 관계에 대해 불평하는 건 어디에서나 흔히 볼 수 있는 일이다. 연예 잡지를 봐도, 리얼리티 프로그램을 봐도, 일상 대화를 나눠도, 소셜 미디어를 열어 봐도 마찬가지이다. 레딧의 연애 서브레딧 r/relationships이나 연애 조언 서브레딧 r/relationship advice만 봐도 고민과 하소연으로 가득하다. 이런 공간에서는 대부분 개인적인 고민에 초점이 맞춰져 있다. 사람들은 자신이 겪는 문제를 털어놓고 관리자나 다른 사용자들은 그 문제를 어떻게 해결할 수 있을지 조언을 건넨다. 하지만 매노스피어 남성은 여기서 한 걸음 더 나아간다. 자신의 연애 문제를 단순히 개인적인 고민으로 보지 않고 사회 속에서 남성 전체가 처한 구조적 불만으로 확장한다. 이들은 자신들이 사회에 의해 '상처 입은' 존재라는 집단적 정체성을 창출하고 심지어 억압받고 있다고 느낀다. 이 상처 입은 정체성이 바로 남성을 매노스피어로 끌어들이는 두 번째 연결 고리이다. 그렇다면 도대체 어떠한 사회적 인식의 틀 안에서 남성들은 자신들이 억압받고 있다고 느끼는 걸까? 이러한 억압감은 어떠한 과정을 통해 공동의 정체성으로 조직되는가? 그리고 이러한 정체성은 어떻게 남성들을 매노스피어에 끌어오고, 또 그 안에 머무르게 하는 걸까?

수많은 백인 남성이 자신들을 서구 사회에서 새롭게 억압받는 집단이라 인식하고 있다는 연구는 이미 다수 존재한다 (Gest, 2016; Hochschild, 2016; Kimmel, 2017; Brown, 2019; Kiper, 2021). 이러한 감정은 도널드 트럼프, 자이르 보우소나루와 같은 정치 지도자의 부상이나 유럽 각국에서 극우 정당의 성장을 이끈 핵심 동력이 되었다. 이들 정치 세력은 백인 남성이 인종, 사회경제적 지위, 성별, 정치적 신념 등을 이유로 점점 더 사회에서 소외되고 상처받고 있다고 주장한다(Gest, 2016; Hochschild, 2016). 이들은 자신들이 '왕좌에서 밀려났다'고 느끼는데 이는 사회경제적 변화 속에서 자신들이 오랫동안 누려 온 국가 내 지위를 상실했다고 느끼는 정서이다(Brown, 2019). 나는 이러한 기존 연구를 바탕으로 정체성 정치라는 현상이 어떻게 남성에게 '상처 입었다'는 정체성을 주장할 공간을 열어 주었는지, 그러한 피해 의식이 어떻게 매노스피어 남성 사이에 강한 유대감을 형성하게 되었는지 살펴보려 한다.

이 장을 본격적으로 시작하기에 앞서 먼저 짚고 넘어가고 싶은 점이 있다. 나는 남성이 주장하듯 자신들이 현대 사회에서 새롭게 억압받는 집단이라는 주장에 동의하지 않는다. 그들이 호소하는 '상처'는 황당할 만큼 과장된 경우도 많고 어떤 것은 노골적인 여성혐오에 기반하고 있기도 하다. 그러나 이 책은 이러한 여성혐오의 구체적인 내용을 중심 주제로 다루지는 않는다. 이 주제에 대해서는 이미 의미 있는 연구가 다수 존재한다(Jane, 2014; Marwick and Caplan, 2018; Baele et al., 2019; Farrell et al., 2019; Jones et al., 2019; Lumsden, 2019; Cottee, 2021). 내가 이 장에서 집중하고자 하는 것은 왜 남성이 매노스피어에 끌리고 또 그 안에 머무르는지를 이해하는 일이다. 이를 위해 이제 나는 이들이 느끼는 상처가 어디서 비롯되는지, 그 감정이 이들에게 왜 중요한지를 살펴보려 한다. 마이클 키멜(Michael Kimmel, 2018)의 말처럼 우리가 이들의 감정에 동의하지 않는다 해도 그것이 곧 그 감정이 존재하지 않는다는 뜻은 아니다. 매노스피어 남성이 표현하는 감정에는 진정성이 있으며 이 공동체의 본질을 이해하려면 그 감정을 이해하고 묘사하는 일이 필수적이다.

먼저 이 장에서는 매노스피어 남성이 어떤 과정을 통해 정체성 정치를 수용하게 되었는지 간략히 정리하고 그들이 스스로를 '피해자'로 규정한다는 말이 구체적으로 어떤 의미인지 살펴본다. 이어 매노스피어 내의 실제 사례를 통해 남성들이 자신을 사회로부터 상처 입은 존재로 어떻게 자리매김 하는지 분석한다. 마지막으로 이러한 상처가 매노스피어 남성에게 어떤 정체성과 감정을 부여하며 그 감정이 이들의 인식과 행동에 어떤 방식으로 작용하는지를 살펴본다. 이러한 감정은 남성의 불만이 왜 이토록 강력하게 작동하는지를 이해하는 데 핵심적인 단서가 된다.

정체성 정치와 상처

그림 3.1은 이러한 감정을 잘 보여 주는 대표적인 사례이다. 이 이미지는 믹타우 커뮤니티에서 가져온 것으로 한 매노스피어 사용자가 여성 전용 주차 공간 표지판을 촬영하여 페이스북에 올린 사진이다. 작성자는 "요즘엔 남자가 마치 예전의 검둥이nigga처럼 차별 받는 세상이라니까. 이런 페미니스트 운동, 정말 지긋지긋하다"라고 썼다. 이에 대해 레딧의 한 사용자는 이 게시물을

그림 3.1 〈페이스북에서 찾음. 다음엔 여성 전용 식수대가 생기겠지〉

"페이스북에서 찾음. 다음엔 여성 전용 식수대가 생기겠지"라는 제목과 함께 다시 공유했다.

본격적으로 논의를 이어가기 전에 이 게시물에 드러난 인종차별적 요소를 짚고 넘어갈 필요가 있다. 게시물의 맥락을 보면 과거 미국계 흑인이 심각한 차별을 겪었다는 사실은 분명히 인지하고 있다. 그러나 동시에 매노스피어는 이들의 경험을 공동체 담론에서 의도적으로 배제한다. 원글 작성자와 댓글 작성자들은 미국 내 백인 우월주의의 맥락을 전혀 고려하지 않을 뿐 아니라 남성이 현재 당하고 있다고 주장하는 차별, 예컨대 특정 식수대 사용을 강요받는 굴욕이 (커뮤니티의 일부 회원이나 그 가족이) 실제로 과거에 겪었던 경험일 수 있다는 점조차 간과한다. 이로써 매노스피어 담론이 백인성을 기본 전제로 삼고 있음이 드러난다. 이와 동시에 남성의 종속이 '새로운' 위치로 인식되고 있음을 보여 준다. 더욱이 댓글 작성자 중 누구도 게시물의 언어 선택, 특히 n-단어(흑인을 비하하는 단어-옮긴이)를 문제 삼지 않는다는 점은 주목할 만하다. 한 댓글은 "페미니즘은 21세기의 새로운 KKK이다"라고 적었고 또 다른 댓글은 "적어도 흑인에게는 전용 식수대나 학교는 있었지. 그런데 남자 전용 주차 구역은 어디 있냐?"라고 덧붙인다. 이러한 댓글은 해당 게시물이 내포한 노골적인 인종차별주의를 더욱 강화하며 잘못된 언어 사용이나 흑인 차별과의 부적절한 비교를 비판하는 목소리는 전혀 보이지 않는다. 이는 인종차별적 사고가 매노스피어 공동체의 문화적 구조에 깊숙이 자리하고 있음을 보여 준다(Ging, 2017).

　자신들을 '새로운 검둥이'라고 주장하는 것은 매노스피어 남성이 현대 사회에서 자신들을 새롭게 억압받는 집단으로 인식하고 있음을 명확히 보여 준다. 이들은 더 나아가 곧 여성 전용 식수대까지 등장할 것이라고 말하는데 이는 명백히 터무니없는 주장이다. 특히 백인 남성이 새로운 검둥이가 되었다는 표현은 미국의 흑인이 겪어온 억압의 역사와 자신들의 처지를 직접 연결하는 발화로서 결코 우연이 아니다. 즉 이제 모든 남성이 과거 흑인과 동일한 위치에 놓였다는 믿음을 강하게 드러내는 것이다.

　매노스피어 남성이 스스로를 이렇게 인식하게 된 것은 결코 무에서 비롯된 것이 아니다. 이는 신자유주의 정치 전반에서 나타나는 더 큰 흐름과 맞닿아 있다. 소수 집단이 자신들의 정치적 정체성을 형성하는 핵심 기반으로 '상처'(Brown, 1995)와 '고통'(Berlant, 2002)의 경험을 활용하는 방식과 동일한 궤도에 있는 것이다. 특정 집단이 자신이 소외된 존재라는 지위에 집착할수록 그 지위는 정체성의 중심축이 되고 나아가 이들이 거대 사회 문제에 대응하는 방식의 핵심 원리가 된다.

이 문제를 좀 더 구체적으로 살펴보자. 1960년대 전후를 기점으로, 주로 진보 진영에 기반한 사회 운동은 정치적 운동의 핵심 토대를 정체성에 두었다. 이로써 운동의 초점은 계급 중심 정치에서 벗어나 동성애 혐오, 인종차별, 성차별 등에 맞서는 대중 운동의 성장으로 이어졌다. 물론 이러한 사회적 악에 맞서는 움직임은 새로운 것이 아니었다. 그러나 이 시기 이후 차별 철폐 운동의 양상은 달라졌다. '정체성 정치'라는 이름으로 묶이는 일부 운동이 자신들을 사회로부터 '상처받은' 집단으로 위치시키는 전략을 취했기 때문이다.

여기서 우리는 두 가지를 구분해 살펴볼 필요가 있다. 첫째는 정체성 정치이고 둘째는 그 안에서 상처가 어떤 역할을 하는가이다. 정체성 정치는 자주 사용되면서도 오용되는 용어이기 때문에 이 책에서 사용하는 의미를 분명히 하고자 한다. 정체성 정치는 단순히 성별, 성적 지향, 인종 등 특정 정체성 때문에 억압받는 사람들에 초점을 맞춘 모든 정치 활동을 가리키는 말은 아니다. 이러한 영역에서 정의를 추구하는 운동은 이 개념이 등장하기 훨씬 전부터 수 세기 동안 존재해 왔다. 정체성 정치라는 용어는 1977년, 콤바히 리버 콜렉티브Combahee River Collective(1970년대 미국에서 활동한 흑인 여성 사회주의자 그룹으로, 현대 페미니즘과 정체성 정치 담론에 큰 영향을 끼쳤다 - 옮긴이)라는 그룹이 처음 사용했다. 이들은 사회주의자로 구성된 그룹으로 "주요 억압 체계들은 서로 맞물려 있으며 부당한 사회 체계에 맞서 싸우는 정치 운동은 다른 정체성 요인을 결코 무시할 수 없다"라는 점을 강조했다(Haider, 2018: 7). 자본주의에 맞선 투쟁만으로는 충분하지 않으며 인종차별, 성차별, 동성애 혐오 등 다양한 억압의 형태가 서로 교차하고 강화되는 현실을 함께 고려해야 한다는 것이다.

그러나 신자유주의 경제와 장식적 문화가 맞물리면서 정체성 정치는 초기의 접근에서 벗어나 점차 다른 형태로 변형되었다(Haider, 2018). 억압 체계를 더 큰 구조적 맥락 속에서 바라보는 대신에 정체성 정치는 정체성 그 자체를 핵심적이자 때로는 유일한 렌즈로 삼아 운동의 존재를 해석하고 정치적 동원을 시도한다. 이때 정체성은 본질적이며 명확히 정의되는 것으로 간주된다. 예컨대 게이 남성은 본질적으로 게이이고 그 정체성은 고정된 범주 안에 명확히 자리할 수 있다는 식이다. 이러한 관점은 다양한 정체성 집단이 자원을 둘러싸고 경쟁하는 세계를 만들며 그 결과 서로 다른 집단 간의 연대 가능성은 거의 사라진다. 하이더(Haider, 2018: 24)는 이를 다음과 같이 설명한다.

정체성 정치는 개인의 정체성을 자명한 것으로 전제하고 모든 정체성이 사회적으로 구성된 것이라는 사실을 가린다. 우리 모두가 서로 다른 정체성을 갖고 있다는 점에서 이러한 전제는 다양한 개인이 연대해 공동의 구조적 문제에 맞서는 집단적 조직화의 가능성을 약화한다. 그 결과 정체성이라는 틀은 정치를 억압적 사회 구조에 맞선 집단적 투쟁이 아니라, 나는 누구인가, 나의 정체성은 사회에서 제대로 인정받고 있는가 하는 식의 개인적 인정의 문제로 환원한다.

매노스피어가 떠오르는가? 이전 장에서 우리는 이들이 진화심리학을 활용해 남성과 여성 사이에 명확한 경계를 설정하고 자신들을 여성과 대립하는 존재로 규정하며 제한된 자원과 권력을 두고 여성과 경쟁하는 방식으로 세계를 이해한다는 점을 살펴본 바 있다.

정치를 이처럼 축소함으로써 정체성 정치는 사람들이 자신을 인식하고 불만을 해소하는 방식을 오직 정체성에만 의존하게 만들었다. 그 결과 각 집단은 자신을 고유하게 억압받는 집단으로 자리매김하려는 전략을 모색하는 데 이는 권리를 주장할 수 있는 유일한 길로 여겨지기 때문이다. 예컨대 앞서 살펴본 매노스피어 게시물에서처럼 과거 일부 게이 인권 운동가는 "게이는 새로운 흑인이다"라는 슬로건을 내세우기도 했다(The Advocate, 2008). 이는 매노스피어의 수사학처럼 게이가 미국 흑인과 유사한 수준의 차별을 겪어 왔다는 주장을 함축한다. 그러나 동시에 이 표현은 게이 남성을 백인으로 상정하는 함의를 가진다. 다시 말해 게이는 새로운 흑인이라는 주장은 역사적으로 존재해 왔던 흑인 게이 남성들이 겪은 복합적이고 다층적인 차별을 은연중에 지운다.

바로 이 지점에서 상처라는 요소가 등장한다. 정체성 정치는 각 집단이 특정한 정체성을 주장하고 그 정체성을 중심으로 결집하도록 요구한다. 그리고 가장 흔히 동원되는 정체성은 현대 사회로부터 상처 입은 집단이라는 정체성이다.

이러한 흐름은 본래 진보 진영에서 시작되었다. 이 주제의 고전으로 꼽히는 웬디 브라운의 《상처의 정치States of Injury》는 1980년대 이후 주류 좌파가 자유라는 큰 정치적 논의에서 점차 멀어지고 소수 집단이 입은 상처를 인정하고 보상하는 데 주력했다고 지적한다. 소수 집단은 서구 사회에서 정상으로 간주되는 인간상에 맞서는 방식으로 자신을 자리매김함으로써 이러한 목적을 달성한다. 서구 사회는 특정한 인간상(보통 건강한 신체를 가진 부유한 백인 남성)을 기준으로 한 규범적 틀에 기반한다(Berlant, 2002: 107-108). 대통령, 기업가, 탐험가, 과학자 등 서구 사회의 주역은 대체로 이 틀에 부합한다. 소수 집단은 자신들이 이 규범적 틀에 부합하지 않음으로 인해 현대 사회의 많은 권리와 특권에서 배제되고 있다고 주장했다. 역사적으로 건강한 백인 남성이 사회의 모든 권력을 독점해 온 것은 사실이며 다른 집단들이 이에 문제를 제기하고 더는 용납할 수 없다고 목소리를 높인 것은 정당한 일이다.

그러나 정체성 정치는 여기서 한발 더 나아간다. 문제적 규범으로 작동하는 정상적 인간상을 비판하기보다는 오히려 그 특성을 흡수하고 모방하는 경향을 보인 것이다. 이러한 현상은 동성결혼을 둘러싼 논쟁에서 특히 두드러졌다. 성소수자 운동은 결혼 제도의 규범성을 해체하기보다는 오히려 그 제도를 재현하는 방식을 택했다. 과거의 성적 해방 요구 대신에 이제는 전통적인 예복을 입고 입장하는 게이 커플의 이미지가 부각되었다. 이 장면은 전통적 결혼식이 지닌 강력한 성차별적 관습을 거의 그대로 복제하고 있다는 점에서 비판의 대상이 된다.

이와 관련해 주목할 점은 소수 집단이 자신을 상처 입은 주체로 규정하고, 과거에는 자신들을 억압하던 낙인(인종, 성별, 성적 지향과 같은 특성)을 오히려 정체성의 핵심 자원으로 전유하기 시작했다는 점이다(Brown, 1995). 한때는 차별의 근거였던 표지를 정치적 정당성과 집단적 힘을 주장하는 기반으로 전환한 것이다. 이러한 전략은 어떤 경우에는 기존의 정상 개념 자체에 도전하는 급진적 가능성을 열기도 했다. 초기 게이 해방 운동이 그 대표적 사례로 이들은 사회가 강요하는 지배적 성 규범에 맞서 싸웠다. 흥미롭게도 이러한 흐름은 매노스피어에서도 발견된다. 일부 남성은 "남성은 언제나 생계 부양자가 되어야 한다"라는 기대에 문제를 제기하며 (의도치 않게) 전통적 젠더 규범을 노골적으로 뒤집으려 시도한다.

그러나 이러한 급진적 시도는 상대적으로 드물다. 브라운은 오히려 많은 집단이 자신들의 주변화된 위치, 자신들에게 가해진 상처에 집착하게 되었다고 지적한다. 이러한 집착은 여러 방식으로 나타난다. 어떤 집단은 이 상처를 내면화하여 스스로를 본질적으로 뒤떨어진 존재, 일탈적 존재, 근본적으로 잘못된 존재로 인식하기도 한다. 이는 성소수자 운동에서 종종 발견되는 수치심과 내면화된 동성애 혐오의 기저를 이룬다. 인셀 커뮤니티에서 볼 수 있는 극심한 자기 혐오 양상도 대표적이다. 이러한 혐오는 외모나 성격을 급진적으로 교정하려는 시도로 이어지기도 한다. 더 흔히 나타나는 반응은 자신을 무력한 존재로 인식하는 것이다(Brown, 1995). 상처 입은 집단은 자신들의 피해를 인식하면서도 그 상태가 결코 뒤집힐 수 없다는 믿음으로 나아간다. 자신들은 항상 주변부에 머물 수밖에 없다는 체념으로 귀결되는 것이다.

그러나 이러한 체념은 단순한 수동적 상태에 머물지 않는다. 브라운은 이러한 심리가 니체가 말한 르상티망ressentiment으로 발전한다고 설명한다. 니체의 표현을 빌리면 이는 무력한 자의 도덕적 복수, 즉 약자로서의 승리를 의미한다(Brown, 1995: 66–67). 르상티망은 충족될 수 없는 억압된 증오와 질투에서 비롯되며 이 감정은 결국 '타자'에 대한 적대감으로 전환된다(Salmela and von Scheve, 2017). 매노스피어에서 이러한 적대감은 페미니즘을 향한다(이에 대해서는 후반부에서 더 논의할 것이다). 르상티망은 본질적으로 자신이 사회에서 약자라고 느끼면서도 그 상태를 바꿀 힘이 없다는 무력감에서 비롯된다. 이러한 정서가 반복되면 그것은 단순한 감정이 아니라 정체성의 핵심으로 자리 잡는다. 르상티망은 그들이 스스로를 정의하는 기제로 작동하게 되는 것이다.

남성성 상실에 대한 르상티망

이론적인 이야기가 조금 길었지만 여기까지 잘 따라왔기를 바란다. 그렇다면 이제 이 논의가 실제로 어떤 의미를 가지는지 살펴보자. 매노스피어 남성이 느끼는 상처의 핵심은 무엇인가? 이들은 어떻게 정체성 정치의 논리를 차용해 스스로를 현대 사회의 약자이자 억압받는 집단의 자리에 서게 했는가?

매노스피어 게시글을 보면 이 점이 반복적으로 강조된다. 그들은 자신들이 남성다움의 의미를 상실했다고 믿으며 그 사실에 대해 극도의 분노와 원망을 품고 있다. 앞서 언급했듯 많은 정체성 정치는 서구 사회가 추앙하는 '이상적' 인간상의 지위를 얻기 위한 집단적 시도라고 볼 수 있다. 매노스피어 남성도 마찬가지다. 차이점은 이들이 지향하는 이상적 인간상이 현존하는 누군가의 모습이 아니라는 것이다. 그들은 여성이 사회를 지배한다고 믿지만 그렇다고 해서 권력을 쥔 여성처럼 되고 싶은 것은 아니다. 오히려 매노스피어 남성이 갈망하는 것은 과거의 남성성이다. 여기서 과거란 남성은 본질적으로 강인하고, 합리적이며, 논리적이고, 독립적이며, 갈등을 통한 문제 해결에 능숙한 존재로 여겨진 반면에 여성은 감정적이고, 나약하며, 의존적이고, 집단적인 존재로 규정되었던 시대를 뜻한다(Nicholas and Agius, 2017). 남성은 이러한 옛 남성성을 장밋빛 향수 속에서 이상화하며 그것이야말로 자신들이 회복해야 할 모델이라고 확신한다. 그렇다고 해서 그들이 과거의 남성성의 사명을 전적으로 찬양하는 것은 아니다. 오히려 그 일부를 비판하기도 한다. 그럼에도 이 사명은 그들이 자신의 정체성으로 추구할 수 있는 무언가를 제공한다. 매노스피어 남성은 그 정체성에 페미니즘이 가한 공격을 문제 삼는다. 그들에 따르면 페미니즘은 남성성이라는 개념을 부당하게 비판하고 해체함으로써 남성에게서 남자다움의 의미를 빼앗았다. 이 남성성에 대한 공격이 곧 남성성의 '위기'를 낳았으며, 그 결과 남성은 자신들의 집단적 정체성을 상실했다고 느낀다(Ahmed, 2004: 39). 그들은 페미니즘이 일관되고 안정된 남성성의 의미를 빼앗았다고 믿는 것이다.

그들의 확고한 신념을 잘 보여 주는 대표적인 사례는 레드필 포럼에 올라온 〈질 선망Vagina Envy〉이라는 글이다. 이 글은 남성과 여성 모두가 자신들의 자연적 역할과 본래의 남성성 및 여성성을 뒤집으려는 시도를 비판한다. 글은 먼저 여성을 비판하는 것으로 시작해 결국에는 페미니즘 전체를 공격하는 것으로 마무리된다. 매노스피어 남성에 따르면 페미니즘은 여성을 남성처럼 만들려는 움직임이며 그들은 이러한 현상을 '남근 선망'이라고 부른다.

여기 보면 여자들의 남근 선망을 비웃는 글이 정말 많아. 그럴 만도 하지.

여자들은 완전히 착각에 빠졌어. 남자처럼 굴면 행복해질 거라고 믿다니.

현대 여성: 나는 고학력자가 될 거야. 성공적인 커리어를 쌓고 돈

을 많이 벌 거야. 그리고 가능한 많은 남자와 잘 거야.

하지만 이렇게 남성적 프레임에 들어가 남자처럼 행동하는 여자는 결국 비참하고 외로운 결말을 맞잖아. 우리 모두 그 사실을 알고 있고 이미 사회에서 이런 모습이 뚜렷하게 나타나고 있는 걸.

매노스피어 남성의 불만은 종종 여성을 위한 위선적인 걱정에서 시작된다. 그들은 페미니즘이 자연스러운 질서를 뒤집어 남성뿐 아니라 여성까지 불행하게 만들었다고 주장한다. 이러한 주장은 우파 담론에서 흔히 볼 수 있다. 예컨대 트래드 와이프trad wife 운동은 주로 보수 진영의 백인 여성으로 구성된 집단으로, 여성은 이상적인 전업주부의 역할에만 충실해야 한다고 믿는다(Kelly, 2018). 인스타그램에서 12만 명이 넘는 팔로워를 보유한 트래드 와이프 인플루언서 에스티 윌리엄스는 완벽한 아내이자 주부로 사는 법을 공유하는 영상을 올린다. 그녀는 페미니즘이 주도한 남녀 관계 규범의 변화에 정면으로 반대하며 성공적인 결혼 생활을 위한 조언으로 아내는 남편에게 순종해야 하며 이성과 친구가 되어서는 안 되고 해가 진 뒤에는 외출하지 말아야 한다고 주장한다. 집안일은 낮에 모두 끝낼 수 있기 때문이다(Williams, 2023). 트래드 와이프는 페미니즘이 여성을 본래 살아야 하는 방식에서 멀어지게 함으로써 여성의 삶을 망쳤다고 주장한다. 예컨대 트래드 와이프 알레나 케이트 페티트는 "페미니즘이 내세운 이른바 '현대적이고 여성에게 힘을 준다는' 선택은 오히려 내 자존감을 완전히 무너뜨렸다"라는 이유로 이 운동에 합류했다고 밝했다(Nilsson-Julien, 2024).

트래드 와이프 운동과 마찬가지로 매노스피어 남성 또한 여성에 대한 우려를 드러내며 여성이 다른 페미니스트 여성에게 공격당한 이야기나 성역할 변화로 인해 여성이 심각하게 불행해졌다는 통계를 자주 올린다.

그러나 페미니즘을 비판하면서도 겉으로는 여성을 위하는 듯 보였던 논의는 이제 다시 남성성에 대한 이야기로 초점이 옮겨진다. 앞선 글의 작성자는 여성이 남근 선망을 가지고 있듯 남성 또한 질 선망을 지니고 있다고 주장한다. 그는 이렇게 말한다.

> 그런데 이 세상에는 훨씬 더 음험하면서도 거의 논의되지 않는 현상이 하나 있다.
> 남자의 질 선망이다.
> 남자가 마치 스스로를 거세하듯 자기 남성성을 포기하고 마치 질을 갖고 싶어 하는 사람처럼 행동하고 있다.
> 현대 남성: 나는 빨리 좋은 여자를 만나서 정착하고 싶어. 의미 없고 지루한 내 인생에서 나를 구원해 줄 완벽한 여자 말이야. 소파에 앉아 그녀를 품에 앉고 귓가에 달콤한 말들을 속삭이는 게 인생의 목표야. 인생 최대의 야망은 오직 하나, 운명의 그녀를 찾는 거지. 우웩.

이 게시물은 최근 수십 년간 이어진 이른바 '남성성의 약화' 현상에 대한 반발로 볼 수 있다(Forrest, 2010; McCormack and Anderson, 2010; McCormack, 2012; Roberts, 2013; de Boise, 2015). 대중

문화 속에서는 이러한 변화를 '뉴 맨new man'(Morgan, 1992)이나 '메트로섹슈얼metro sexual'(Simpson, 1994)이라는 이름으로 포장하며 긍정적으로 소비해 왔다. 그러나 매노스피어 남성은 이 흐름을 격렬히 거부하며 특히 화살을 여성에게가 아니라 '남자답지 못한 남성'에게 돌린다. 이들은 전통적 남성성의 규범을 벗어난 남성을 '배신자'로 낙인찍는다. 대표적 사례로 극우 세력은 반도널드 트럼프 시위에 참여한 두 명의 젊은 남성을 온라인에서 공격했다. 그들은 '쿡스cucks'와 '호모fags'라는 비하적 호칭으로 불리며 남성성의 대의를 저버린 배신자로 지목되었다(Green, 2019). 이런 공격은 극우 집단에서 반복적으로 나타난다. 이들은 게이 남성을 향해 문란함을 이유로 지나치게 남성적이라고 비난하는 동시에 여성스럽고 나약하다며 남성성이 부족하다는 낙인을 찍는다. 흑인 남성에게는 폭력적이고 성적으로 방종하다며 너무 남성적이라는 혐의를 씌우면서 복지에 의존하고 가족 부양 능력이 없다는 이유로 다시금 남성답지 않다고 비난한다. 이 모든 사례에서 공통적으로 드러나는 것은 이들이 전통적인 백인 사회의 가치를 지키는 진짜 남성과 그렇지 못한 남성을 철저히 구별한다는 점이다(Kimmel, 2018).

여기서 주목할 점은 이른바 남성성이 약해졌다는 현상이 실제로 존재한다고 단정하기 어렵다는 것이다. 젠더와 페미니즘 이론을 연구하는 사회학자 드 보이스(de Boise, 2015)는 남성의 행동 양식이 실질적으로 여성화되었다는 뚜렷한 증거는 거의 없다고 지적한다. 예컨대 가사 노동 참여 같은 영역에서 이런 변화는 뚜렷하게 나타나지 않는다. 또한 남성이 과거에는 현재보다 더 '감정적'이지 않았거나 '예민하지' 않았다는 통념 역시 연구에 의해 반박되었으며 감정적이고 예민한 남성이 예전부터 존재했음을 보여 주는 강력한 증거도 제시한다(de Boise, 2015). 아이러니한 사실은 감정적이고 예민한 남성이 나약하다고 불평하는 매노스피어 남성 역시 동일한 행동을 보인다는 점이다. 앞서 살펴본 것처럼 이 커뮤니티는 감정적이고 민감한 개인적 주제에 대한 토론으로 가득하다(Rafail and Freitas, 2019 참조). 그럼에도 '뉴 맨' 또는 '남성성의 약화'라는 개념은 대중 언론뿐 아니라 학계(de Boise, 2015), 그리고 매노스피어에서 흔히 다루는 담론으로 자리 잡았다. 매노스피어 남성은 남성성의 약화를 남성성의 위기의 원인으로 지목하며 이 현상이 남성을 여성처럼 만들고 본래의 남성성을 빼앗는다고 주장한다.

이러한 위기의식을 상업적으로 활용하는 인물들도 있다. 예를 들어 코치 코리 웨인은 남성이 너무 나약해지고, 감정적이며, 여자처럼 변했다는 점을 강조하며 이를 해결하겠다는 명목으로 코칭 서비스, 자기 계발서, 건강 보조제 등을 판매한다. 그는 이 현상의 원인으로 문화적 마르크시즘을 지목한다. 그의 주장에 따르면 이 사상은 모든 사람이 같다는 전제 아래 여성에게는 남성처럼 행동하라고, 남성에게는 여성처럼 행동하라고 강요한다. 그는 이를 '이상적으로는 그럴듯한 발상'이라고 인정하면서도 결국 남성이 현대 사회에서 생존할 힘을 잃게 만든다며 다음과 같이 말한다.

최근 몇 년간 대학 캠퍼스에서는 논란이 일어날 만한 연사를 초청해 놓고 학생들이 화를 내면 대학 측에서 마음을 달래겠다며 다 큰 성인에게 색칠 공부 책, 크레용, 점토 놀이 같은 걸 나눠주는 꼴을 보니 기가 찰 노릇이다. 그렇게 한다고 인생이 쉬워지나? 이런 방식은 학생들이 현실에서 살아남을 수 있도록 준비시키는 데 전혀 도움이 되지 않는다. 인생이란 원래 거칠고 힘든 거다. 사람들은 당신을 속이고 이용하려 한다. 현실은 상어로 가득하다. 그런 세상에 예민하고 감정적인 학생들을 내보낸다고 생각해 봐라. 그들은 완전히 무너질 것이다. 발로 짓밟히고 문지방처럼 취급받게 된다. 학교가 학생들을 이렇게 교육해서는 안 된다. (Wayne, 2021)

앞서 살펴본 〈질 선망〉 게시글에서도 이러한 믿음을 확인할 수 있다. 원글 작성자는 남성이 여성을 질투한다는 것 자체가 문제적이며 반드시 피해야 하는 일이라고 주장한다. 이는 단지 남성 자신을 위해서만이 아니라 여성이 '남성적인' 특성에 더 매력을 느끼기 때문이라는 것이다. 이 글은 코치 코리 웨인의 조언과 유사한 방식으로 남성에게 조언을 제시하며 이렇게 마무리된다.

남자가 여자처럼 빌빌대는 걸 멈춰야 여자도 남자처럼 드세게 구는 걸 멈출 걸? 왕이 되고 싶다면 왕비를 좇으면 안 돼. 왕비는 네가 왕이 되면 싫어도 따라오게 되어 있어. 그러니까 여자를 좇지 말고 왕좌를 좇아.

여기서 말하는 왕좌는 곧 진정한 남성성, 즉 모든 문제의 해결책처럼 제시된다. 하지만 한 가지 주목할 점은 이들이 주장하는 진정한 남성성이 무엇인지에 대한 명확한 정의는 결코 등장하지 않는다는 사실이다. 아무도 그 의미를 정확히 알지 못한다. 예컨대 남자의 사명을 강조하는 매노스피어 리더(앤드루 테이트, 조던 피터슨, 마일로 야노풀로스, 코치 코리 웨인 등)조차도 정작 매노스피어 남성이 그토록 비판하는 메트로섹슈얼과 크게 다르지 않은 외양을 하고 있다. 이들 중 누구도 힘든 노동을 해 온 사람처럼 보이지 않는다. 그럼에도 그들은 과거에도, 지금도 스스로 지켜본 적 없는 남성성의 이상을 끊임없이 홍보하고 있다.

매노스피어 남성이 결국 드러내는 것은 상실감이다. 지금까지 살펴본 것처럼 이 상실감은 매우 폭넓으며 그들은 자신들이 실제로 많은 것을 잃었다고 느낀다. 이들은 언제나 문제의 해답으로 남성성을 지목한다. 모든 문제가 처음부터 남성성 때문인 것은 아니지만 결국 모든 문제의 해결이 남성성의 회복으로 귀결된다. 그리고 이 남성성은 그들이 원하는 대로 정의할 수 있는 개념이자 인생의 모든 문제를 해결하는 만능 열쇠처럼 기능한다.

새로운 문화 전쟁

무언가를 빼앗겼다는 것은 누군가 그것을 빼앗아 갔다는 뜻이다. 짐작했겠지만 그 주범으로 지목되는 것은 바로 '페미니즘'

이다. 남성에게서 모든 것을 빼앗고, 이들을 깊이 상처 입힌 존재가 페미니즘이라는 것이다. 앞서 인용했던 〈소년을 위한 레드필 입문 글〉은 이를 명확히 설명한다. 이 글은 남성을 겨냥한 진짜 적이 존재하며 그 적은 무엇보다 남성의 성적 주도권을 장악하려 한다며 다음과 같이 적는다.

> 가장 먼저 해야 할 일은 적의 정체를 파악하는 것이다. 우리 사회의 특정 세력은 전통적인 남성의 영역, 특히 남성의 성생활을 집요하게 공격해 왔다. 1960년대 무렵부터 남성의 성은 여러 방면에서 지속적인 공격을 받았으며 그 결과 남성의 삶의 질은 점점 악화되었다.
>   남성의 성은 '강간 문화', '여성혐오', '가부장제' 같은 용어를 통해 수없이 악마화된다. 어떤 세력은 젊은 남성이 지닌 강력한 잠재력을 통제하기 위한 방편으로 성을 억압하려 한다. (강조는 원문)

앞서 살펴본 〈질 선망〉 게시물에서 드러났듯 페미니즘에 대한 남성의 불만은 아이러니하게도 종종 여성에 대한 걱정을 가장하면서 시작된다. 매노스피어 남성과 극우 진영의 남성들은 페미니즘이 남성뿐 아니라 전통적인 여성상에 충실한 여성까지 공격하며 더 나아가 여성이 지닌 고유한 여성성 자체를 훼손한다고 주장한다. 예컨대 여성의 불만을 주제로 한 버런트의 1988년 논문은 먼저 《베니티 페어》 1986년 호에 실린 에리카 종의 글을 인용하며 논의를 시작한다. 종이 묘사한 장면은 이렇다. 자신이 임신과 출산을 찬미하고 여성의 힘과 능력을 긍정하는 시를 낭독하자 급진적 성향의 레즈비언 페미니스트 청중에게 야유를 받고 무대에서 쫓겨났다는 것이다(Berlant, 1988: 240). 종은 이렇게 주장한다. "페미니즘 돌격대는 풀뿌리 여성들과의 접점을 잃었다. 남성과 함께 살고 아이를 낳고 싶어 하는 수많은 평범한 여성 말이다(Berlant, 1988: 240 재인용)." 그녀는 페미니즘이 "남성과 핵가족에 광적인 적대감을 품는 이데올로기"로 변질되었다고 비판한다. 버런트(Berlant, 1988: 240)는 이에 대해 다음과 같이 말한다. "종이 보여 준 이 '공포, 모욕, 수치'의 장면은 '여성이 된다는 것이 무엇을 의미하는가'라는 페미니즘 내부의 난제를 그대로 드러내는 상징적 사건이었다."

'여성'으로 산다는 것이 무엇을 의미하는가 하는 난제는 포스트페미니즘의 핵심 주제 중 하나이다. 포스트페미니즘은 여성에게 새로운, 그러나 암묵적인 젠더 계약을 제시함으로써 페미니즘을 '고려'하면서 동시에 '해체'한다(McRobbie, 2009). 이 계약의 논리는 이렇다. 지난 수십 년간 여성은 페미니즘 덕분에 교육, 직업, 성적 자유 등 다양한 권리를 누려왔다. 이제 그 '권리'를 얻은 대가로 여성은 페미니즘을 포기해야 한다. 포스트페미니즘은 여성에게 시장 접근이라는 기회를 보장하는 대신 페미니즘이 요구했던 다른 요구 사항을 내려놓고 신자유주의적 인간의 이상화된 모델에 자신을 맞추도록 요구한다.

매노스피어 남성은 페미니즘을 가능한 한 가장 포괄적이고 모호한 방식으로 비판하면서 여성이, 특히 스스로를 여전히 페미니스트라 부르는 여성이 이런 젠더 계약을 위반했다고 주장한다.

그들에 따르면 페미니즘은 이미 충분한 권리를 얻었음에도 불구하고 여전히 성적, 경제적 시장에서 여성의 지위를 강화하는 데 힘쓰고 있으며 이로 인해 여성들은 부당한 혜택을 누리고 있다는 것이다. 남성에게 가해진 상처의 주범, 그 행위자는 결국 도를 넘어선 페미니즘이다. 이러한 페미니즘의 이미지는 레드필 서브레딧 r/TheRedPill의 소개 글에서도 잘 드러난다. 그 글은 단도직입적으로 이렇게 선언한다. "페미니즘은 기존의 시장 규칙을 재설정하기 위한 성적 전략이다(강조는 원문)". 그리고 이 글은 바로 이것이 매노스피어가 급성장하게 된 이유라고 주장한다.

> 왜 우리가 이렇게 빠르게 성장했는지 아는가? 이유는 간단하다. 레드필에는 진실이 있기 때문이다. 성적 시장의 규칙은 우리가 배워온 것과 완전히 달라졌다. 남성은 그제야 이 사실을 깨닫기 시작했다. 30년 전의 규범 속에서 자란 남성은 세상이 변했다는 걸 뒤늦게 발견하고 있다. 아직 성장 중인 남성, 80년대생, 90년대생, 그 이후 세대까지도 이제 알게 되었다. 우리가 부모에게서 배운 것, TV와 로맨틱 코미디에서 본 것, 교회와 주일학교에서 가르침받은 모든 것이…… 완전히 틀렸다는 사실을.

사회가 뭔가 '잘못' 돌아가고 있고 남성이 배운 모든 것은 틀렸다. 매노스피어 남성은 페미니즘을 경제적, 사회적 평등을 위한 운동이 아니라 오로지 '성적 전략'으로 규정한다. 이 글뿐 아니라 매노스피어 전반에서 남성은 남녀 간의 사회적 차이를 자기

들 고통의 핵심 원인으로 지목하며 세상을 선과 악으로 나누는 이분법적 시각을 취한다(Nietzsche, 1989; Lyman, 2004). 이러한 시각은 니체가 말한 르상티망의 중심에 놓여 있다. 이 감정은 자신이 받은 상처에 대한 복수와 자신이 느끼는 고통을 타인에게 재분배할 방법을 찾아 나서게 한다(Nietzsche, 1989: 127). 그리고 이 복수는 "책임 있는 행위자, 더 구체적으로는 '**죄책**을 져야 할 행위자'"를 특정하고 그에게 고통의 원인을 돌리는 방식으로 나타난다(Nietzsche, 1989: 127). 이처럼 외부의 가해자를 설정해 불만을 투사하는 심리에 대해 웬디 브라운(Brown, 1995: 68)은 다음과 같이 설명한다.

> 이 맥락에서 르상티망은 세 가지 기능을 한다. 첫째, 상처를 압도할 만큼 강력한 감정(분노, 정의감)을 만든다. 둘째, 그 상처에 책임이 있는 가해자를 설정한다. 셋째, 자신이 입은 고통을 되갚기 위한 복수의 장을 만든다. 자신이 당한 것과 똑같은 고통을 타인에게 가하는 공간을 마련하는 것이다.

이 맥락에서 선은 남성이고 악은 남성의 위기와 상처, 고통을 초래한 여성과 페미니스트이다. 남성은 여성이 '선을 넘었다'고 주장하며 자신들이 입은 상처를 되갚기 위한 복수의 장으로 문화 전쟁을 소환한다. 문화 전쟁이란 서로 다른 집단이 사회의 가치, 신념, 규범을 두고 벌이는 문화적 전투를 의미한다. 이러한 전투는 대중매체, 소셜 미디어, 정치 등 여러 영역에서 전개된다

(George and Huynh, 2009). 포스트페미니즘 시대에 들어 이 문화 전쟁은 성별 전쟁이라는 이름으로 다시 부상했으며 주로 보수 진영과 기독교 우파가 이를 주도하고 있다. 일부 페미니스트 그룹 역시 이러한 전투에 가세했다. 젠더를 기반으로 한 문화 전쟁이 주목받는 또 하나의 이유는 제도 정치에 대한 반감의 확산이다. 정치 활동에 대한 불신은 제도 정치 참여를 줄이고 관심을 문화적 논쟁으로 옮기게 만든다(이에 대해서는 뒤에서 더 자세히 다룬다). 깅(Ging, 2019)이 지적했듯, 매노스피어는 페미니즘을 현대 사회에서 남성이 겪는 모든 문제를 떠넘길 수 있는 희생양으로 설정한다. 특히 앞서 2장에서 살펴본 진화심리학은 이러한 담론을 강화하는 핵심 도구로 작동한다.

> 진화심리학의 활용은 이러한 담론에서 중요한 역할을 한다. 이는 금융 위기 이후의 경제적 불안을 해소하려는 방식으로도 이해할 수 있다. 이제 많은 젊은 남성에게 부동산 소유나 평생 직장의 확보는 더 이상 가능한 선택지가 아니다. 그러나 이들은 자신들의 박탈감을 야기한 복잡한 경제적 원인과 마주하기보다는 본질주의적 설명에 기대어 그 분노를 가상의 여성상에 투사하며 공격하고 있다. (Ging, 2019: 57)

매노스피어는 다양한 영역에서 문화 전쟁에 뛰어들고 있지만 그중에서도 가장 흔한 논쟁의 영역은 가정폭력, 성폭력, 강간 문제에 관한 논쟁일 것이다. 특히 논의가 '유해한 남성성'과 결부

되는 '유해한 여성성'으로 확장될 때 이러한 논쟁은 더욱 첨예해진다. 최초의 남성 권리 운동은 페미니스트가 남성을 부당하게 강간범이나 가정폭력 가해자로 몰아세운다는 불만에서 출발했다(Coston and Kimmel, 2013). 오늘날에도 남성은 여전히 그러한 분노를 품고 있으며 매노스피어는 여성이 성폭력과 강간에 대해 거짓 고발을 남발한다는 굳건한 믿음을 가지고 있다. 이 믿음은 특히 믹타우 커뮤니티에서 강하게 나타나는데 여성의 빈번한 거짓 고소는 남성들이 여성과 관계를 맺지 말아야 하는 주요 이유 중 하나로 설명된다. 믹타우 커뮤니티에서 매우 인기를 끈 게시물 중 하나는 성추행 혐의로 억울하게 몰린 뒤 여성과 거리를 두게 되었다고 주장하는 한 한국인 종합 격투기 선수의 영상을 담고 있다. 게시글에는 그 격투기 선수의 사진과 함께 다음과 같은 문구가 있다.

> 이 사람은 한국의 박대성 선수다. 이전의 한 경기에서 그는 억울하게 성추행 혐의를 받았다. 사진을 찍기 위해 링걸의 옆구리를 (글러브를 낀 채) 잡았다는 것이 그 이유였다. 아무 잘못도 없이 이런 곤란한 일을 겪은 이후, 그는 경기에서 승리한 후 기념 사진을 찍기 위해 링걸 곁에 서는 전통조차 완전히 거부하게 되었다.

이 게시글에서 작성자는 페미니즘이 성폭력의 정의를 지나치게 확장해 왔으며 일상적인 행동까지 부당하게 성폭력으로 규정한고 주장한다. 이러한 인식은 #미투Me Too 운동에 대한 흔한 반발 중 하나로 매노스피어를 넘어 사회 전반에서 광범위하게 나타나는 현상이다(Bates, 2020). 작성자는 박대성이 여성을 실제로, 어쩌면 원치 않는 방식으로 접촉했다는 것 자체는 인정한다. 그러나 이는 정상적인 행동 범주 안에 있는 일이라는 것이 그의 주장이다. 여성이 이에 과잉 반응을 보이며 거짓 고소로 남성을 무너뜨리려 했다는 것이다. 작성자는 이런 정상적인 신체 접촉까지 폭력으로 규정하는 것이야말로 페미니즘이 도를 넘었다는 증거라고 말한다.

이러한 사건은 매노스피어에서 여성은 교활하고, 못됐으며, 보복적이라는 주장을 뒷받침하는 근거로 활용된다. 그들은 여성이 미투 운동과 같은 정치적 상황의 변화를 기회 삼아 남성을 부당하게 공격한다고 말한다. 매노스피어 남성은 이러한 행태를 유해한 여성성이라는 개념과 연결한다. 이 용어는 유해한 남성성의 반대 개념으로 여성이 전통적인 여성적 특질을 이용해 타인을 음해하고 무너뜨린다는 의미를 담고 있다. 유해한 여성성은 극우 진영과 매노스피어에서 페미니즘을 공격하는 주요 구호로 자리 잡았다. 예컨대 조던 피터슨은 여성이 남성보다 '평판 파괴' 방식의 공격을 더 자주 사용한다고 주장하며 특히 소셜 미디어 시대에는 이러한 공격이 훨씬 쉬워졌다고 말한다(Peterson, in Triggernometry, 2021). 이것이 바로 그들이 말하는 유해한 여성성이다.

그러나 유해한 여성성이라는 용어를 사용하면서도 매노스피어 남성은 유해한 남성성 개념에는 강하게 반발한다. 나는 서론에서 이 용어가 가진 문제점과 본 연구에서 이 개념을 사용하지 않기로 한 이유를 명확히 설명했다. 그러나 매노스피어 남성이 이 용어를 거부하는 이유는 나와 다르다. 그들은 유해한 남성성이라는 개념이 남성 전체를 공격하는 데 사용되어 남성성의 위기를 심화한다고 믿는다. 이들은 이를 '남성혐오'의 사례로 해석한다(Marwick and Caplan, 2018; Budgeon, 2021). 이러한 관점은 2019년 면도기 회사 질레트가 공개한 광고에 대한 반응에서 잘 드러난다. 해당 광고는 남성에게 유해한 남성 행동(괴롭힘, 성희롱, 성차별적 태도, 공격적 행동)을 바꾸자고 촉구하며 회사의 기존 슬로건 '남성이 누릴 수 있는 최고의 것'을 '남성이 될 수 있는 최고의 모습'으로 교체했다(Baggs, 2019). 매노스피어는 이 광고를 남성 전체에 대한 공격으로 해석했다. 그들은 질레트가 '모든 남성이 본질적으로 유해하며 모든 형태의 남성성은 문제적이다'라는 메시지를 담고 있다고 본 것이다. 이 캠페인은 거센 반발을 불러일으켰고 일부에서는 불매 운동을 조직하기도 했다(Baggs, 2019).

앞서 언급했듯이 매노스피어 남성은 유해한 남성성 개념을 비판하면서도 아이러니하게 유해한 여성성이라는 용어를 반복적으로 사용해 여성과 페미니즘을 공격한다. 이는 명백한 이중잣대다. 매노스피어 남성은 남성성의 본질을 방어하는 데에는 앞장서면서 동시에 여성성은 본질적으로 문제적이라고 낙인찍는다. 이러한 모순은 성별 전쟁이라는 구도 속에서 자연스럽게 작동한다. 이 전쟁은 한 가치 체계가 다른 가치를 지배하기 위한 싸움이며 매노스피어 남성은 남성성이 이 싸움에서 반드시 승리해야 한다는 신념을 강화한다. 유해한 여성성은 남성을 상처 입히고 나아가 남성을 사회에서 억압받는 존재로 만든다는 서사의 핵심에 놓인다. 따라서 이 개념은 비웃음, 분노, 끝없는 비판의 정당한 대상으로 간주된다.

이러한 이데올로기적 구도 속에서 여성과 페미니즘은 남성이 자신을 방어하기 위해 공격할 수 있는 가장 손쉬운 희생양이 된다. 브라운(Brown, 1995, 2019)에 따르면 신자유주의적 자본주의는 경제적 계층화를 넘어 자본주의적 주체가 겪는 다양한 상처를 정상적이고 자연스러운 것으로 만든다. 그 결과 개인은 자신이 입은 상처를 해결하기 위해 다른 출구를 찾게 된다. 브라운은 이렇게 설명한다.

> 경제적 계층화뿐 아니라 자본주의가 인간의 신체와 정신에 가하는 다양한 상처, 즉 소외와 상품화, 착취, 강제적 이동, 가족이나 지역사회처럼 연대감을 제공하던 사회적 기반의 해체가 모두 담론적으로 정상화되고 그 결과 정치적 쟁점에서 배제될 때, 사회적 차이를 만드는 다른 요인들이 과도한 무게를 지니게 된다. 실제로 이러한 요인들은 자본주의가 초래한 고통의 전부를 떠안는 경우도 있다. (Brown, 1995: 60)

다른 사회적 차이의 표지(젠더)가 과도한 무게를 떠맡는 이 세계는 포스트페미니즘적 논리(Ging, 2019)와 마찬가지로 모든 사회경제적 문제를 문화적 렌즈를 통해 해석하는 장기적이고 느린 소진 과정의 일부다. 국가나 자본주의가 개인의 삶에 미친 영향에 대해 비판하지 못하거나 비판할 의지도 없는 상황에서 매노스피어 남성은 문화 영역으로 시선을 돌린다. 그리고 그들이 가장 손쉽게 공격할 수 있는 대상은 페미니즘이다.

정부가 남자를 공격한다

매노스피어 남성은 페미니즘을 비판하는 데 그치지 않고 정부 또한 강하게 비난한다. 그들은 정부가 페미니즘의 이해관계와 깊이 결탁하여 남성을 적극적으로 억압하고 종속하고 있다고 주장한다. 국가가 남성을 단지 남성이라는 이유만으로 해치는 가해자로 전락했다는 것이다.

그림 3.2는 레딧의 믹타우 커뮤니티에 공유된 이미지이다. 이 이미지에는 한 참전 용사가 든 손팻말이 등장하는데 그는 이라크

그림 3.2 〈이것이 페미니즘과 그것을 지지하는 정부가 우리 군인의 복무에 보답하는 방식〉

와 아프가니스탄에서 복무했고, 용맹함으로 훈장을 받았으며, 그 과정에서 장애를 입었다고 주장한다. 그는 자녀와 시간을 보내기 위해 명예 제대했지만 현재는 수만 달러에 이르는 양육비를 부담해야 하고 자녀 양육권마저 상실했다고 호소한다. 이러한 게시물은 남성의 공적을 강조한다. 남성이 서구 사회를 건설하고 지키기 위해 헌신했음에도 자신들이 페미니즘에 잠식된 정부에 의해 버려졌다는 것이다. 국가가 남성의 이익은 물론 기본적인 도덕성과 논리에도 반하는 방식으로 행동하고 있다는 메시지이다.

정치에 대한 이러한 적대감은 친밀한 공적 영역에서 흔히 발견되는 현상이다. 이러한 공동체는 사회와 국가에게서 부당한 대우를 받았다고 느끼는 사람들이 모여 "정치로부터의 해방"을 추구하는 정서적 공간으로 형성된다(Berlant, 2008: 10). 이들이 적극적인 정치 참여를 거부하는 이유는 정치를 공동체의 안전과 결속을 위협하는 요소로 인식하기 때문이다. 정치는 능동적 적대감을 요구하며 그 결과 이들에게 정치는 "새로운 가능성을 여는 조건이라기보다 위협, 혼란, 타락, 다시 상처 주는 공간으로 여겨진다(Berlant, 2008: 10)."

이러한 정치에 대한 환멸은 친밀한 공적 영역에만 국한되지 않는다. 이는 서구 국가 전반에서 확산된 정서로 일부 학자는 이를 '반정치'라고 부른다. 반정치는 정치인, 정당, 정치 제도는 물론 민주주의 체제 자체에 대한 불신과 분노가 심화되는 현상을 가리킨다(Mete, 2010). 반정치적 비판은 정당과 정치인이 "부패하고, 비효율적이며, 기생적이고, 무능하며, 오만하고, 뇌물에 취약하며,

시민의 요구와 동떨어져 있다"라는 인식에 초점을 맞춘다(Mete, 2010: 39‒40). 사람들은 이러한 반정치적 신념을 다양한 방식으로 표현한다. 예컨대 정치 참여를 줄이는 것(투표율 하락, 정당이나 노동조합 가입 기피)(Schedler, 1996; Hay, 2007; Mete, 2010; Mair, 2013; Clarke et al., 2016; Humphrys et al., 2020), 혹은 민주주의 결과를 불신하는 방식이다. 대표적 사례는 2020년 미국 대통령 선거에서 조 바이든이 부정 선거로 당선되었다는 사실에 근거하지 않은 광범위한 믿음이다.

　매노스피어 남성은 이러한 반정치적 수사를 즐겨 사용한다. 예를 들어 심리학자이자 매노스피어의 대표적 인물로 거론되는 조던 피터슨은 정부가 일반 시민(특히 남성)의 이익에 반하는 방식으로 적극적으로 움직인다고 주장해 왔다. 그가 처음 명성을 얻은 계기도 개인이 선호하는 성별 대명사 사용을 거부한 사건이었다(Murphy, 2016). 피터슨은 캐나다 인권법을 강력히 비판하며 자신이 대명사 사용을 거부하는 행위가 머지않아 혐오 발언으로 규정될 것이나 이는 권위주의적 조치라고 주장했다. 이처럼 특정 법률에 반대하는 행위 자체가 본질적으로 반정치적이라고는 할 수 없지만 그의 수사는 점차 서구 국가가 일반 시민의 이익에 본질적으로 적대적이라는 주장으로 확대되었다. 그는 2024년 미 의회에서 "국가와 대기업이 결탁하여 모든 사람의 자유를 동일하게 위협하고 있다"라고 주장했다(Peterson, 2024). 여기서 분명히 하고 싶은 점은 반정치적 수사의 상당 부분이 정당한 비판에 기초하고 있다는 사실이다. 나 역시 피터슨의 분석에 전적으로 동의하지는 않지만 정부가 종종 시민의 자유를 위협한다는 점은 사실이라고 본다. 내가 강조하는 바는 반정치가 터무니없는 개념이 아니라 매노스피어를 움직이는 중요한 동력 중 하나라는 것이다.

　매노스피어의 반정치적 신념을 더 깊이 살펴보기 위해 그림 3.2에 달린 댓글을 보자. 한 댓글 작성자는 자신을 군의관이라고 밝히며 "군대 내 문란한 배우자의 비율이 전염병 수준으로 증가하고 있다"라고 주장한다. 그는 "남성이 파병되면 아내는 자녀를 의료적, 정서적, 재정적으로 방치하는 경우가 매우 많다. 군인 가족은 무료 의료 혜택을 누리는데도 아내는 자녀 검진을 위해 병원에 오기를 거부한다"라고 적었다. 이어 그는 여성이 남편이 파병된 동안 지속적으로 외도를 하며 그 시간을 "남성 편력을 즐기는 데 쓴다"고 비난한다. 그에 따르면 이러한 상황에서도 정부는 언제나 여성 편에 선다고 주장하며 다음과 같이 말한다.

> 사병의 경우, 외도하다 적발되면 계급이 강등된다. 하지만 배우자가 외도하면 그녀는 이혼을 청구하고 자녀 양육권을 모두 가진다. 장교의 경우, 외도하다 적발되면 감옥에 간다. 그러나 배우자가 외도하면 그녀는 이혼을 청구하고 자녀 양육권을 모두 가진다.

　그는 국가가 남성, 심지어 나라를 위해 싸운 애국자조차 지속적으로 공격하고 있다고 주장하며 이러한 인식은 매노스피어에서 반복적으로 등장한다. 매노스피어 남성은 정치와 정부를 의심의 눈길로 바라본다. 정치가 일부 엘리트 세력(페미니즘)에 장악되어 일반 시민(남성)을 겨냥해 움직이고 있다고 믿기 때문이다.

이러한 정치 비판이 반드시 국가라는 개념 자체로까지 확장되는 것은 아니다. 앞서 언급한 댓글에 대한 답글 중 일부는 이런 대우를 받으면서도 군에 입대하는 남성을 비판한다. 한 사용자는 이렇게 적었다. "남성은 이런 '거세당한' 군 복무를 거부해야 한다. 여자년들이[1] 대신 입대해서 그 난장판과 유치한 꼴을 직접 겪어보게 하자." 이에 대해 원 댓글 작성자는 입대하는 남성을 비난하기보다는 그들이 그러한 선택을 하는 다양한 이유를 이해해야 한다고 주장하며 다음과 같이 덧붙인다.

> 사람들이 군에 입대하는 이유는 여러 가지가 있지만 내가 6년 동안 본 바로는 남성이 입대하는 가장 큰 이유는 군대가 교육의 기회와 잠재적인 혜택을 제공하는 마지막 보루이기 때문이다. 다른 두 가지 이유는 애국심 때문이거나 갈 곳이 없어 노숙자가 될 처지에 놓였기 때문이다. 나 역시 애국심으로 입대했는데 그 계기는 참전 용사 의료 시스템의 실체가 세상에 드러나면서 특히 남성 참전 용사가 얼마나 끔찍하게 대우받고 있는지를 직접 목격했기 때문이다. 이 남성들은 가족과 나라를 위해 삶을 바쳐 헌신했다. 그것이 바로 남성의 역할이기 때문이다. 우리는 언제나 그렇게 해 왔다.

원 댓글 작성자는 사회가 남성에게 지나치게 가혹해진 나머지 남성성의 위기를 극복하려는 남성에게 군대가 마지막 보루가 되었다는 점을 암시한다. 그는 남성이 교육 기회를 충분히 누리지 못하거나 심지어 노숙자가 될 위기에 처하는 상황을 언급하며 군대가 사실상 그들에게 유일한 선택지라고 본다. 흥미로운 점은 그러한 믿음에도 그는 여전히 국가라는 틀에 대한 신뢰를 유지하며 이 문제의 근본 원인인 경제적, 사회적 구조에 대해서는 의문을 제기하지 않는다는 것이다. 이는 브라운(Brown, 1995)이 말하는 '상처의 정치'에서 흔히 나타나는 현상이다. 자본주의가 야기한 고통의 원인은 비판받지 않은 채 방치되고 매노스피어 남성은 브라운의 표현대로 "그 모든 책임을 사회적 차이의 표지(젠더)에 전가한다(Brown, 1995: 60)."

이 과정에서 남성은 모순적인 위치에 놓인다. 그들은 자신이 자본주의로부터 입은 상처를 인식한다. 그러나 정치를 비판하면서도 여전히 국가와 자본주의라는 틀에 스스로를 묶는다. 이러한 구조의 한계에는 도전하지 않으면서 그들은 자신의 실망을 설명할 다른 원인을 찾고 그 모든 고통의 책임을 여성, 페미니즘, 부패하고 신뢰할 수 없는 정치인에게 전가한다. 앞서 언급한 게시물의 댓글 작성자가 말했듯이 '나라를 사랑하되, 정부는 증오하라'는 것이다. 이는 반정치적 수사에서 흔히 발견되는 정서이며 21세기 우파 포퓰리즘 운동에서도 반복적으로 나타난다. 이런 운동은 종종 현 정부를 비판하는 동시에 국가가 더 고결했다고 여겨지는 과거를 낭만적으로 회상한다(Brown, 2019).

남성이 이길 수 없는 게임
(그리고 어쩌면 이기고 싶지 않은 게임)

나는 앞서 매노스피어 남성이 자신을 '상처 입은 존재'로 인식하며 이것이 그들의 정체성에서 핵심적인 위치를 차지한다는 점을 설명했다. 내가 이를 다시 강조하는 이유는 이런 정체성이 그들 자신이 끊임없이 언급할 만큼 중요하기 때문이다. 이제 우리가 던져야 할 질문은 이것이다. 이 정체성은 매노스피어 남성을 하나로 묶는 데 어떤 역할을 하는가? 흥미롭게도 이러한 정체성은 그들에게 무력감을 안기는 동시에 위안을 제공한다. 특히 서로 자신의 상처를 털어놓을 때 그 위안은 더욱 증폭된다.

매노스피어 남성은 페미니즘과 정부를 끊임없이 비난하고 불평하지만 정작 이를 바꾸기 위한 캠페인이나 토론, 논의에는 거의 참여하지 않는다. 버런트(Berlant, 2008: 11)는 이러한 현상을 설명하며 친밀한 공적 영역은 정치에서 가치를 찾지 못한다고 주장한다. 그 이유는 정치가 공동체의 결속과 그 안의 개인에게 위협으로 인식되기 때문이다. 이 특징은 매노스피어에만 국한되지 않는다. 버런트가 지적하듯 여성 문화 영역에서도 마찬가지다. 이들 역시 정치에 본질적인 불신을 품고 있으며 정치를 타락한 공간, 나아가 행복과 정의를 위협하는 존재로 여긴다. 버런트는 이를 두고 이렇게 설명한다. "정치를 삶의 자원으로 보기 때문이 아니라 정치를 더 나은 삶을 가능하게 하려면 개혁해야 하는 위협으로 보기 때문이다(Berlant, 2008: 3)."

그림 3.3 MGTOW 게시물 〈이기고 싶으면 게임을 하지 마라. 그냥 떠나라〉

물론 모든 남성이 그렇듯 매노스피어 남성 역시 반드시 정치에 무관심한 것은 아니지만 이들 중 상당수는 정치를 거부하거나 회피하는 태도를 보인다. 그 한 예는 믹타우 커뮤니티에 올라온 게시물에서 확인할 수 있다. 그림 3.3에 실린 이 게시물은 상단에 공공 주택 사진, 하단에 교도소 사진을 나란히 배치하고 있다. 공공 주택 사진 위에는 "자녀를 부양할 수 없는 여성을 위한 공공 주택", 교도소 사진 위에는 "자녀를 부양할 수 없는 남성을 위한 공공 주택"이라는 문구가 적혀 있다.

이 게시물은 남성 권리 옹호론과 매노스피어 담론에서 흔히 볼 수 있는 믿음을 보여 준다(Maddison, 1999; Coston and Kimmel,

2013). 이들은 이혼 과정에서 남성이 부당한 대우를 받는다고 주장하며 특히 자녀 양육권에서 그러하다. 매노스피어 남성은 여성이 항상 양육권을 가져가고 남성은 그 양육의 즐거움은 전혀 누리지 못한 채 재정적 부담만 떠안는다고 본다. 또한 그들은 여성이 자녀를 부양할 능력이 없을 경우 공공 주택과 지원을 제공받지만 남성이 양육비를 감당하지 못할 경우에는 감옥에 수감되어 처벌받는다고 주장한다. 이러한 주장은 어느 정도 사실에 기초한다. 미국에서는 양육비를 지급하지 않는 비양육 부모가 법적으로 구금될 수 있으며(National Conference of State Legislatures, 2022), 다른 사유로 수감된 경우에도 양육비 지급 의무를 유지해야 하는지 여부는 현재도 논쟁 중이다(Hager, 2015). 특히 경제적으로 어려운 남성들은 양육비를 낼 수 없다는 이유로 감옥에 가는 경우가 많다.

주목할 점은 게시물의 제목이다. 〈이기고 싶으면 게임을 하지 마라. 그냥 떠나라.〉 이는 이러한 부당한 상황이 남성들이 어떻게 할 도리가 없을 만큼 깊이 뿌리내렸다는 메시지를 담고 있다. 선택지는 두 가지뿐이다. 게임에 참여해 감옥에 갈 위험을 감수하거나 아니면 믹타우 회원들이 주장하듯 그 게임에서 완전히 발을 빼는 것이다.

이러한 정서는 상처의 정치에 동반되는 무력함을 잘 보여 준다. 브라운이 말하는 "르상티망에 기반한 정체성이 스스로의 예속 상태에 몰두하게 되는 상황"(1995: 70)이다. 브라운의 주장은 이렇다. 정체성을 상처 입은 상태에 기반해 형성하면 그 상처를 없애는 것은 불가능해진다. 왜냐하면 상처가 사라지면 더 이상 상처 입은 존재가 아니게 되기 때문이다. 그 상처가 자아의 핵심이 되어 그것을 치유하거나 제거하는 어떤 시도도 자신과 자신이 속한 집단의 정체성을 위협하는 것이 된다.

이러한 입장은 매노스피어 남성이 자신이 처한 예속 상태를 극복하기 위해 적극적으로 행동하는 것을 어렵게 만든다. 그러나 동시에, 이들은 자신과 같은 감정을 공유하는 사람이 존재한다는 사실에서 위안을 얻는다. 그림 3.3에 달린 댓글이 이를 잘 보여 준다. 한 남성은 이렇게 말한다. "정확하다. 진정한 평등이 이루어지기 전까지는 사회가 남성에게 기대하는 방식대로 참여할 이유가 없다." "떠나는 것은 지는 것도, 이기는 것도 아니다. 나는 이게 좋다." 이러한 반응은 정치와 사회로부터 거리를 두는 것으로 이어진다. 커뮤니티 사용자들은 구체적 정치 변화를 요구하기보다는 버런트(Berlant, 2008: 150)가 말하는 '트라우마적 문화 매개'라는 의례(문제를 사회적, 정치적으로 해결하는 대신 온라인 커뮤니티에서 불평을 늘어놓거나 풍자 이미지, 밈을 제작하는 것 같은 '문화적 의례'를 반복하며 재현하는 행위-옮긴이)에 몰두한다. 관계, 성, 사랑에서 '대안은 없다'는 매노스피어 특유의 정서처럼 이들은 정치에서도 출구를 찾지 못한다. 결국 불평만이 그들에게 남은 유일한 선택지가 된다.

이러한 태도는 남성들이 자신을 정치라는 더럽고 무익한 것 위에 있는, 깨달음을 얻은 존재로 포장할 수 있게 한다. 매노스피어 남성은 자신들이 레드필을 삼킴으로써 정치의 영역을 넘어서는 새로운 깨달음의 상태에 도달했다고 주장한다. 버런트(Berlant, 2008: 145)는 친밀한 공적 영역의 구성원들이 자신은 이미 정서적 깨달음을 얻었으며 이제는 다른 이에게 이러한 감정을 전파하는 것이 자신의 사명이라고 믿는다고 설명한다. 이들의 목표는 정치적 행동이 아니라 더 많은 사람, 특히 남성에게 이러한 깨달음을 전파하는 것이다. 이러한 맥락에서 성별 전쟁은 목표를 달성하기 위한 완벽한 무대가 된다. 이 전쟁은 자신의 문화와 가치를 사회의 지배적 질서로 만드는 데 거의 전적으로 초점을 맞추고 있기 때문이다.

결국 '상처에 대한 집착'은 체계적 위기에 대응하는 하나의 방식이다. 버런트(Berlant, 2011: 10)가 표현하듯 이 상태는 "존재가 그저 물 위에 떠 있는 상황, 즉 완전히 가라앉지는 않지만 간신히 버티는 상태"와 같다. 자신을 상처 입은 존재로 인식한 채 멈춰 있는 상황에서도 개인과 공동체는 여전히 삶을 이어가기 위한 방식을 찾아야 한다. 다시 말해 "그 안에서 어떻게든 삶에 대한 애착을 잃지 않고 자신이 간직한 낙관을 보호하는 방법을 모색해야 하는 것"이다(Berlant, 2011: 10). 이때 상처와 고통에 대한 집착은 역설적으로 자신의 시민성과 국가와의 연결감을 유지하는 방식이 된다. 친밀한 공적 영역은 사람들에게 생존에 만족하도록 독려하며 그 생존은 오직 친밀한 공적 영역에 참여하는 것을 통해서, 주어진 세계를 최대한 관리하며 일상을 이어가는 방식으로 가능하다(Berlant, 2002: 106). 상처받았다는 것은 곧 무력함을 의미하며 어떤 면에서는 그 무력함을 받아들이는 것을 뜻한다. 상처 입은 주체로서 일부 매노스피어 남성은 사회에 어떠한 요구도 하지 않은 채 불평에만 몰두한다. 그들의 초점은 변화를 추구하는 것이 아니라 자신의 불만을 끊임없이 표출하는 데 있다.

따라서 정체성의 형성은 남성을 매노스피어로 결속하는 퍼즐의 핵심 조각이다. 매노스피어는 남성이 자신의 불만을 토로하고 어떻게든 삶을 이어가려는 시도를 할 수 있는 공간이자 그 경험에 대한 소유권을 주장할 수 있는 장소가 된다. 이곳에서 그들은 자신을 '상처 입은 존재'로 규정하고 그 상처에 대한 애착을 매개로 서로 연결된다. 이는 그들이 필요로 하는 정서적 해소를 제공할 뿐 아니라 타인과의 연결감과 공동체 의식을 형성하는 데 기여한다. 다음 장에서는 바로 이 연결감과 공동체성이 매노스피어에서 어떻게 작동하는지를 더 깊이 살펴볼 것이다.

4장
남자다운 남자의 공동체

남성은 외롭다. 사실 우리 모두 그렇다. 전 세계적으로 우정의 비율은 감소하고 있으며(Armstrong, 2022), 이러한 현상은 여성보다 남성에게 더 두드러지게 나타난다. 이는 주로 남성이 친구를 사귀는 데 필요한 기술이 부족하기 때문이다(Guerrero, 2024). 미국에서 2023년에 실시된 한 연구에 따르면 18세에서 23세 사이 남성의 3분의 2는 '나를 진정으로 아는 사람은 아무도 없다'고 답했다(Equimundo, 2023). 또 다른 연구는 1990년 이후로 단 한 명의 절친한 친구도 없는 남성 비율이 4배나 증가해 15%에 달했다는 사실을 보여 준다(Cox, 2021a). 이 경향은 특히 미혼 남성에게 심각하다. 다섯 명 중 한 명은 가까운 친구가 전혀 없다고 답했으며 30세 미만 남성의 경우 네 명 중 한 명이 친구가 전혀 없다고 밝혔다(Cox, 2021b).

매노스피어 남성은 외로움에 대해 끊임없이 이야기한다. 레드필 포럼에 올라온 〈어떻게 하면 이렇게 빌어먹게 외롭지 않을 수 있을까How not to be so fucking lonely〉라는 제목의 게시글에서 한 매노스피어 남성은 이 커뮤니티에서 흔히 반복되는 이야기를 꺼낸다.

> 지난달(2023년 5월), 구글에서 '친구를 사귀는 방법', '친구를 사귈 수 있는 장소', '사람들을 만날 수 있는 곳'과 같은 검색어의 검색량이 사상 최고치를 기록했다고 한다. 더 충격적인 사실은 젊은 사람 중 무려 79%가 외로움을 느낀다고 보고했다는 점이다.
>
> 이 말은 통계적으로 볼 때 이 글을 읽고 있는 당신도 외로울 가능

성이 높다는 뜻이다. 어쩌면 스스로는 그 사실을 의식하지 못하고 있을지도 모른다. 아마도 열심히 운동하고, 돈을 모으고, 또 어떤 사람은 만남 앱에서 만난 여자와 잠자리를 하고, 이 여자 저 여자 만나며 노느라 정신이 없을지도 모른다. 심지어 여자친구가 있을 수도 있다. 그럼에도 엄습하는 우울감에서 몇 년 전까지만 해도 나 역시 벗어나지 못했다. 모든 일이 잘 풀리고 있었고 인생의 모든 영역에서 '레벨업'하고 있었지만 매일 밤 침대에 누우면 엿 같은 기분으로 하루를 마무리했다.

그는 이어서 자신이 그렇게 깊은 우울감을 느낀 이유는 친구가 없었기 때문이라고 말한다. 친구를 사귀지 못한 이유는 적어도 부분적으로는 모든 것을 혼자 하려는 태도와 강인한 독립심 때문이었다. 그는 이렇게 덧붙인다(강조는 원문).

문제는 의외로 단순했다. 사람들과 진정한 연결이 전혀 없었다는 것. 나는 새로운 도시로 이사 온 지 얼마 되지 않았고 연고도 없는 곳에서 사실상 모든 것을 제로에서 시작하고 있었다. 그 당시 나는 누구도 필요하지 않다고 생각했다. 심지어 이렇게까지 다짐했다. 그냥 수도승처럼 혼자 지내며 자기 계발에만 집중하자. 다른 사람들은 꺼지라지.

이건 정말 큰 실수였다. 사회적 관계는 인간의 기본적인 욕구다. 이 욕구는 아마 공기, 음식, 물 다음으로 중요한 것일지도 모른다. 당신이 내향인이라고 해도 예외는 없다. 이 욕구를 지속적으로 무시하면 당신의 잠재의식은 우울감, 분노, 자신감 상실로 반드시 보복할 것이다.

우정과 공동체는 우리 사회에 필수적이다. 글 작성자가 말했듯 "사회적 관계는 인간의 기본적 욕구"이다. 우정이 중요한 이유는 그것이 "우리가 단순한 개인이나 가족 그 이상이 되고 단순한 경제적 생산자, 소비자, 투자자 그 이상이 되며 단순한 국가 구성원 그 이상이 되는 공간"이기 때문이다(Brown, 2019: 28).

많은 남성에게 공동체를 향한 욕구는 매노스피어에 참여하도록 이끄는 강력한 동인이다. 이러한 현상은 극단주의 집단이나 다른 우익 집단에서도 흔히 발견된다. 예컨대 마이클 키멜(Kimmel, 2018)은 연구를 통해 자신의 초기 가정과 달리 많은 젊은 남성이 극우 조직에 가입하는 이유가 인종차별적 이데올로기에 대한 확고한 신념 때문이 아니라는 사실을 밝혔다. 오히려 그들은 어떤 집단이나 공동체의 일부가 되는 것을 매우 중요하게 여겼다. 극단주의 집단은 젊은 남성의 삶을 처음으로 이해하는 공간이 되었고 이해하려는 시도만으로도 그들을 끌어들이기에 충분했다.

어떤 이들은 단지 이 집단이 처음으로 자신을 모임에 초대한 곳이었기 때문에, 자신의 삶에 대한 불만을 털어놓았을 때 가장 먼저 귀 기울여 준 곳이었기 때문에 가입하기도 한다. 이러한 소속감을 찾으려는 욕구는 매노스피어를 친밀한 공적 영역으로 만드는 핵심 요소이기도 하다. 버런트는 《불평하는 여자》에서 여성 문화가 여성에게 소외감을 표현할 수 있는 공간을 제공할 뿐 아니라 혼자가 아니라는 확신을 준다고 말한다. 친밀한 공적 영역은 개인이 자신을 특정 집단과 동일시하며 사회적 정체성을 형성할 수 있는 공간이다(Williams, 2006). 이는 곧 기존의 주류 범주와 뚜렷하게 구별되는 새로운 사회적 범주 안에 자신을 위치시키는 과정을 의미한다(Hewitt, 2003). 집단적 정체성과 개별적 정체성을 동시에 형성할 수 있는 공간인 것이다.

이 장은 매노스피어에서의 우정과 공동체를 다룬다. 지금까지는 매노스피어가 성장하는 이유를 개인이 세상과 자신의 삶에 대한 불만을 표출할 수 있는 공간을 제공한다는 점에서 살펴보았다. 그러나 매노스피어는 그보다 더 근본적인 무언가를 제공한다. 바로 오늘날 지속적으로 약화되고 있는 공동체라는 개념 자체이다. 이번 장에서는 왜 공동체가 매노스피어 남성에게 그렇게 중요한지, 왜 그들이 온라인에서 그것을 찾으려 하는지, 매노스피어에서 남성이 어떤 형태의 공동체를 구축하는지를 살펴볼 것이다. 안타깝게도 자기 계발을 촉진한다는 명분 아래 형성된 이러한 공동체는 남성의 외로움을 해소하는 데 거의 기여하지 못한다.

친구와 소속감을 찾는 남자

남성의 외로움은 부분적으로 남자는 독립적이고 자립적이며 감정을 억제해야 한다는 이상을 강조하는 패권적 남성성의 규범에서 비롯된다. 그러나 문제는 이러한 특성이 우정을 형성하는 데 거의 도움이 되지 않는다는 점이다(Willis and Vickery, 2022). 그러나 이 문제는 더 큰 글로벌 흐름의 일부이기도 하다. 21세기에 들어 우정의 비율은 모든 인구 집단에서 감소하고 있으며 그 주요 원인은 신자유주의에 기반한 문화적, 경제적 변화에 있다. 모든 사람이 유급 노동에 더 많은 시간을 써야 한다는 압박을 받으면서 자유 시간은 점점 줄어들고 있다. 특히 여성의 경우, 보건 및 복지 서비스의 축소로 가사와 돌봄이라는 무급 노동의 부담까지 늘어났다(Sears, 2006). 친구를 사귈 시간이 가장 많을 것으로 여겨지는 학생조차 예외는 아니다. 학비를 충당하기 위해 점점 더 많은 시간을 노동에 투입해야 하는 상황에 놓여 있기 때문이다. 앨런 시어스(Sears, 2006)는 이렇게 지적한다. "자본주의적 구조 조정이 우리를 서로로부터 고립시키고 있으며 그 결과 우리는 인생의 굴곡 속에서도 친구에게 손을 내밀 수 있는 시간이 점점 줄어드는 상황에 처하고 있다."

　이러한 변화는 우리 모두가 글로벌 시장에서 서로 경쟁하는 개별적 존재라는 사고방식을 조장하는 장식적 문화에 의해서도 촉진되고 있다. 사회라는 개념에 대한 공격은 언제나 신자유주의의 핵심 전략 중 하나였으며 자유롭고, 스스로 책임지는 개인이라는 미명하에 사회적 영역을 해체해 왔다(Brown, 2019: 29). 브라운(Brown, 2019: 52)은 이러한 변화는 경제적 차원뿐 아니라 개인이 주변 공동체에 부여하는 가치에도 심각한 영향을 미친다고 지적한다. 그는 이렇게 말한다. "사회적 영역이 우리의 사고, 언어, 경힘에서 사라질 때 그것은 유토피아적이든 디스토피아적이든 미래에 대한 우리의 비전에서조차 함께 사라진다(Brown, 2019: 52).”

신자유주의적 리더는 공동체와 사회라는 개념 자체를 무의미하다며 그 의미를 지속적으로 약화해 왔다(Brown, 2019). 우파 정치인은 사회라는 개념이 개인의 자유를 심각하게 위협한다고 주장하며 따라서 그 개념을 해체의 대상으로 삼아야 한다고 강조한다. 이들은 노동조합을 약화하고, 사회 서비스를 축소하며, 공공 공간을 민영화하는 방식으로 이를 실행했다. 보수 진영은 또한 집단의 힘을 통해 정의 실현을 추구하는 '사회 정의 전사'들까지도 비난하는데 이들이 자유를 저해한다고 주장하면서 "사회적 평등, 시민권, 소수자 우대 조치, 심지어 공교육"이라는 폭정적 의제를 밀어붙이고 있다고 비난했다(Brown, 2019: 28). 이러한 정치 지도자는 사회, 공동체, 우정이라는 개념 자체가 개인의 자유를 제한하며 결국 우리가 성공과 행복을 실현할 수 있는 능력까지 억누른다고 말한다.

물론 이러한 변화가 사람들이 공동체를 갈망하는 마음, 혹은 그것에 다가가려는 시도를 완전히 무너뜨린 것은 아니다. 다만 사람들은 이제 새로운 형태의 공간, 특히 소셜 미디어에서 그 욕구를 충족하려 한다. 나 역시 예외는 아니었다. 학생 시절, 학교에서 돌아오면 항상 MSN 메신저에 접속해 친구들과 대화를 나눴고 게이 청소년이었던 나는 대화할 수 있는 다른 성소수자 친구를 찾기 위해 오래된 온라인 게시판을 뒤지곤 했다. 인류학자 데이비드 밀러(Miller, 2011: 181) 역시 지난 수십 년 동안 우리 사회에 "공동체의 쇠퇴와 그로 인한 도시 군중 속의 고립과 익명성"이 확산되었다는 사실에 동의한다. 그는 이어서 이렇게 말한다. "'공동체'라는 단어의 정확한 의미가 무엇이든 간에 페이스북은 그것을 되살리고 확장한 것으로 보인다(Miller, 2011: 182)." 밀러는 페이스북이 제시하는 우정 모델이 개인이 과거에 잃었던 사회적 네트워크를 재연결하고 공동체를 형성할 수 있도록 돕는다고 주장한다. 사실 이러한 주장은 모든 소셜 미디어 플랫폼의 공통된 메시지이기도 하다. 예컨대 레딧의 사명을 설명하는 홈페이지 첫 문장은 이렇게 말한다. "수천 개의 커뮤니티, 끝없는 대화, 진정한 인간적 연결의 터전(Redditinc.com, 2022)." 페이스북 뉴스피드 책임자였던 아담 모세리는 "페이스북은 사람들을 더 가깝게 연결하고 관계를 형성하기 위해 만들어졌다"라고 말했다(Mosseri, 2018). 유튜브 역시 사명 선언문에서 공동체를 핵심 가치로 내세우며 이렇게 적고 있다. "우리의 사명은 모든 사람에게 목소리를 부여하고 세상을 보여주는 것이다. 우리는 누구나 목소리를 가질 자격이 있다고 믿으며 우리가 서로의 이야기를 듣고, 나누고, 이를 통해 공동체를 만든다면 세상은 더 나은 곳이 될 것이라고 믿는다(YouTube, 2024)." 그러나 이후 살펴보겠지만 소셜 미디어는 이러한 약속을 충실히 실현하지 못하고 있다. 나 역시 진정한 공동체를 찾을 수 있었던 건 결국 지역 성소수자 청소년 모임에 참여했을 때였다. 결국 얼굴을 맞대는 관계가 가장 효과적일 때가 있는 법이다.

    매노스피어 남성은 이 외로움 유행병을 뼛속 깊이 체감하고 있으며 이번 장에서 보겠지만 그 해결책을 찾기 위해 소셜 미디어로 향하고 있다. 이러한 과정은 대체로 사회가 남성으로 하여금 친구를 사귀거나 진정한 관계를 맺지 못하게 막고 있다는 불만에서 시작된다. 예를 들어 한 인셀 포럼의 게시물은 남녀 간 '내집단 선호' 차이, 즉 우정 형성 과정에서의 차이에 대해 문제를 제기한다. 작성자는 여성은 서로 쉽게 유대감을 형성하는 반면 남성은 상호 경쟁하려는 성향이 강하다고 주장한다(남성과 여성이 친구가 될 수 있다는 가능성은 애초에 고려 대상에서 배제된다). 이러한 구조는 남성을 외롭게 만들 뿐 아니라 결과적으로 여성에게 더 많은 사회적 권력이 집중된다고 이들은 믿는다. 해당 게시물 작성자는 이렇게 말한다.

1. 여성은 동성에 대한 선천적 내집단 선호를 가진 유일한 집단이다.
2. 이는 여성이 본능적으로 동성들과 '무리' 또는 '군집'을 형성한다는 뜻이다.
3. 여성은 여성을 신뢰한다. 남성도 여성을 신뢰한다. 그러나 남성은 남성과 싸운다. → 이것이 사회다.

이러한 논리에 따르면 사회는 곧 여성만을 뜻한다. 여성의 인정을 얻기 위해 남성이 애쓰는 것은 사회로 다시 들어가려는 시도이다. 남성은 동성에게도, 이성에게도 모두 외집단으로 간주된다. 결국 남성은 사회에서 사실상 이방인인 것이다.

다른 남성들도 이러한 견해에 동의한다. 예를 들어 한 댓글 작성자는 여성은 별다른 격식 없이 서로 친구가 되는 경우가 많지만 남성, 특히 채드로 불리는 인기 있는 남성은 자신과 비슷한 사회적 지위를 가진 남성과만 친구가 된다고 말한다. 그들은 이렇게 말한다. "학교에서 뚱뚱하고 못생긴 여자애와 인기 있는 여자애가 같은 테이블에 앉아 있는 걸 본 적이 있어. 정말 이해할 수 없었어. 남자 사이에서는 상상도 못할 일이야. 특히 채드는 이상하거나 못생겼다고 여겨지는 남자와는 본능적으로 멀리하려 하니까." 이후 이런 현상의 책임을 여성에게 돌리며 사회와 페미니즘이 남성 간의 사회적 관계 형성을 방해한다고 주장하는 댓글들이 이어졌다. 한 댓글 작성자는 이렇게 말한다. "여기서도 남자끼리 서로 혐오하는 모습이 종종 보이는데 요즘엔 이게 누군가 의도적으로 만든 게 아닐까 하는 생각이 들어. 우리를 분열시키려고 말이야." 또 다른 작성자는 이렇게 덧붙인다. "남자들이 조금이라도 어떤 집단을 형성하고 유지하려 하면 어느 순간 그 집단은 엄청난 공격을 받고 흩어지곤 해. 이런 과정이 반복되고 또 반복되지. 인터넷 오래 한 사람이라면 커뮤니티가 무너지는 걸 수십 번은 봤을 거야. 여자 스파이가 끼어드는 경우도 흔하고 말이야."

믹타우 커뮤니티 회원 중 한 명은 한발 더 나아가 자신의 외로움을 사회 전반적인 도덕성 붕괴 탓으로 돌린다. 〈세상은 비도덕적인 쓰레기장이 되었다 The world has become an immoral shithole〉라는 제목의 글에서 그는 사람 간의 우정과 연결이 사라진 이유가 한때 선하다고 여겨진 모든 것을 무너뜨린 사회의 더 큰 변화 때문이라고 주장한다. 그는 이렇게 말한다.

요즘엔 모두가 양심이 완전히 타락했거나 타락하고 있는 중인 것 같아. 너의 가장 친한 친구도 네 아내와 단둘이 남겨 두면 어떻게든 그녀와 자려고 할 거야. 이제는 금기라는 것도 없고 신성한 것도 없어. 명예라는 건 더 이상 존재하지도 않지. 요즘 도덕성의 상태를 보면 정말 섬뜩할 정도로 불안해.

이 글의 작성자는 자신에게도 만나는 친구는 있지만 그들과 깊이 연결되지 못한다고 말한다. 그는 사회적으로 소외감을 느끼며 자신은 남과는 전혀 다른 도덕적, 정치적 영역에서 산다고 믿는다. 이러한 인식은 현대 우파의 다른 영역에서도 공통적으로 나타나는 특징으로 지적된 바 있다(Gest, 2016; Hochschild, 2016). 예를 들어 앨리 혹실드(Hochschild, 2016)는 자신의 저서 제목을《자신의 땅에서 낯선 이들Strangers in Their Own Land》이라고 붙였는데 이는 우파 성향의 사람들이 자신이 살고 있는 곳, 곧 고향이라 부르는 땅에서 더 이상 소속감을 느끼지 못하는 현상을 가리킨다.

이후 이러한 소외감을 해소할 수 있는 대안으로 매노스피어가 제시된다. 매노스피어는 남성들의 삶을 진정으로 이해하는 집단, 즉 그들이 마음 놓고 기댈 수 있는 내 편으로 그려진다. 실제로 인셀 포럼의 한 게시글에서는 이렇게 말한다. "너희는 나에게 피붙이보다 나은 형제야. 난 이 온라인 인셀 커뮤니티가 정말 좋아." 또 다른 믹타우 커뮤니티 게시글의 제목은 〈너희를 정말 사랑한다는 글!love you guys so much post!〉이다. 이 제목에서 알 수 있듯 매노스피어 내부에서는 공동체라는 주제가 빈번하게 등장하며 이 글 역시 그런 흐름 속에서 공동체를 찬미하는 여러 글 중 하나이다. 앞서 언급한 글에서 작성자는 사람들, 특히 여성과의 관계에서 느끼는 소외감을 토로한 뒤 믹타우 커뮤니티에 대한 애정을 열정적으로 표현하며 이렇게 말한다.

지금의 나, 그리고 앞으로 내가 하게 될 모든 일은 너희 덕분이야. 이 커뮤니티에 얼마나 감사한지 말로 다 할 수 없어.
사랑해. 고마워. 그냥 자기 길을 가는 평범한 남자 중 한 명이, 살아 있고 자유롭다는 사실에 더할 나위 없이 감사한 마음으로.

이처럼 매노스피어는 현대 사회의 잃어버린 공동체성에 대한 해독제처럼 제시된다. 이곳은 남성이 친구를 만나고 연결감을 찾을 수 있는 공간이다. 이러한 인식은 매노스피어의 다양한 플랫폼과 그룹 전반에 걸쳐 나타나며 이 공동체는 사회로부터 받은 상처를 치유하는 데 핵심적 역할을 한다고 여겨진다.

노력과 자기 계발이라는 신화

이처럼 공동체는 매노스피어 남성에게 매우 중요하다. 그러나 논의는 여기서 끝나지 않는다. 왜냐하면 매노스피어는 단순한 사교 모임이 아니기 때문이다. 매노스피어는 남성이 둥그렇게 모여 앉아 세상에 대한 불만을 늘어놓는 동호회가 아니다. 매노스피어 공동체는 더 나은 삶을 살 수 있다는 믿음을 남성에게 심어줌으로써 유지되고 성장한다. 친밀한 공적 영역의 매력은 "차갑고 고된 세상에서 지속적인 위안을 제공할 수 있을 것 같은 가능성"이다(Berlant, 2008: 6). 버런트의 연구(Berlant, 2008)에서 여성은 사랑 서사에 집중함으로써 자신의 불만을 해소하려 한다. 자신을 충분히 가꾸면 사랑을 얻을 수 있고 결국 더 나은 삶에 접근할 수 있다고 믿는 것이다. 그러나 매노스피어는 이를 명확히 거부한다. 친밀감과 사랑에 대한 욕망은 유지하면서도 매노스피어 남성은 사랑 서사는 달성 불가능하다고 굳게 믿는다. 그 이유는 '모든 여자는 다 똑같다AWALT'는 명제로 요약된다. 그 대신 매노스피어 남성은 자기 계발을 통해서만 살아남고 성장할 수 있다고 믿으며 그러한 자기 계발은 매노스피어 공동체가 제공하는 틀 안에서 가능하다고 본다.

　　이러한 믿음은 아이러니하게도 장식적 문화의 기저를 이루는 정신에 바탕을 둔다. 신자유주의와 장식적 문화는 우리가 공동체를 바라보는 방식을 완전히 바꾸어 사회 집단을 점점 더 '네트워크' 중심으로 조직하도록 만들었다(Castells, 1996; Fisher, 2010; van Dijck, 2012; 2013). 매노스피어가 공동체를 형성하는 방식을 이해하는 데 도움이 되는 네트워크 개념에는 두 가지 핵심 요소가 있다. 첫째, 네트워크는 그 정의상 무한히 확장될 수 있다. 네트워크는 거대하다! 그래서 작고 긴밀한 공동체에 의존하기보다는 가능한 한 넓고 얕은 네트워크를 확보하려는 경향이 강해졌다. 비즈니스 세계에서 흔히 이야기하는 '약한 연결의 강점' 개념이 대표적이다. 즉, 소수와의 강한 유대보다 다수와의 느슨한 연결이 목표 달성에 더 유리하다는 발상이다. 둘째, 네트워크는 여러 명이 집단을 이룸으로써 존재하지만 본질적으로는 개인주의적인 개념이다. 네트워크는 개개인이 자신의 목표를 달성할 수 있도록 설계되고 작동한다. 우리가 일을 잘하기 위해 해야 하는 인맥 쌓기의 어색함을 떠올려 보라. 네트워킹은 궁극적으로 자신의 경력을 쌓기 위해 사회적 상호 작용을 활용하는 것에 불과하다. 네트워크에서는 개인이 공동체를 위해 존재하는 것이 아니라 공동체가 개인을 위해 존재한다.

물론 이것이 현대 사회에서 우리가 우정이나 공동체를 형성하는 유일한 방식이라는 주장은 아니다. 매노스피어 구성원을 포함한 수많은 사람은 여전히 친밀한 우정을 쌓고 강한 유대를 형성하며 자신의 깊은 생각과 감정을 나눌 수 있는 관계를 만들기 위해 노력한다. 그러나 데이터가 보여 주듯 이러한 관계를 형성하는 능력은 점점 줄어들고 있다. 에란 피셔의 주장에 따르면 기존의 친밀한 관계는 그가 '자본주의의 네트워크 정신'이라 부르는 개념으로 점차 대체되고 있다. '네트워크 정신'은 신자유주의 사회에서 개인이 남들보다 앞서나갈 수 있는 전략에 대한 전 세계적 내러티브로 네트워크를 통해 개인의 목표 성취와 역량 강화가 가능하다고 약속한다.

우리가 목표 성취와 역량 강화를 이룰 수 있는 가장 좋은 방법은 무엇일까? 정답은 어렵지 않다. 바로 자기 계발이다! 현대 사회는 개인의 목표를 이루기 위해서는 외모든 성격이든 지능이든 혹은 인간관계 기술이든 스스로를 끊임없이 발전시켜 나가야만 한다고 말한다. 그리고 네트워크는 바로 이러한 자기 계발을 위한 수단으로 기능한다.

자기 계발은 물론 새로운 개념이 아니지만 과거에는 주로 여성의 관심사로 여겨져 왔다. 실제로 자기 계발 산업은 오랜 기간 동안 여성을 여성적인 소비자로 만들기 위해 작동해 왔다(Hochschild, 1994; Murphy, 2001; Zimmerman et al., 2001; Hazleden, 2003; 2004; Krafchick et al., 2005; McLean and Vermeylen, 2019). 이러한 흐름은 포스트페미니즘 담론의 일부로 자리 잡았으며 그 속에서 여성은 사회 비판에 몰두하기보다는 죄책감 없는 소비를 즐기는 펀업걸로 자신을 인식하도록 장려됐다(Tasker and Negra, 2007: 3). 그러나 20세기 말에서 21세기 초에 이르러 자기 계발 산업은 점차 남성을 새로운 핵심 타깃으로 삼기 시작했다(Bloch, 2000; Courtney, 2009; Travis, 2009; Almog and Kaplan, 2017; McLean and Vermeylen, 2019).

매노스피어 역시 이러한 흐름의 일부가 되었다. 그 중심에는 남성은 더 개인적이고, 남자다우며, 규율 있는 존재가 될 때 더 나은 삶을 살 수 있다는 믿음이 자리하고 있으며 매노스피어의 리더는 이를 적극적으로 강조한다. 이러한 논리는 레드필 개념 속에 깊이 뿌리내리고 있다. 남성이 레드필을 삼킨다는 것은 단순히 세상의 진실을 깨닫는 것이 아니라 자신을 변혁하는 과정을 의미한다. 브라티치(Bratich, 2024: 95)는 이렇게 주장한다. "레드필은 단순한 인식 변화가 아니라 신자유주의적 사고방식에 깊이 뿌리내린 전략적 자기 계발 체계의 일환이다."

자기 계발은 매노스피어 리더의 핵심 이념으로 자리 잡았다. 예컨대 조던 피터슨(Peterson, 2018)은 전 세계적 베스트셀러《12가지 인생의 법칙12 Rules for Life》을 출간했는데 이 책은 "어깨를 펴고 똑바로 서라", "자신을 도와야 하는 사람처럼 대하라", "편의가 아닌 의미를 추구하라"와 같은 규칙을 제시하며 특히 남성이 더 나은 삶을 살기 위해 따라야 할 원칙을 강조한다. 한편 픽업 아티스트는 남성이 여성을 유혹할 수 있도록 돕는 일련의 기술을 가르친다. 이 분야의 리더는 책을 출간하고 온라인 포럼을 운영하며 오프라인 강좌를 열기도 한다. 이 강좌 중에는 남성이 새로운 기술을 여성에게 실습하기 위해 거리로 나가도록 하는 경우도 많다(O'Neill, 2018a). 앤드루 테이트 역시 이 흐름에서 막대한 수익을 올린다. 그는 허슬러스 유니버시티라는 온라인 대학을 통해 남성에게 돈 버는 비법을 가르치며 큰 부를 축적했다. 그의 웹사이트는 이렇게 홍보한다. "급변하는 오늘날의 세상에서 우리는 실습형 학습 과정, 백만장자 멘토, 학습 지원 커뮤니티, 잠재적 비즈니스 파트너를 제공합니다. 이를 통해 당신이 즉시 사업을 시작할 수 있도록 돕습니다."

이제 이러한 흐름 뒤에 자리한 이념을 살펴볼 필요가 있다. 그 대표적 사례 중 하나는 2018년 11월에 레딧의 레드필 서브레딧 r/TheRedPill에서 진행한 '노 낫싱 노뱀버No Nothing November, NNN' 캠페인이다. 이 캠페인은 인터넷의 다른 영역에서 확산된 '노 팹 노뱀버No Fab Novermber'를 변형한 것으로 여기서 '팹fap'은 자위 행위를 뜻하는 속어이다. 노 팹 노벰버는 서구에서 오랜 역사를 가진 반자위 운동과 연결되며(Hunt, 1998), 최근 들어 다시 부활하고 있다(Burnett, 2022). 레딧에는 이 운동을 위한 전용 서브레딧도 있으며 2023년 7월 기준 구독자는 110만 명에 달한다. 이러한 반자위 사상은 극우 집단의 핵심 규범 중 하나로 자리 잡기도 했다. 예컨대 프라우드 보이즈 같은 극우 집단은 '자위는 남성성을 약화시킨다'는 믿음을 적극적으로 옹호한다(Daggett, 2018). 이 집단은 회원들이 진짜 남자가 되기 위해 따라야 할 규정집을 두고 있으며 그중 상당수는 성적 금욕에 관한 것이다. 그 규칙 중 하나는 이렇게 명시한다. "프라우드 보이즈 회원은 혼자 사정하는 행위를 30일에 한 번 이상 해서는 안 된다. 이 기간 동안 포르노를 시청해서도 안 되며 모든 사정은 반드시 여성의 동의하에 그녀로부터 1야드(약 91cm) 반경 이내에서 이루어져야 한다. 단 그 여성은 성매매 여성이어서는 안 된다(Strozewski, 2023)."

 NNN은 이 반자위 운동의 개념을 변형해 한 달 동안 세 가지 악습을 끊고 매일 한 가지 건강한 활동을 실천하자는 방식으로 진행되었다. 이 챌린지는 11월 1일, 서브레딧 관리자들이 올린 게시글을 통해 공지되었으며 그달 내내 게시물 상단에 '고정'[1]되었다. 게시물은 이렇게 시작한다.

 다시 그 시기가 왔습니다. #NoNothingNov 2018과 함께 우리는 한 달 동안 자기 규율에 집중합니다.

여기에서 알 수 있듯 운영자들은 NNN 캠페인을 곧바로 자기 규율의 실천으로 규정한다. 자기 계발은 남성이 남성성과 남자다움을 강화하는 핵심 수단으로 제시된다(Hinojosa, 2010; Peterson, 2018). 이러한 규율을 통한 남성성 강화 논리는 여성성과 연결된 혼돈에 대한 직접적인 대응으로 이해할 수 있다. 조던 피터슨(Peterson, 2018)은 현대 사회를 지배하는 혼돈적이고 여성적인 에너지에 맞서기 위해 개인이 질서와 규율의 윤리를 채택해야 한다고 주장한다. 그는 논지를 강화하기 위해 종종 종교적 텍스트를 근거로 드는데 이 텍스트들은 여성성을 창조와 자연에 연결하며 이를 혼돈의 요소로 본다. 피터슨에 따르면 남성성은 이성과 공적 영역에 속하며 이는 곧 질서의 이데올로기이자 공간이다. 피터슨은 혼돈을 본질적으로 악하다고 보지는 않지만 사회 관리와 보호에는 적합하지 않은 특성이라고 본다. 따라서 그의 관점에서 현대 사회는 여성성과 혼돈이 과잉된 상태에 있으며 이에 대한 해독제는 다음과 같다. "우리가 영원한 가치를 다시 발견하고 그것을 삶으로 실천하는 것(Peterson, 재인용, Bowles, 2018)."

NNN 캠페인은 참가자들에게 규율에 '집중'할 것을 권장하며 행복하고 성공적인 삶을 이루려면 이러한 집중이 반드시 필요하다는 점을 강조한다. 운영자들은 다음과 같은 사례를 통해 이런 메시지를 반복적으로 상기시킨다.

우리는 매년 11월, 한 달 동안 남성에게 세 가지 악습을 끊는 챌린지를 제안한다. 흔히 새로운 습관을 만들거나 기존 습관을 버리는 데는 21일이면 충분하다고 한다. 지난 해 이 캠페인에 참여했던 사람들은 목표를 달성할 때 느꼈던 강렬한 성취감을 기억할 것이다. 이제 2018년 #NoNothingNov에 도전할 차례이다.

이 게시물은 습관 형성에는 21일이면 충분하다는 것이 이미 널리 알려진 사실이라고 강조한 뒤 과거 캠페인의 성공 사례를 제시하며 더 많은 이들의 참여를 독려한다. 이처럼 지식 체계의 형성은 자기 계발 담론의 핵심 요소이다. 자기 계발 담론은 전문가들이 만든 텍스트로 구성된 공식적인 지식 체계이면서 동시에 일상적인 문화 실천과 자기 이해로 이루어진 비공식적인 체계이기도 하다(Illouz, 2008: 10). 이러한 친밀한 공적 영역 속에서 개인과 공동체는 무엇이 '진실'인가에 대한 지속적인 토론을 이어가며 자신들만의 지식 실천을 발전시켜 나간다(Rose, 1998). 이는 레드필이라는 이념 자체가 형성되는 과정에서도 드러나며 NNN 캠페인에서도 마찬가지이다. 개인의 일화들이 NNN 캠페인 참여를 독려하는 근거로 작용하고 있기 때문이다. 지식은 이 캠페인에 권위와 확신을 부여하며 그 기반이 되는 레드필 삼키기는 자기 확신을 구축하는 방식이며 신자유주의식 하면 된다는 정신을 성적 자기 관리의 영역까지 확장한 것이다(Bratich, 2024: 96).

이어서 레드필 서브레딧의 관리자들은 올해의 도전 과제를 다음과 같이 제시한다.

도전 과제

올해의 도전은 다음과 같다.

한 달 동안 세 가지 악습을 끊어라.

한 달 동안 매일 하나의 좋은 습관을 실천하라.

지난해와 마찬가지로, 올해도 여러분이 한 달 동안(원한다면 더 길게) 끊고 싶은 세 가지 악습을 직접 선택하길 바란다. 작년에는 포르노를 고른 사람도 있었고, 술을 고른 사람도 있었으며, 심지어 레드필을 고른 사람도 있었다(이 배신자들!). 여러분의 삶에서 없애고 싶은 악습이나 방해 요소가 있다면 세 가지를 정하고 과감히 내던져라. 술이나 담배를 골랐다면 당장 집에서 치워라. 포르노를 골랐다면 통제 소프트웨어를 설치하라. 레드필을 골랐다면 지금 이 창을 닫아라. 설탕을 골랐다면 오늘은 실컷 즐겨라. 왜냐하면 오늘 밤 11시 59분 이후에는 핼러윈 사탕을 전부 쓰레기통에 버려야 하니까.

하지 말아야 할 일은 이 정도로 정리했으니 이제 해야 할 일로 넘어가 보자. 하루를 허투루 보내지 않으려면 아무것도 하지 않는 상태를 단호히 거부해야 한다. 매일 반드시 실천할 활동이나 과제를 하나 정하라. 크든 작든 상관없다. 예를 들어 아파트 청소하기, 침대 정리하기, 헬스장 가기(가장 추천하는 활동), 하루에 최소 세 명의 여성과 대화하기, 면도하기, 취미 활동에 하루 한 시간 이상 투자하기 등 무엇이든 좋다. 핵심은 활동을 선택한 뒤 그 일을 어떻게 일정에 포함할지 구체적인 계획을 세우는 것이다. 달력을 펼쳐 그 일을 수행할 시간을 명확히 정하라. 추수감사절 같은 명절도 예외는 없다. 술을 끊겠다고 했다면, 헬스장에 가겠다고 했다면, 핑계는 허용되지 않는다. 반드시 약속을 지켜야 한다.

이 캠페인은 겉으로는 개인이 어떤 습관을 끊고 무엇을 실천할지 자유롭게 선택할 수 있는 것처럼 보인다. 그러나 실제로는 허용되는 것과 허용되지 않는 것에 대한 특정한 규범을 제시한다. 남성은 아파트 청소, 침대 정리, 면도, 헬스장 가기 등 패권적 남성성(Connell, 1995)과 긴밀히 연결된 활동을 선택하도록 권장된다. 이러한 활동은 조던 피터슨의 《12가지 인생의 법칙》에서 강조되는 내용과 유사하다. 남성은 이러한 실천을 통해 자신이 "자수성가한 이상적 남성"(Kimmel, 2011)이 될 수 있다고 믿는다. 그러나 그 이면에서 이 캠페인이 촉진하는 남성성은 백인, 서구, 중산층의 규범에 깊이 뿌리내린 남성성이다(Berlant, 2012).

이러한 보편적 남성성 강화 과정은 커뮤니티 내에서 챌린지 목표와 그 성취 과정을 공개적으로 공유하는 행위를 통해 이루어진다. 구성원은 자신이 선택한 챌린지와 그 진행 상황을 레드필 서브레딧의 자매 사이트인 TRP.Red에 게시하도록 권장된다. 관리자들은 이렇게 말한다.

> **진행 상황을 기록하라**
>
> 개인 블로그나 TRP.Red의 #NoNothingNov 게시판에 챌린지 진행 상황을 기록하라. 먼저 자신이 어떤 목표를 세웠는지 공유하고 그 목표를 어떻게 달성할 계획인지, 실현을 위해 어떤 단계를 밟을 것인지 구체적으로 설명하라. 그리고 매일 #NoNothingNov 해시태그

와 함께 진행 상황을 기록하라. 이렇게 진척 상황을 공유하면 다른 회원들이 당신의 다짐이 얼마나 잘 지켜지고 있는지 함께 점검해 줄 수 있다. 당신 역시 다른 회원들을 적극적으로 격려해야 한다. 어떤 이들에게는 이것이 처음으로 자기 삶의 통제권을 되찾는 시도일 수 있기 때문이다.

NNN을 통해 형성되는 이 공동체는 이론가가 '호모소셜리티'라고 부르는 개념의 대표적 사례이다. 호모소셜리티란 동성 간의 유대와 우정을 형성하는 행위를 의미하며 이 경우는 기본적으로 남성 간의 우정을 가리킨다. 연구자들에 따르면 남성은 이러한 우정과 공동체를 통해 패권적 남성성과 성별 위계를 유지하고 강화한다. 이 과정은 주로 남성 간 경쟁을 통해 이루어지며 그 경쟁의 핵심 대상은 종종 여성이다(Bird, 1996; Lipman-Bluman, 1976; Flood, 2008; Underwood, 2018). 호모소셜리티는 남성이 남성적 위계 속에서 자신의 위치를 높이기 위해 서로 경쟁하는 것을 포함한다. 이들은 부, 권력, 지위, 신체적 능력, 성적 정복과 같은 '남성성의 지표'를 사용해 위계에서 자신의 우위를 주장한다(Kimmel, 1994: 129).

이러한 경쟁적 우정은 '위계적 호모소셜리티'라고 한다(Hammarén and Johannson, 2014). NNN은 그 대표적인 사례이다. 이 캠페인은 전형적인 남성적 행동을 실천하도록 독려하며 종종 여성과의 성적 성공을 얻는 최선의 방법을 논의하는 장으로 기능한다. 이 호모소셜리티는 이성애 남성이 여성 및 섹스를 바라보는 방식을 형성하며(Bird, 1996; Flood, 2008; Chen, 2012) 이와 동시에 남성이 지배적 성별 질서를 유지하는 중요한 메커니즘이 된다(Mac An Ghaill, 1994; Bird, 1996; Messner, 2001; Flood, 2008).

그런데 이처럼 남성에게 목표 달성 과정을 공유하라고 권장함에도 불구하고 NNN의 핵심 목적은 경쟁이 아니다. 매노스피어 남성들이 서로 목표를 나누는 이유는, 누가 더 잘했는지를 겨루기 위해서가 아니라 그 과정을 함께 견디며 서로를 지지하고 연대하기 위해서이다. 이러한 분위기는 캠페인 게시물에 달린 댓글에서도 잘 드러난다. 가장 많은 추천을 받은 댓글의 작성자는 이렇게 말한다. "얘들아, 나 술 끊은 지 100일 째야. 완전히 다른 사람이 됐어." 이에 대한 다른 사용자들의 반응은 전폭적인 응원이었다. "와 진짜 잘했다. 나도 예전에는 매일 술에 절어 살던 놈이야. 지금은 좋은 일 있는 날에만 가끔 마시지. 변화는 오고 있어!" "진심으로 존경한다 형제여! 계속 힘내!", "계속 가자 형, 나도 지금 16개월째인데 이보다 더 좋을 수가 없다. 2~4개월 차가 제일 힘들었어." 이러한 지지의 말은 매노스피어가 때로는 '수평적 호모소셜리티'의 공간으로도 기능함을 보여 준다. 수평적 호모소셜리티란 감정적 친밀감과 정서적 연결, 그리고 사심 없는 우정을 바탕으로 한 동성 간의 유대를 뜻한다(Hammarén and Johannson, 2014: 5). 결국 NNN은 경쟁이 아닌 지지로 이루어진 공동체인 것이다.

하지만 NNN이 본질적으로 지지를 표방하는 캠페인이라 해도 그 지지는 특정한 유형의 남성에게만 주어진다. 바로 남성적인 자기 규율의 언어와 실천을 기꺼이 수용하는 남성이다. 다시 말해 챌린지에 참여해야만 지지를 받을 수 있으며 그 과정에서 겪는 어려움이나 실패, 혹은 캠페인의 전제 자체를 거부하는 논의는 거의 찾아볼 수 없다. 또한 장려되는 실천 역시 매우 제한적이다. "나는 이제 헬스장을 끊겠다"거나 "매일 자위를 하겠다"와 같은 목표는 절대 허용되지 않는다. 남성성을 표현하는 방식에는 '재미'가 거의 존재하지 않는다(Berlant, 2012: 59). 참여하려면 자본주의적 네트워크 정신에 충실한 자기 규율의 언어를 받아들이는 것이 최소 조건이다.

NNN은 매노스피어 남성이 공동체를 형성하는 방식이 얼마나 독특한지를 잘 보여 준다. 그 중심에는 자기 계발이 있다. 남성은 각자 더 나은 삶을 만들기 위해 노력하는 과정에서 서로 유대를 형성한다. 그러나 이러한 유대는 겉보기만큼 단순하지 않다. 협력적이고 배려하는 방식처럼 보이지만 그 이면에는 패권적 남성성의 이상을 강화하려는 목적이 자리하고 있다. 결과적으로 이 공동체는 특정한 행동 양식을 기꺼이 수용하는 남성만이 참여할 수 있는 제한된 공간이 된다.

체력이 국력이다

2016년 대선에서 도널드 트럼프는 '미국을 다시 위대하게'라는 구호로 승리했다. 이 슬로건은 당시 우파 진영의 핵심 신념을 압축적으로 보여 준다. 미국을 비롯한 서구 문명이 쇠퇴하고 있으며 이를 되돌리기 위해서는 진정한 남성적 행동이 필요하다는 믿음이다. 매노스피어 남성 역시 이 인식을 공유하며 자기 계발의 목표를 바로 그 남성적 행동에 둔다. 그들은 자신을 단련함으로써 약화된 서구를 재건할 수 있을 뿐 아니라 그 과정에서 잃어버린 시민성의 감각과 국가 공동체에 대한 소속감까지 회복할 수 있다고 믿는다.

매노스피어 남성은 이러한 목표를 어떻게 달성할 수 있다고 믿을까? 답은 더 강해지는 것이다. 나라를 위해 싸울 만큼 강인해지는 것. 한 레드필 커뮤니티에 올라온 게시물의 제목은 다음과 같다. 〈시민의 의무를 다하라: 운동, 달리기, 스포츠Do your civic duty: LIFT, RUN, and PLAY〉. 이 게시물은 지식 강연 플랫폼 테드 엑스TEDx 의 한 강의 내용을 언급하며 시작된다.

미국의 비만 문제를 다룬 마크 필립 허틀링 중장의 테드 강연은 내가 본 강연 중 가장 인상 깊었다. 시간을 들여 볼 만한 충분한 가치가 있다. 이 강연은 국민 건강에 대한 새로운 관점을 제시하고 레드필이 왜 신체 건강의 중요성을 그렇게 강조하는지도 잘 보여 준다. 그 외에도 다양한 중요한 주제를 다루는 훌륭한 강의이다.

그 강연의 제목은 〈비만은 국가 안보의 문제다Obesity is a National Security Issue〉이다. 이 강연에서 미 육군 유럽 사령부 및 7군 사령관이었던 마크 필립 허틀링 중장은 비만율 증가가 군 입대 가능 인구를 크게 감소시키고 있으며 이로 인한 부상 치료와 의학적 문제로 군에 막대한 비용이 소요된다고 지적한다. 그는 이러한 현상이 미국의 국가 안보를 위협하는 요소가 된다고 강조하며 특히 다른 나라들이 겪고 있지 않은 문제라는 점에서 미국만의 취약점이 되고 있다고 말한다. 이후 그는 이 문제를 해결하기 위해 도입된 '솔저 애슬리트 이니셔티브Soldier Athlete Initiative'라는 프로그램을 소개한다. 허틀링은 자기 계발을 단순히 개인의 문제가 아니라 서구 국가의 생존과 직결된 문제로 묘사하며 이러한 메시지는 매노스피어 남성에게 특히 강한 울림을 주었다. 영상 소개 이후, 게시물 작성자는 이 강연이 남성이 강해지는 것에 집중해야 하는 이유를 명확히 보여 준다고 설명한다.

> 우리는 지금까지 성적 시장 가치를 '높이기 위해' 운동해야 한다고만 생각해 왔다. 그런데 가만히 생각해 보면 그건 그저 부수적인 효과일 뿐이다. 이 강연을 보고 큰 자극을 받았고 나처럼 동기 부여가 필요한 사람들에게도 도움이 되길 바라는 마음으로 이 글을 올린다. 우리는 지금, 나 자신뿐 아니라 내가 지키고 싶은 가치조차 지켜낼 수 없을 만큼 비만해지고 있다.

물론 운동이나 헬스는 개인적인 성장과 발전을 위해서도 중요하지만 게시물 작성자에 따르면 그것은 어디까지나 부수적인 효과에 불과하다. 진짜 중요한 것은 남성의 신체 건강이 국가의 이익에 미치는 영향이다. 작성자는 서구 국가들이 본래 남성성의 힘을 기반으로 세워졌다고 강조한다(Nagel, 1998). 외부의 위협에 맞서 국가를 지켜 온 것은 바로 강인한 백인 남성이라는 것이다. 이러한 인식은 보수 진영 내에 널리 퍼져 있으며 최근의 여러 국제적 위기들은 서구 사회의 탈남성화가 원인이라는 주장이 자주 제기되고 있다. 예를 들어 러시아의 우크라이나 침공 이후 많은 보수 논객는 이를 서구의 '약화' 때문이라고 지적했다. '성별 대명사'나 '사회 정의'에 지나치게 집착하는 문화가 러시아 같은 국가가 힘을 과시할 여지를 주었다는 것이다(Burns, 2022). 일부는 좌파 이데올로기가 서구를 실제로 약화하고 있다고 구체적인 사례를 들어 주장하기도 한다. 토머스 스포어(Spoehr, 2022)는 서구의 '깨어 있음wokeness'(사회적 불평등과 차별에 대해 높은 인식을 가지고 이를 개선하려는 의식을 강조하는 사회적 운동이나 태도 – 옮긴이)이라는 이데올로기가 미국 군대를 약화하고 있다고 주장하며 다음과 같이 말한다.

> 깨어 있음 이데올로기는 여러 방식으로 군의 준비 태세를 약화한다. 인종, 민족, 성별을 기반으로 차이를 강조함으로써 군의 응집력을 약화한다. 진급이 능력에 따른 것인지, 쿼터에 따른 것인지 의문을 제기함으로써 리더십 권위를 약화한다. 이는 군인이 자격이나 준비가 되지 않은 분야에서 복무하게 만들고 훈련 활동과 무기 개발에 필요한 시간과 자원을 낭비하게 만든다.

물론 여기서 보수주의자는 서구 국가들이 오랫동안 겪은 인종차별, 성차별, 동성애 혐오 등을 해결하려는 시도에 대해 불평하고 있다. 더 넓은 의미에서 이들과 매노스피어 남성이 주장하는 바는 백인 남성이 서구 국가들을 떠받치던 시절이 가장 강한 시기였다는 것이다(Berlant, 2008: 110–11). 이를 바꾸려는 모든 시도는, 설령 그것이 우리의 모든 제도 속에 자리 잡은 편견을 받아들이는 것을 의미하더라도 우리의 파멸로 이어질 것이라는 주장이다.

 매노스피어와 극우 진영의 논리에 따르면 서구 국가에서 좋은 시민이 되기 위해서는 성별을 비롯한 각종 사회적 규범을 충실히 따르는 것이 요구된다. 이는 남성뿐 아니라 여성에게도 마찬가지이다. 예를 들어 버런트(Berlant, 2008: 156)는 여성이 진정한 시민권을 획득하기 위해 정치 영역에 참여하되, "민족의 어머니, 가정 경제 전문가, 위기와 욕망, 도덕적 리더십의 관리자"로서 역할을 해야 한다고 지적한다. 이는 앞서 언급한 트래드 와이프 운동을 떠올리게 한다. 이들은 극우 진영과 강하게 연계된 여성 집단으로, 여성은 결혼 제도 안에서 더 전통적인 역할로 되돌아가야 한다고 주장한다(Kelly, 2018). 전통적 아내상으로 돌아가고자 하는 트래드 와이프 운동은 단순히 일부 여성의 삶과 세계에 대한 불만을 반영하는 데 그치지 않는다. 이들은 전통적 방식의 삶으로 돌아가는 것이 자신들이 잃어버렸다고 느끼는 세계를 되찾는 길이라고 믿는다(Kelly, 2018).

 반면에 남성은 강하고 건강해야 한다는 기대를 받는다. 왜냐하면 백인 남성의 몸은 국방의 책임을 지고 있기 때문이다(MacKinnon, 1989; Berlant, 2008). 원 게시물 작성자는 바로 그 남성의 몸이 공격받고 있다고 주장하며 사회의 여성화 때문에 "우리는 사실상 우리가 소중히 여기는 것을 지킬 수 없을 정도로 비만해지고 있다"라고 말한다. 이어서 작성자는 남성들이 어떻게 변화해야 할지에 대해 다양한 의견을 다음과 같이 제시한다.

2030년까지의 전망을 봤을 때, 만약 당신이 식단을 조절하고, 주 3회 조깅을 하며, 자기 전 푸시업 20개만 꾸준히 해도, 미국 평균 남성들보다 신체적으로 더 강하고 건강한 상태가 될 것이다(즉 SMV가 높아질 것이다).
다른 건 몰라도 아래 목표만은 반드시 달성하라.

- 2분 안에 푸시업 35개 이상
- 2분 안에 윗몸 일으키기 50개 이상
- 2마일 달리기 18분 이내 완주

이 세 가지만 해낼 수 있다면 당신은 육군 체력 테스트의 최소 기준을 통과할 수 있다.

이 조언들은 테드 엑스 강연에서 헤틀링 중장이 소개한 솔저 애슬리트 이니셔티브의 핵심과 맞닿아 있다. 강연에서 그는 이렇게 말했다. "전장에서 최고의 성과를 내고 싶다면 챔피언처럼 훈련해야 한다." 이 이니셔티브는 기존의 군인 훈련 방식을 근본적으로 혁신했다. 장병을 위해 물리 치료사와 운동 트레이너를 배치하고 병영 식당의 식단까지 개선했다. 이 변화는 '장병에게 에너지를 공급한다'는 슬로건으로 홍보됐다. 헤틀링은 이러한 원칙이 군인뿐 아니라 모든 사람에게 적용 가능하며 반드시 실천해야 한다고 강조한다. 그는 정부나 기관이 제공하는 몇 가지 비만 예방 프로그램을 긍정적으로 언급하면서도, 이 문제는 궁극적으로 개인이 해결해야 할 과제라고 말한다. 스스로 학교나 음식점에 영양가 있는 식단을 요구하고, 삶의 균형을 유지하며, 꾸준히 운동하고, 자녀에게 모범적인 행동을 보여야 한다는 것이다.

헤틀링의 강연과 매노스피어 게시글의 공통점은 남성의 몸이 사회에 기여하기 위한 거래 가능한 자산으로 제시된다는 점이다. 매노스피어 남성에게 몸은 마지막 보루, 국가와 페미니즘에게서 받은 상처를 극복할 최후의 수단이다. 그들은 이미 스스로를 상처 입고 무력한 존재로 규정했고 정치에 대한 기대는 오래전에 접었다. 그런 상황에서 남은 유일한 변화 가능성은 바로 자신의 몸이다. '몸을 바꾸면 세상을 바꿀 수 있다.' 이것이 매노스피어 남성이 붙잡는 마지막 전략이다. 흥미로운 것은 헤틀링과 매노스피어 게시글 모두 몸 바깥의 변화는 전혀 언급하지 않는다는 점이다. 국가 안보에 대한 위협을 해결하기 위한 정책이나 정치적 대안은 없다. 해답은 오직 하나, 몸의 단련뿐이다.

여기에서 주목해야 할 점은 이러한 논리는 백인 우월주의 사고와 매우 밀접하게 맞닿아 있다는 사실이다. 매노스피어 게시글은 다음의 문장으로 마무리된다.

신체의 건강이 제대로 된 남성의 필수 조건임을 인정해야 한다. 근육을 키우는 데 그치지 말고 제대로 먹고, 달리고, 스포츠를 즐겨라. 그렇지 않으면 2030년에는 뚱뚱한 놈들이랑 계집애 같은 남자들이 유럽을 이민자로부터 해방하겠다며 총 들고 전장에 나서야 하는 날이 올 테니까.

백인 우월주의 사상을 신봉하는 집단과 개인은 흔히 이렇게 주장한다. 남성성의 약화가 서구 국가의 쇠퇴로 이어졌고, 그 결과 이민자들의 '침략'뿐 아니라 타인종에 의한 백인 인종의 '대체'를 허용했다는 것이다. 이러한 '대대적 교체'라는 개념은 특히 백인 인구의 출산율 하락이 민족주의적 대체, 나아가 '백인 집단 학살'로 이어질 것이라는 주장으로 확장된다(Kiper, 2021). 예를 들어 2019년 뉴질랜드 크라이스트처치에서 한 남성이 두 곳의 모스크에서 총격을 가해 51명을 살해했다. 그는 온라인에 올린 선언문에서 무슬림을 주요 표적으로 삼았고 그 이유로 이들의 침략과 서구 남성성의 약화를 언급했다

이 모든 상황에 가장 큰 책임져야 할 사람들은 바로 우리 자신, 유럽 남성이다. 강한 남성은 민족적으로 대체되지 않으며 강한 남성은 자기 문화를 타락하도록 내버려 두지 않고 자기 민족이 사라지도록 허용하지 않는다. 지금의 상황은 약한 남성에 의해 만들어졌고 이를 바로잡기 위해서는 강한 남성이 필요하다.

이 선언문은 앞서 언급한 이민자로부터 유럽을 해방해야 한다는 주장과 유사하며 매노스피어 게시글 작성자가 직접 올린 요약문에서도 그 맥락이 드러난다.

요약: 당신의 뚱뚱한 몸이 국가 안보를 위협한다.

그가 말하고자 하는 바는 분명하다. 서구 남성은 몸이 비대해지고 정신적으로도 무기력해졌지만 세계 다른 지역의 남성은 여전히 강인하다는 것이다. 따라서 이 문제를 해결하는 일은 매노스피어 남성뿐 아니라 모든 남성의 과제로 제시된다. 그 해결의 핵심은 체력, 즉 몸에 집중하는 데 있다. 여기서 몸은 단지 서구를 구원할 도구로만 그려지는 것이 아니다. 남성이 다시 서구 사회에 접근하고 그 공동체에 자리 잡을 수 있는 열쇠로 제시된다. 남성은 강한 몸을 통해 서구의 개념과 공동체를 자신들의 이미지로 재구성하려는 것이다.

소비주의로의 도피

자기 계발은 남성에게 국가와의 연결감을 제공할 뿐 아니라 소비하는 시민이라는 네트워크를 형성한다. 소비는 그 자체로 이상화된 남성성을 홍보하는 수단이며 매노스피어 남성은 이를 통해 이상적인 남성성을 구현하고자 한다. 이들은 소비를 통해 자신의 상처에서 벗어나 더 나은 삶을 구축할 수 있다고 믿는다. 그러나 이러한 도피는 단독으로 이루어지는 것이 아니라 매노스피어라는 공동체를 통해 가능해진다. 이는 이 공동체가 하나의 네트워크로 작동한다는 점을 보여 주는 대표적인 사례이다. 남성은 이 네트워크를 통해 어떻게 하면 가장 이상화된 개인주의적 삶을 살아갈 수 있을지에 대한 다양한 단서를 찾아 나간다.

믹타우 커뮤니티는 여러 측면에서 개인주의적 담론을 가장 극명하게 드러낸다. 그 핵심은 남성이 '자신만의 길을 가는 것', 현대 사회의 속박에서 벗어나 자기 계발을 통해 해방을 추구하는 데 있다. 믹타우는 남성이 현대 세계에서 벗어나 더 나은 삶을 살기 위해 네 가지 단계를 거친다고 주장하며 이 단계를 다음과 같이 설명한다.

첫 번째 단계(상황 인식 단계)의 남성은 자신이 여성에게 이용당하고 조종당한다고 인식하지만 여전히 결혼 제도에 대한 신뢰는 유지한다. 이 단계는 흔히 '퍼플필purple pilled' 단계라고 한다. 두 번째 단계는 남성이 동거, 장기 연애, 결혼을 거부하지만 성적 욕구를 충족하기 위해 단기적인 연애 관계는 유지한다. 세 번째 단계의 남성은 단기적 관계마저 거부하며 여성과의 접촉을 가능한 한 최소화한다. 네 번째 단계, 즉 믹타우 심화 단계에서는 남성이 국가와 사회와의 관계까지 줄이려 하며 이는 직장 선택 등 사회적 참여 방식에도 영향을 미친다. 이러한 상태를 흔히 '잠수 타기'라고 한다.

그림 4.1 MGTOW 서브레딧 게시물 〈사륜 바이크〉

믹타우는 일부 이론가가 '강한 개인주의'라고 부르는 개념, 즉 인생 전반을 본질적으로 혼자 살아갈 수 있다는 믿음을 기반으로 한 대표적인 공동체이다(Illouz, 2008). 그러나 아이러니하게도 남성은 이러한 생각을 이야기하고 공유하며 확산하기 위해 여전히 매노스피어라는 공동체를 찾는다. 믹타우는 강한 개인주의를 일관되게 실천하고 홍보하는데 그 대표적인 방식이 자신의 삶에 일어난 변화를 보여 주는 사진을 꾸준히 게시하는 것이다. 이런 사진에는 본인의 얼굴이 담기지 않는데 이는 공식적인 규칙 때문이 아니라 개인 정보를 드러내는 것을 경계하는 공동체의 분위기 때문이며 일종의 암묵적 윤리로 작동한다. 그 대신에 그림 4.1에서 볼 수 있듯이 남성들은 믹타우를 통해 얻은 새로운 삶을 보여 주는 이미지를 공유한다. 새로 구입한 물건, 아파트, 여행지 등이 대표적인 예이다. 얼굴이 등장하지 않더라도 이러한 사진은 자기 얼굴을 찍은 셀피와 유사한 기능을 수행한다. 즉, "관계의 형태로 인간의 감정을 전달하는" 매개이자 "개인, 공동체, 대중에게 서로 다른 메시지를 전달하는 제스처"로 작용한다(Senft and Baym, 2015). 매노스피어 남성은 이러한 사진을 통해 자신의 변화와 성취를 과시하는 동시에 다른 남성들에게도 비슷한 성공을 달성할 수 있다는 메시지를 전달한다.

그림 4.1에서 한 남성은 곧 구입할 사륜 바이크의 사진을 올린다. 게시글에서 그는 1년 전 술과 담배를 끊었고 그 덕분에 바이크를 살 만큼의 돈을 모을 수 있었다고 이야기한다. 여기서 바이크는 단순한 소비재가 아니다. 그것은 작성자가 알코올과 담배에 의존하던 삶에서 벗어나 규율을 갖춘 이상적 남성상으로 변화했음을 보여 주는 상징이다. 자기 계발을 통해 절제력을 기른 그는, 예전에는 감히 꿈꾸지 못했던 값비싼 소비재로 자신을 보상할 만큼 삶을 개선한 것이다.

이 사례에서 사륜 바이크는 그 남성이 이룬 모든 성취를 상징한다. 이 바이크는 단순히 개인적 소비의 결과를 넘어 버런트(Berlant, 2008)가 말하는 '종교적 아우라'를 띠게 되며 그 안에는 영혼과 준행위자성이 부여된다(Marx, 1990). 사륜 바이크는 단순히 사회로부터의 도피 가능성을 보여 주는 데 그치지 않고 이를 추구하는 남성에게 정당성, 더 나아가 영광을 획득할 가능성까지 제공한다(Berlant, 2008: 242). 그것은 그의 최종적 성취이자 가장 빛나는 업적이 된다.

이 남성의 성공은 공동체에서 큰 환영을 받으며 다양한 축하 댓글이 이어졌다. "정말 대단하다!", "진짜 재미있어 보이네!", 혹은 장난스럽게 "축하해! 근데 헬멧도 사야지, 이 미친놈아!"라는 반응도 눈에 띈다. 대부분의 댓글은 작성자에게 축하와 격려를 보내는 내용이다. 특히 주목할 점은 많은 댓글이 단순한 축하를 넘어 자신의 경험을 공유한다는 것이다. 예컨대 한 사용자는 이렇게 쓴다. "잘했어, 친구! 나도 1년 동안 술을 끊기로 결심했어. 12월 22일부터 시작했는데 이렇게까지 변화가 크게 느껴질 줄은 몰랐어." 또 다른 댓글은 이렇게 말한다. "축하해! 나도 담배랑 술을 끊었어! 그냥 평화를 얻는 것만으로도 가치가 있더라! 이제 더 이상 악마가 날 끌어내리지 않아!" 심지어 어떤 이는 이 게시물이 자신에게 변화를 결심하게 했다고 고백한다.

> 심각한 우울증이랑 이런저런 문제 때문에 거의 10년 동안 술을 마셨다 끊었다를 반복했어. 하지만 이제는 건강을 지키고 파산하지 않으려면 바뀌어야 한다는 걸 깨달았어. 그동안 술에 쓴 돈은 계산할 엄두도 안 나. 어쨌든 이렇게 큰 변화를 이뤄낸 네가 정말 대단해.

이 게시물은 중독과 관련된 개인적 경험담을 공유하도록 사람들을 이끈다(Ahmed and Stacey, 2001). 사용자들은 작성자의 이야기를 발판 삼아 자신의 경험을 덧붙인다. 그러나 이 공간은 끝없는 하소연을 허용하지 않는다. 대화에 참여하려면 현재 혹은 미래에 자기 규율을 실천하려는 의지를 보여야 한다. 이 게시물은 자기 계발 문화를 촉진하며 여기서 절제는 단순히 내적 가치로 머물지 않는다. 절제를 통해 얻은 성과는 새로운 소비재로 보상되고 그 혜택이 공동체 안에서 널리 홍보되는 과정을 통해 더욱 강화된다.

매노스피어 남성은 소비재를 단순히 자기 계발의 상징으로만 여기지 않는다. 그것은 여성과 자신을 구별하는 도구이기도 하다. 원글 작성자가 여성이나 연애 관계에 대해 전혀 언급하지 않았음에도 댓글은 곧 이 주제로 옮겨갔다. 예컨대 한 사용자는 자신의 약물과 술 중독 경험을 전 연인과의 관계에 빗대어 길게 이야기하며 결국 자신을 중독으로 몰아넣은 책임이 전처, 더 나아가 여성 일반에게 있다고 주장한다.

> 아내가 사흘 전에 집을 나갔어. 그런데 이상하게 그 이후로는 술도 약도 전혀 생각이 안 나. 조금도 하고 싶지 않아. 게다가 돈만 잡아먹던 그 여자가 사라지니까 사흘 만에 100~200달러는 절약했더라. 우리가 외식했는지, 집에서 먹었는지에 따라 차이는 있지만.

또 다른 사용자도 비슷한 경험담을 털어놓는다. "싱글맘이랑 정말 최악의 관계였어. 그 실수를 잊으려고 매일 맥주를 마셔야 했지." 이 서사는 조던 피터슨(Peterson, 2018)이 강조하는 담론과도 닮아 있다. 여성성은 혼란의 원천으로 간주되며 남성을 술과 담배 같은 악습으로 내모는 힘으로 묘사되기 때문이다. 이러한 혼

그림 4.2 MGTOW 게시물 〈아파트〉

란을 차단하는 해법은 자기 계발이 요구하는 규율과 그 규율을 통해 얻는 소비재에 있다. 이는 남성 개인의 문제를 넘어 사회 전반을 구원하는 해독제로 제시된다.

이러한 성별화된 담론은 앞서 살펴본 사륜 바이크 사례를 비롯해 상품화된 셀피 전반에 걸쳐 반복된다. 그림 4.2에서 한 남성은 자신의 아파트 사진을 게시하며 이를 유해한 전 여자친구를 떠난 뒤 되찾은 자유의 상징이라고 설명한다. 이처럼 전 연인에 관한 이야기는 이러한 이미지에서 흔히 등장하며 '유해한' 파트너는 종종 여성 일반을 대표하는 기호로 사용된다. 이러한 여성을 거부함으로써 매노스피어 남성들은 자신을 자수성가한 존재로 제시하고 나아가 이상화된 '보편적' 남성 주체에 접근할 수 있는 자격을 증명한다(Kimmel, 2011).

남성의 아파트 사진에는 보통 TV, 컴퓨터 같은 첨단 기기와 각종 오디오, 비주얼 장치가 자리한다. 이는 문화적으로 '맨케이브'라는 개념의 정점을 보여 주는 사례다(Browitt, 2017). 다만 매노스피어에서 나타나는 맨케이브는 전통적으로 연상되는 공구나 자동차 같은 육체 노동 기반의 물건 대신에 컴퓨터, 스크린, TV 등 기술 중심의 남성성을 상징하는 기기로 채워져 있다는 점이 특징이다(Ging, 2017; Massanari, 2017; Salter, 2018). 컴퓨터, 디지털 기술, 게임은 본질적으로 남성적인 것으로 간주되며 많은 매노스피어

그림 4.3 MGTOW 게시물 〈너희들 이런 아파트에서 살지〉

남성은 이러한 공간이 남성의 영역이라고 주장한다(Salter, 2018; Maloney et al., 2019). 특히 컴퓨터와 게임은 여성을 피할 수 있는 완벽한 피난처로 여겨진다. 여러 대의 TV와 컴퓨터 스크린, 여러 개의 어항이 놓인 방 사진이 담긴 게시물의 제목은 이렇게 말한다. "아내도 애도 없는 남자의 삶." 여성은 남성이 이상화된 소비재적 삶을 실현하는 데 있어 가장 큰 장애물로 묘사된다.

흥미로운 점은 매노스피어 남성이 소비재를 그토록 중시하면서도 정작 자신들은 여성만큼 소비에 집착하지 않는다고 주장한다는 것이다. 그림 4.3에서 보듯 이들은 여성이 남성의 집 상태를 비난하는 이미지를 종종 재게시한다. 해당 이미지에는 TV와 의자 하나만 놓인 방 사진이 있으며 여성으로 보이는 댓글에는 이렇게 적혀 있다. "너희는 이런 아파트에서 살면서도 아무 문제 없다고 생각하지……?" 이 공격적인 뉘앙스는 남성이 이렇게 단출한 공간에서 사는 것을 우스꽝스럽게 여기고 더 많은 소비재가 필요하지 않다는 사실을 비정상적으로 본다는 의미를 담고 있다. 이에 한 남성은 이렇게 응수한다. "남자들이 그냥 앉아 있는 것만으로도 행복할 수 있다는 게 여자들을 미치게 하지."

매노스피어 남성은 여성의 이른바 과도한 소비 집착을 비판하며 이를 하이퍼가미와 연결 짓는다. 그림 4.4는 믹타우 커뮤니티에서 인기 있는 게시물이다. 이 게시물은 트위터(현 엑스)에서 재게시된 것으로 한 여성이 크리스마스 트리 아래에서 찍은 사진과 함께 이렇게 적었다. "선물 사는 데 돈 낭비할 필요 없어. 그는 이미 최고의 선물을 가지고 있으니까. 그건 바로 나!" 이에 한 남

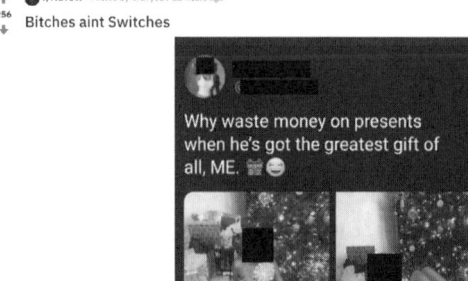

그림 4.4 MGTOW 게시물 〈여자가 게임기랑 같을 순 없지〉

성이 이렇게 답한다. "난 닌텐도 스위치[2]를 원했는데, 젠장.[3]"

    이 예시는 매노스피어 남성이 여성의 소비 집착을 비판하면서도 동시에 여성이 남성에게는 선물을 제공하지 않는다는 점을 꼬집는 방식을 잘 보여 준다. 그리고 이런 논리는 결국 남성은 스스로에게 의존해야 한다는 믿음을 강화한다.

    믹타우 구성원은 자신들이 영혼과 준행위자성을 부여한 소비재를 통해 해방을 추구한다. 이 상품은 단순한 물건이 아니라 좋은 삶을 살 수 있는 능력을 상징하는 기호로 작동한다. 이런 점에서 매노스피어는 버런트(Berlant, 2008: 141)가 여성 문화를 설명하며 지적한 메커니즘과 유사하게 움직인다. 즉, 시민권의 정당성이 상품과 결합되면서 자본주의 사회에서 좋은 시민이자 행복한 사람이 되기 위해서는 많은 물건을 소유해야 한다는 믿음이 강화되는 것이다.

그러나 이러한 관계는 근본적으로 모순적이다. 매노스피어 남성은 여성의 과도한 소비 집착을 비판하면서도 정작 자신들 역시 상품에 대한 접근을 중시하기 때문이다.

가짜 얼굴을 한 네트워크

이곳은 병원이다. 당신을 치료하고 다시 길을 나서게 하기 위한 곳이다. 그렇기에 여기서는 추한 것을 보게 될 것이다. 끔찍한 질병을 보게 될 것이고, 혐오스러운 것을 보게 될 것이며, 고통스러운 것을 보게 될 것이다.

하지만 이 병원에서 오래 지낸 우리 몇몇과 열심히 배우는 젊은 인턴은 남성의 영혼을 치료하는 의사가 되었다. 우리가 하는 일은 게시물과 댓글에서 확인할 수 있다. 우리의 치료 방식 중 일부는 그 자체로 역겹고, 불쾌하고, 잔인하며, 어쩌면 슬프기까지 하다. 때로는 독이 쓰이고, 바깥 세상에서는 결코 용납될 수 없는 방법이 동원되기도 한다. 그러나 그것은 필요하다. 당신이 다시 길을 떠나 자신만의 길을 걷고 앞으로 건강한 남성의 삶을 살 수 있도록 하기 위해서다.

〈믹타우 병원 안내문MGTOW Hospital Advisory〉이라는 제목의 이 게시물은 믹타우 서브레딧 r/MGTOW에서 가장 눈에 띄는 글이다. 이 글은 믹타우를 병원에 비유하며 매노스피어를 불만을 토로하는 공간이자 그 불만에서 치유 받는 공간으로 자리매김한다.

앞서 살펴보았듯 매노스피어는 남성이 불만을 표출하는 공간일 뿐 아니라 일정한 규율을 따르고 충분히 노력하면 더 나은 삶을 살 수 있다는 환상을 만드는 곳이기도 하다. 이러한 친밀한 공적 영역은 참여자에게 강력한 끌림을 주는데 그 이유는 이곳이 "차갑고 가혹한 세상에서 벗어나 안식을 누릴 수 있는 장소"처럼 느껴지기 때문이다(Berlant, 2008: 6). 남성들은 매노스피어가 제시하는 자기 계발 기법을 따르고 네트워크에 참여함으로써 이러한 안식에 도달할 수 있다고 믿는다. 이를 통해 "세상의 현실을 직시하면서도 살아남고, 번영하고, 나아가 초월할 수 있는 지혜를 익힐 수 있다"라고 여긴다(Berlant, 2008: 2). 이러한 특징은 앞서 언급한 게시물에서 잘 드러난다. 운영자들은 매노스피어를 치유의 공간으로 묘사하지만 그곳에서 사용되는 기법은 "역겹고, 불쾌하고, 잔인하며, 어쩌면 슬플 수도 있는" 방식이다. 그럼에도 이들은 그것이 반드시 필요하다고 강조한다. 매노스피어는 마치 모든 것을 더 나아지게 만드는 마법 같은 공간으로 제시된다.

그러나 현대 사회에서 이러한 네트워크가 전통적인 공동체를 대체하는 데에는 심각한 문제가 있다. 이 장의 서두에서 언급했듯 공동체가 중요한 이유는 개인이 단순히 "사적 개인과 가족, 경제적 생산자, 소비자, 투자자" 이상의 존재가 될 수 있는 공간이기 때문이다(Brown, 2019: 28). 너무나 자명한 이야기일 수 있지만 우리는 모두 친구와 공동체를 필요로 한다. 함께 삶을 나누고, 즐거움을 공유하며, 울고, 친밀함을 나누고, 그 외에도 수많은 감정과 경험을 함께하기 위해서이다. 우리는 사회적 존재이며 누구나 이런 관계를 어느 정도는 필요로 한다. 문제는 네트워크가 겉보기에는 이러한 기능을 제공하는 것처럼 보이지만 실제로는 그렇지 않다는 데 있다. 네트워크는 공동체의 모습을 흉내 내며 '가짜 얼굴'을 내세우지만 공동체가 본래 해소해야 할 문제를 오히려 더욱 악화한다. 심지어 우리의 가장 친밀한 관계마저 상업화하여 그것을 또 하나의 생산, 소비, 투자 경로로 전환한다. 매노스피어는 남성을 위한 새로운 공동체를 재구성한다고 주장하지만 실상은 그 정반대의 기능을 한다. 남성을 그들이 원래 벗어나고자 했던 바로 그 세계로 다시 끌어들이는 것이다.

자기 계발의 배신

첫 번째로 지적할 수 있는 큰 문제는 자기 계발에 대한 집착이다. 자기 계발은 실질적인 해결책을 제시하지 못할 뿐 아니라 오히려 매노스피어 남성을 서로와 그리고 자기 자신과 점점 더 고립되게 한다. 팔루디(Faludi, 1999: 15)가 지적했듯 "남성에게 제시되는 해법은 대개 그들이 자신을 점점 더 고립된 존재로 인식하게 만드는 것"이며 이는 매노스피어의 경우에도 그대로 적용된다.

이러한 현상은 잔인한 낙관주의의 전형적인 사례다. 매노스피어 남성은 자기 계발 논의에 몰두하면서 오히려 자신의 상황을 악화하는 시스템에 계속해서 시간, 에너지, 희망을 투자하게 된다.

이 점은 특히 매노스피어가 제시하는 자기 계발이 남성에게 이상화된 남성성을 온전히 받아들이거나 최소한 그렇게 보이도록 요구하는 방식에서 두드러진다. 앞서 살펴본 것처럼, 매노스피어의 자기 계발은 모두 진정한 남성이 되는 데 초점을 맞춘다. 매노스피어 남성은 남성성을 되찾는 것이야말로 더 나은 삶을 만들고 나아가 더 넓은 사회 공동체에 다시 합류할 수 있는 길이라고 굳게 믿는다.

이러한 접근은 매노스피어만의 고유한 방식이 아니며 사실 여성 문화에서 오랫동안 사용되어 온 전략을 그대로 모방한 것이다. 여성 문화의 친밀한 공적 영역은 '일반적이면서도 고유한' 여성성을 만들며 이는 여성으로 하여금 그 지배적인 조건을 거부하거나 양가적인 감정을 갖는다 해도 이 친밀한 공적 영역의 다른 구성원이 알아볼 수 있는 존재가 되리라는 기대를 갖도록 훈련한다(Berlant, 2008: 6). 겉으로는 다양성과 개성을 강조하는 듯 보이지만 실제로는 소속감을 얻기 위해 일정한 방식으로 자신을 구성하고 표현하도록 만드는 사회적 훈련이 존재한다. 포스트페미니즘은 이러한 흐름을 한층 강화한다. 여성은 이제 자신의 삶을 바꾸기 위해 구조가 아니라 자기 자신을 바꾸라는 메시지를 받는다. 직장에서 성공하기 위해 '린 인lean in'(페이스북 전 COO 셰릴 샌드버그Sheryl Sandberg가 2013년에 출간한 책《린 인》에서 대중화된 표현으로 여성에게 더 적극적으로 나서고, 리더십을 발휘하며, 자신의 자리를 요구하라는 메시지를 담고 있다 - 옮긴이) 하라는 요구, 자기 효능감을 위해 외모를 가꾸라는 조언, 결혼 생활, 신체 건강, 정신적 안정을 유지하기 위해 자기 계발서, 피트니스 앱, 헬스장, 명상 프로그램을 소비하라는 압박이 그것이다(Ging, 2019: 51). 깅(Ging, 2019: 51)은 이어서 이러한 경향이 단지 개인적 문제 해결에 그치지 않고 신자유주의 자본주의에 이익을 제공할 뿐 아니라 성평등을 촉진하고 성차별의 구조적 원인을 해결해야 할 국가의 책임을 회피하게 만드는 효과까지 낳는다고 지적한다.

여기에는 분명한 한계가 존재한다. 문제는 이러한 '일반적이면서도 고유한' 남성성의 이상을 대부분의 남성이 실천할 능력도, 여유도 없다는 데 있다(Berlant, 2012: 57). 예컨대 NNN을 제대로 실천하고 몸을 단련하며 다양한 상품을 획득하는 일은 단순히 강한 자기 규율만으로 되는 것이 아니다. 이 모든 활동은 상당한 시간과 금전적 자원을 필요로 한다. 헬스장 이용과 운동 기구는 비싸고 사륜 바이크나 아파트, 전자기기 또한 쉽게 접근할 수 있는 것이 아니다. 게다가 이러한 자기 계발 활동에는 많은 시간이 소요되며 생계를 위해 여러 일을 병행하거나 자녀 양육이나 돌봄 책임을 진 사람들에게는 그런 시간을 내는 것조차 어렵다. 장애를 가진 사람의 경우는 더욱 큰 제약에 직면한다. 이 모든 활동은 정상적인 신체를 전제로 하기 때문이다. 결국 매노스피어가 이상으로 제시하는 남성적 성공은 특정한 조건을 갖춘 일부 남성에게만 열려 있다. 신체적으로 건강하고, 중산층이며, 경제적으로 여유가 있고, 자기 계발에 시간을 투입할 수 있는 남성만이 그 기준에 도달할 수 있다. 이처럼 남성성은 본질적으로 잔인한 낙관주의의 구조 속에 갇혀 있다. "남성은 처음부터 실패할 수밖에 없는 구조 속에 놓여 있으면서도 동시에 실패는 결코 남성답지 못한 것이라는 메시지를 끊임없이 듣는다. 왜냐하면 남성성 자체가 성공을 전제하기 때문이다(Allan, 2018: 181)."

문제는 단순히 자원의 부족에만 국한되지 않는다. 매노스피어가 선전하는 헤게모니적 남성성은 대부분의 남성이 결코 도달할 수 없는 하나의 고정된 틀을 제시한다. 이 헤게모니적 남성성은 감정에 휘둘리지 않는 '이성적 남성'이라는 이상화된 모델을 중심에 둔다(Nicholas and Agius, 2017). 그러나 앞서 살펴본 바와 같이 매노스피어의 이데올로기와 담론은 오히려 감정과 정서를 중심으로 구성되어 있다. 매노스피어는 서로 모순되는 두 가지 메시지를 동시에 전달하고 있는 셈이다. 하나는 친밀한 공적 영역을 통해 전통적으로 비남성적으로 여겨지는 감정 중심의 존재 방식을 장려하는 것이고, 다른 하나는 남성이 겪는 모든 문제를 해결하려면 남성성으로의 회귀만이 유일한 해법이라고 주장하는 것이다. 그 결과 자기 계발 담론은 대부분의 남성이 도달할 수 없는 완벽한 남성상을 만들어낸다. 특히 이들이 비남성적이라고 간주하는 감정이 매노스피어의 다른 영역에서는 오히려 강조되고 있다는 점을 고려하면 이런 이상은 더욱 실현 불가능하다. 버런트(Berlant, 2012: 61)는 이와 관련해 다음과 같이 지적한다.

남성은 다른 남성들이 수행하는 규범적 실천을 모방함으로써 남성성을 습득한다. 여성도 마찬가지이다. 모든 이성애자 역시 전통적 성별 구분을 동원해 동일한 과정을 반복한다. 그러나 어떤 성적 주체도 끝내 완벽한 전형이 될 수는 없다.

자기 계발은 거의 언제나 실패로 귀결되기 마련이다. 그 이유는 자원의 제약뿐 아니라 자기 계발이 만드는 비현실적이고 달성 불가능한 기대 때문이다. 그러나 이러한 실패는 매노스피어 내부에서 좀처럼 논의되지 않는다. 실패 자체가 남성적이지 못한 것으로 간주되기 때문이다. 실패를 인정하는 순간 그것은 공동체 안에서 자신의 위치와 정체성에 대한 심각한 위협으로 작동한다. 결국 실패는 말해지지 못한 채 감춰지고 표현되지 못한 채 남는다. 이 같은 현상을 앨런(Allan, 2018: 182)은 다음과 같이 설명한다.

> 남성성을 추구하는 행위는 남성적이다. 하지만 실패는 그렇지 않다. 실패를 인정하는 순간 우리는 이전에 생각했던 것보다 더 남성적이지 않다는 사실을 스스로 드러내게 된다. 그리고 그 순환은 멈추지 않는다. 우리는 끊임없이 남성성에서 멀어지는 악순환 속에 갇힌다.

이 악순환은 본질적으로 잔인하다. 남성이 남성성에 집착할수록 그 집착이 오히려 자신의 성장과 번영을 가로막는 족쇄가 된다. 매노스피어는 남성에게 시민권과 이상화된 주체성을 약속하는 시스템처럼 보이지만 실제로는 그 목표를 실현할 수 없다. 그 이유는 간단하다. 그들이 추구하는 이상화된 주체성 자체가 애초에 존재하지 않기 때문이다.

허상의 공동체

이것만으로도 문제는 충분히 심각하지만 매노스피어는 남성의 어려움을 실질적으로 해소해 줄 진정한 공동체를 제공하는 데에도 실패한다. 믹타우 커뮤니티에 올라온 한 게시물에서 한 남성은 이렇게 묻는다. "현실[4]에서 직접 만나는 믹타우 친구, 혹시 있어?" 그는 이어서 이렇게 말한다.

> 나한텐 한 명 있었는데, 다른 도시로 이사를 가서 자주 보진 못해. 그래도 지난 몇 년 동안은 가끔 만나서 맥주 여섯 캔 앞에 두고 속 시원하게 하소연하곤 했지. 온라인 믹타우 커뮤니티가 있다는 건 고맙게 생각해. 하지만 가끔은 현실 세계에도 나랑 같은 세계관을 가진 친구들이 몇이나 있을까 궁금해질 때가 있어. 가끔은 말이지…… 내가 '미친 약이라도 먹은 건 아닐까' 싶은 기분이 들 때가 있어. 적당한 표현이 없어서 그냥 이렇게 말하지만 내 친구들 99%는 여자들 뒤만 쫓아다니기 바쁘거든. 걔들을 정말 좋아하고 아끼지만…… 내가 아무리 도와주려고 해도 도무지 들으려 하질 않아.

작성자는 믹타우 커뮤니티에 대한 강한 애정을 드러내면서도 그 이상을 갈망한다. 어떤 방식으로든 이 온라인 공동체가 현실에서도 재현되기를 바라는 것이다. 그는 마치 "미친 약을 먹은 사람"처럼 고립감을 느끼며 이 감정을 덜어줄 무언가를 간절히 찾는다. 이런 감정은 어쩌면 누구나 한 번쯤은 경험해 봤을 것이다. 그러나 이런 감정을 주제로 한 게시물은 대개 큰 반향을 얻지 못한다. 소셜 미디어 알고리듬 속에서 금세 묻히기 때문이다. 그럼에도 이 글을 발견해 댓글을 남긴 이들은 모두 비슷한 심정을 토로한다. 그들 역시 더 많은 것을 원하지만 그것을 실현할 방법이 없다고 말한다. 매노스피어는 남성에게 공동체를 약속한다. 이는 남성이 이 공간을 계속해서 찾는 핵심적인 이유이다. 그러나 정작 그들이 소속감을 느끼는 이 공동체는 매우 취약하며 참여자를 지탱해 줄 실질적인 연결감을 제공하지 못한다.

아이러니하게도 이러한 사실은 이 장의 서두에서 인용한 게시물 〈어떻게 하면 이렇게 빌어먹게 외롭지 않을 수 있을까〉에서도 분명히 드러난다. 작성자는 자신의 외로움에 대해 이야기한 뒤 친구를 사귀는 방법에 대한 꽤 현실적인 조언을 덧붙인다. 그는 친구를 만들 수 있는 유일한 방법은 직접 밖으로 나가 사람들을 만나는 것이라고 강조한다. 장소는 학교든 대학이든 바든 카페든 직장이든 상관없다. 특히 그는 남성에게 "온라인 관계를 경계하라"라고 조언하며 컴퓨터를 끄고 현실에서 사람을 만나기 위해 직접 밖으로 나설 것을 권한다. 가장 흥미로운 대목은 그가 이 조언을 실제로 실천한 경험을 솔직하게 풀어놓는 부분이다.

퇴근 후 집에 가서 컴퓨터 게임만 하는 대신에 시내의 조용한 바에 책을 들고 갔어. 맥주 한 잔 시켜놓고 그냥 말없이 책을 읽었지. 그냥 그 자리에, 바깥에 나와 앉아 있다는 것만으로도 이전과는 다른 단계로 올라선 기분이었어. 며칠 동안 매일 밤 그렇게 바에 가서 책을 읽었어. 그러다 용기를 내서 직원들과 가볍게 말을 트기 시작했지. 몇 번 더 다니다 보니 직원들과도 조금씩 친해졌고 그러던 어느 날 옆자리에서 그림을 그리고 있던 여자와도 이야기를 나누게 됐어. 그게 내 인생에서 뭔가가 조금씩 바뀌기 시작한 계기였어.

그는 행복이란 몸을 단련하거나 새 컴퓨터나 사륜 바이크 같은 상품을 통해 얻는 것이 아니며 남성에게 진정 필요한 것은 누군가에게 말을 걸 수 있는 용기라고 말한다. 심지어 성적 맥락이 전혀 없는 여성과의 연결조차 외로움을 해소하는 데 있어 중요한 의미를 가진다고 강조한다.

안타깝게도 작성자가 제안하는 방식은 내가 매노스피어에서 본 거의 모든 흐름과 정면으로 충돌한다. 그는 이 공간 안에서 매우 이례적인 존재이다. 대다수의 매노스피어 콘텐츠는 여전히 강한 개인주의적 성향을 띠고 있으며 소셜 미디어 바깥에서 인간관계를 형성하는 일에 대해서는 깊은 불신을 드러낸다. 매노스피어의 남성이 서로를 반드시 경쟁 상대로 삼는 것은 아니지만 논의의 초점은 언제나 각자가 어떻게 자기 삶을 개선할 것인가에 맞춰져 있으며 그 과정은 철저히 고립된 상태에서 이루어진다. 여성과의 우정은 애초에 가능하지 않은 것으로 간주되며 대부분의 남성은 각종 장비로 가득 찬 자신만의 맨케이브에 머무는 쪽을 선택한다. 결국 이 공동체는 역설적으로 그 자체가 하나의 상품으로 기능하게 된다.

이는 친밀한 삶, 감정, 돌봄, 사회적 관계마저도 점차 사적 자본의 요구와 결합되는 경향의 일부이며(Illouz, 2013; Dobson et al., 2018), 특히 디지털 미디어 플랫폼에서는 이러한 과정이 더욱 뚜렷하게 나타난다. 돕슨 외 연구자들(Dobson et al., 2018: 19)은 이를 다음과 같이 설명한다. "지나치게 퀴어한 관계, 과도한 사랑과 돌봄의 표현, 일상적인 사소한 이야기의 과도한 공유, 폭력, 혐오 발언은 물론이고, 그로 인해 네트워크 내 다른 사용자들이 느끼는 불쾌감, 혐오감, 피로감, 플랫폼을 꺼버리고 싶어지는 충동조차도 디지털 자본주의 체제에서는 생산적인 것으로 간주된다. 왜냐하면 이러한 콘텐츠조차 알고리듬을 훈련하는 데 기여하기 때문이다. 알고리듬은 이를 통해 어떤 콘텐츠를 켜고 끌지, 누구의 피드를 보여 줄지를 학습한다."

이 과정에서 소셜 미디어 기업이 수행하는 역할에 대해서도 잠시 짚고 넘어갈 필요가 있다. 앞서 언급했듯 대다수의 매노스피어 활동이 이루어지는 소셜 미디어 플랫폼은 자신들을 공동체가 재구성되고 관계가 다시 태어나는 공간으로 마케팅한다. 그 근거로 이들 플랫폼은 콘텐츠에 대한 권한을 개별 사용자에게 위임하고 있다는 점을 강조한다. 즉, 사용자들이 단순한 소비자가 아니라 생산자이기도 한 공간이라는 것이다. 이러한 사용자를 소셜 미디어 기업은 '프로슈머'라고 부른다(Tapscott & Williams, 2006;

van Dijck, 2009; Elkin-Koren, 2010; Fisher, 2010; Gillespie, 2010; Carah, 2014). 물론 이러한 주장에는 일정 부분 사실이 담겨 있다. 실제로 소셜 미디어 플랫폼에 들어가 보면 콘텐츠는 전적으로 사용자에 의해 생성된다. 이러한 콘텐츠 없이는 플랫폼 자체가 존속할 수 없다. 따라서 우리는 자연스럽게, 소셜 미디어의 콘텐츠 생산에 대한 통제권이 사용자에게 있다(van Dijck, 2009)고 믿게 된다. 심지어는 플랫폼의 구조적 설계나 문화에도 사용자가 어느 정도 영향력을 행사할 수 있다고 여긴다(Helmond, 2015; Carah, 2020; Massanari, 2015).

일부 이론가는 이러한 구조가 사람들의 소외감을 완화하는 역할을 한다고 주장한다(Fisher, 2012; Rey, 2012 참조). 이들의 논지는 간단하다. 소셜 미디어는 사람들이 자신만의 콘텐츠를 공유하고 원하는 방식으로 공동체를 형성할 수 있는 가능성을 제공한다는 것이다. 따라서 매노스피어 남성이 소셜 미디어를 통해 공동체를 만들고자 한다면 그 방법을 찾아 실행하는 것은 전적으로 그들 자신의 몫이라는 것이다.

문제는 실제로는 일이 그렇게 작동하지 않는다는 데 있다. 소셜 미디어 플랫폼에 올라오는 모든 콘텐츠는 개인 사용자가 생산하지만 그 콘텐츠가 어떻게 활용되고, 어떻게 확산되는지는 사용자가 전혀 통제할 수 없다. 오히려 사용자가 생성한 콘텐츠는 기업의 수익성과 플랫폼 기능 유지에 부합하는 방향으로 흘러간다(Chia, 2012). 소셜 미디어 기업은 사용자가 콘텐츠를 온라인에 게시하는 순간부터 그 통제권을 스스로 행사한다. 특히 누가 그 콘텐츠를 어떤 방식으로 보게 될지는 콘텐츠를 만든 당사자가 아니라 소셜 미디어 기업이 개발한 알고리듬에 따라 결정되고 조정된다. 결국 일부 콘텐츠는 노출되지만 그보다 훨씬 더 많은 콘텐츠는 아예 드러나지 못한 채 사라진다는 뜻이다.

문제는 바로 여기에 있다. 이는 단지 매노스피어 남성만의 문제가 아니라 점점 더 공동체 형성을 소셜 미디어에 의존할 수밖에 없는 우리 모두의 문제이기도 하다. 소셜 미디어 기업들은 겉으로는 공동체 형성을 강조하지만 실제로는 공동체를 만들 동기 자체가 거의 없다. 이들의 수익 모델은 전적으로 사용자의 '주의'에 기반해 작동한다. 사용자가 플랫폼에 오래 머물수록 더 많은 광고를 보게 되고 이 광고가 바로 플랫폼의 핵심 수익원이기 때문이다. 그리고 이 주의는 깊은 대화나 지속적인 관계가 아니라 끊임없이 새로 갱신되는 콘텐츠의 흐름을 통해 유지된다. 누군가가 매노스피어 공동체를 찾기 위해 페이스북, 레딧, 유튜브, 트위터(현 엑스) 같은 플랫폼에 접속하더라도 알고리듬은 사용자를 하나의 게시물에 머물게 하기보다 다음 게시물로 계속 이동하도록 만든다. 이들은 사용자가 오랜 시간 한 공간에 머물며 관계를 형성하기보다는 짧은 댓글을 남기고 곧바로 다른 콘텐츠로 넘어가도록 유도한다. 깊은 유대는 결국 오프라인 관계로 이어질 수 있는데 이는 사용자가 온라인에 머무는 시간을 줄이는 결과를 낳기 때문이다. 결국 소셜 미디어 플랫폼은 깊이 있는 공동체보다는 끊임없는 순환적 반응에 더 큰 가치를 두는 구조로 작동하고 있는 것이다.

미디어학자 마크 안드레예비치(Andrejevic, 2011)는 이러한 구조를 페이스북의 사례를 통해 설명한다. 일부 연구자(Miller, 2011)는 페이스북이 현대 자본주의에서 무너져 가는 공동체 개념을 회복한다고 주장하지만 안드레예비치는 다음과 같이 지적한다. "이러한 공동체 감각은 극도로 유동적인 것으로 사용자 사이에서 빠르게 변화하는 '전통'만큼이나 플랫폼을 설계하는 개발자의 의도와 변덕에 의해 형성된다." 페이스북은 공동체라는 개념을 소환하긴 하지만 그 작동 방식에는 '왜곡된 거울의 방'처럼 예측할 수 없는 요소가 내포되어 있다는 것이다.

> 타인과의 소통 방식은 하루가 다르게 우리 눈에 보이지 않는 개발자의 판단에 따라 극적으로 바뀐다. 어떤 날에는 친구가 내 페이지에 직접 들어와야 내가 올린 글을 볼 수 있지만 다음 날에는 내가 올린 모든 것이 자동으로 뉴스피드에 '푸시'되기도 한다. 마치 무대 뒤에서 누군가가 우리의 상호 작용 방식을 실시간으로 조종하고 있는 것처럼 어느 날 우리의 목소리가 전달되는 방식이 이러했다가, 그다음 날에는 전혀 다른 방식으로 바뀌어 있는 것이다. (Andrejevic, 2011: 280)

이건 내가 이 책의 바탕이 된 논문(Copland, 2022)을 쓰면서 진행한 데이터 분석 과정에서도 분명히 드러났다. 자세한 내용까지 다 설명하진 않겠지만 나는 레딧에 올라온 매노스피어 대화 스레드를 분석했다. 그 과정에서 두 가지 뚜렷한 사실을 확인할 수 있었다. 첫째, 매노스피어에는 상당히 개인적이고 진솔한 내용의 게시물이 많았지만 이런 글은 대부분 알고리듬에 밀려 리스트 아래로 내려가는 경우가 많았다. 반면 웃긴 밈은 주목을 많이 받았다. 반면에 감정이 많이 담긴 글이나 심지어 유서를 포함한 게시물조차도 거의 주목을 받지 못했다. 왜냐하면 이런 게시물은 플랫폼에서 사람들이 빨리 반응하고 쉽게 소비할 수 있는 콘텐츠가 아니기 때문이다. 둘째, 이 커뮤니티 안에서는 실제로 깊은 관계가 잘 생기지 않는다. 매일 참여한다고 해도 대화는 매번 다른 사람에게 댓글 하나씩 다는 정도에 그치고 그마저도 서로 오가는 대화라고 보긴 어렵다. 실제로 길게 이어지는 대화는 거의 보기 힘들었다. 결국 매노스피어는 겉으로 보기에는 공동체 같은 '느낌'을 주긴 하지만 사람들끼리 진짜로 친해지고 가까워질 수 있는 공간은 아닌 것이다.

공동체는 매노스피어 남성에게 중요한 가치이지만 그들이 실제로 이 공간에서 얻는 것은 공동체가 아니라 네트워크이다. 이 네트워크는 진짜 친구를 만들기보다는 자본주의를 돕는 데 더 초점이 맞춰진, 가짜 공동체에 불과하다. 결국 이런 네트워크는 공동체로서의 기능을 거의 수행하지 못하며 다음 장에서 살펴보겠지만 일부 남성을 절망의 심연으로 더욱 깊이 밀어 넣는 매개체가 될 가능성이 크다.

내가 매노스피어를 잔인한 낙관주의의 공간이라 부르는 이유는 여기에 있다. 매노스피어는 남성에게 이렇게 말한다. 규칙을 지키고, 자기 계발에 매진하면 삶이 더 나아질 것이라고. 하지만 그 약속은 결코 지켜지지 않는다. 오히려 허상에 불과하며 많은 경우 상황을 더 나쁘게 만든다. 그럼에도 남성은 이 약속을 놓지 못한다. 조금만 더 노력하면, 조금만 더 남성다워지면, 다음 단계에 오르기만 하면 곧 나아질 거라는 기대 때문이다. 늘 희망을 내세우지만 끝내 실현되지 않는 것. 이것이 바로 잔인한 낙관주의 작동 방식이다.

5장
허무주의와 폭력

가장 먼저 찾아온 것은 정신 질환과 자폐, 어린 시절부터 겪어온 따돌림이었다. 그다음엔 외로움이 밀려왔다. 사회적으로 성공해 보려는 시도는 번번이 실패했고 친밀한 관계를 맺으려는 노력도 반복된 거절 속에 무너졌다. 점점 나는 아무도 원하지 않는 사람, 쓸모없는 존재라는 감각에 사로잡히게 되었다. 그렇게 우울이 시작됐고 더 깊은 정신 질환이 그 뒤를 이었다. 결국 남은 건 절망뿐이었다. 이젠 나 자신이 패배자라는 사실을 받아들여야 한다는 걸 알고는 있지만 그마저도 쉽지 않다.

인셀 포럼의 게시글에서 한 사용자는 자신이 절망의 심연으로 빠져드는 과정을 이렇게 풀어낸다. 읽는 이의 마음을 짓누를 만큼 슬픈 글이다. 이 커뮤니티를 조사하면서 나는 이와 비슷한 글을 셀 수 없이 많이 마주했다. 많은 매노스피어 남성은 세상에서 깊이 소외되었다고 느끼며 자신이 겪는 문제는 결코 빠져나올 수 없는 것이라고 믿는다. 이 글 속 남성은 자신이 패배자라는 사실을 받아들이려 애쓰지만 그마저도 실패했다고 고백한다. 그 실패는 결국 스스로에게조차 부응하지 못했다는 마지막 고백으로 이어진다. 매노스피어에서 이런 감정은 연민을 불러일으킨다. 많은 남성이 같은 감정을 느낀다는 일종의 공감의 표시이다. 이런 글은 결국 남성 집단 전체를 휘감은 절망의 표상이 된다.

이 책에서 나는 매노스피어라는 퍼즐을 하나씩 맞췄다. 개인이 매노스피어에 끌리고 또 그 안에 머무는 이유를 설명하는 핵심 요소로서 불만, 정체성, 공동체를 살펴보았다. 이제 마지막 조각,

어쩌면 가장 다루기 어려운 조각에 이르렀다. 바로 이 질문이다. 왜 일부 매노스피어 남성은 폭력을 저지르는가? 그것이 온라인에서의 공격이든 자신을 향한 자해이든 대규모 폭력 사태이든 말이다. 이 질문에 제대로 답하기 위해서는 퍼즐의 마지막 조각을 이해해야 한다. 바로 이 공동체를 떠받치고 있는 분노, 절망, 무엇보다도 허무주의이다. 매노스피어는 모든 가치가 무의미해진 허무주의적 세계 속에 존재한다. 그곳에서는 거리에서 벌어지는 테러 같은 극단적인 폭력조차 누군가에게는 불만을 해결할 수 있는 유일한 방법처럼 보이기도 한다. 매노스피어는 단지 그런 허무주의적 정서를 지닌 남성을 끌어들이는 데 그치지 않는다. 오히려 그 감정을 더욱 부추기며 폭력은 타당하고 현실적인 해법이라는 믿음을 강화하기도 한다.

이 장은 매노스피어의 폭력에 관한 기존 논의와는 조금 다른 시각을 제시한다. 아니, 최소한 그 논의를 더 넓히려 한다고 말할 수 있다. 지금까지의 논의는 폭력의 원인을 주로 유해한 남성성이나 패권적 남성성에서 찾는다. 우리 문화가 남성에게 진짜 남성성을 보여 주려면 폭력으로 증명하라고 가르친다는 것이다. 물론 이런 주장에도 일리는 있다. 하지만 나는 이야기가 거기서 끝나지 않는다고 본다. 훨씬 더 깊은 이유가 있다. 남성 문화가 일정 부분 영향을 미치는 건 사실이다. 하지만 폭력은 불만이 끝내 해결되지 않는 경험에서 비롯되기도 한다. 그 경험이 매노스피어 안에서 허무주의적 분위기를 키운다. 나는 데이비드 하비가 《보편적 소외Universal Alienation》에서 말한 분석을 가져오고 싶다(Harvey, 2018:

429). 그는 이렇게 말한다. "소외에 대한 반응은 두 가지이다. 첫째, 수동적이고 원망에 젖어 우울과 침울에 빠지는 것(술과 약물에 기대는 방식). 둘째, 분노와 좌절, 격노로 가끔씩 폭발하는 것."

이게 바로 매노스피어에서 우리가 보는 모습이다. 앞으로 살펴볼 이 장의 핵심 주제는 허무주의이다. 허무주의가 뭔지, 어디서 왔는지, 매노스피어에서 그것이 어떻게 드러나는지 이야기할 것이다. 먼저 허무주의 개념의 간단한 역사와 그것이 어떻게 21세기에서 이렇게 강력한 믿음으로 자리 잡았는지부터 살펴볼 것이다. 그다음에는 매노스피어가 어떤 점에서 허무주의적 공동체가 되었는지 본격적으로 분석할 것이다. 남성은 분노나 우울을 통해 자신들의 허무주의를 드러낸다. 이 두 감정 모두, 폭력으로 이어질 위험이 크다. 왜냐하면 단순히 불만을 쏟아내는 것만으로는 이들이 느끼는 사회적 상실감을 채울 수 없기 때문이다.

21세기의 남성성과 허무주의

연구자와 정책 입안자는 종종 패권적 남성성이나 유해한 남성성 개념을 통해 왜 남성들이 극단주의 단체에 가담하고 폭력적 행동에 나서는지 설명한다(Roose et al., 2022). 실제로 최근 남성이 저지른 폭력 사건을 검색해 보면 그 원인을 유해한 남성성에서 찾는 기사를 어렵지 않게 발견할 수 있다. 물론 그 주장에는 일정 부분 타당성이 있다. 예컨대 내가 깊이 참여한 또 다른 연구에서도 대부분의 정치적, 종교적 극단주의 단체가 '남성이란 무엇인가'에 대해 아주 유사한 개념을 공유한다는 사실이 드러났다(Roose et al., 2022). 백인 우월주의자든 지하디스트든 관계없이 이들은 남성을 전사, 보호자, 생계 부양자로 이상화한다(Roose et al., 2022). 이러한 이상화된 남성상은 삶에서 길을 잃은 느낌을 가진 신규 가입자에게 적극적으로 주입된다. 극단주의 단체에 가입하는 것은 이들에게 존중과 인정, 삶의 의미를 제공하는 행위가 된다(Kimmel, 2017; Roose, 2016; 2018; Roose et al., 2022).

패권적 남성성은 현대의 극단주의 운동과 특히 여성에게 향하는 남성 폭력의 확산을 이해하는 중요한 시각을 제공한다. 하지만 남성성만으로는 폭력을 설명할 수 없다. 남성이 폭력이라는 수단으로 남성적 인정을 추구하는 단계까지 나아가려면 먼저 세상과의 관계에서 깊은 상실감이나 단절감을 경험해야 한다. 그것도 극단적 폭력으로 이어질 만큼 강력한 감정이어야 한다. 이제 살펴보겠지만 매노스피어에서 나타나는 남성 폭력은 21세기에 점점 확산되고 있는 허무주의 정서와 밀접하게 연결되어 있다. 이 허무주의는 믿음을 잃은 이에게 폭력만이 유일한 해답이라는 사고를 심는다는 점에서 무척 위험하다.

허무주의는 믿음의 위기로 정의할 수 있다(Silvestri, 2021: 361). 이 개념은 19세기 말과 20세기 초, 종교가 점차 인본주의적 세계 해석으로 대체되면서 등장했다(Novak, 1995: 2). 허무주의의 핵심 사상가 중 한 명인 니체(Nietzsche, 1914: 113)는 믿음의 위기를 "인류가 가장 깊이 자신을 성찰하는 순간에서 비롯된 것"이라고 설명한다. 허무주의는 본질적으로 문화적 병리의 징후이며 그 출발점은 종교가 약화되면서 생겨났다. 초기 허무주의에서 이 믿음의 위기는 세상을 있는 그대로 받아들이지 못하는 태도로 드러났다. 다시 말해 "세상에는 목적도 통일성도 의미도 없다는 사실을 원망하는 태도"였다(Diken, 2009: 15). 디켄(Diken, 2009: 15)은 이를 '부정적 허무주의'라고 부르며 이렇게 설명한다. "허무주의는 세계의 무의미함과 혼돈을 견디기 위해 허구적 전체성을 강요하는 방식으로 세계에 의미를 부여하려는 도피적 시도이다."

실베스트리(Silvestri, 2021: 361)는 최근 부상하는 허무주의를 이렇게 재치 있게 표현한다. "진정한 밀레니얼 힙스터 스타일로, 낡은 아이디어가 다시 멋지게 부상했다." 니체가 말한 허무주의가 신의 몰락에 초점을 맞췄다면 21세기의 허무주의는 이제 전혀 다른 방향으로 흘러가고 있다(Brown, 2019; Silvestri, 2021). 오늘날의 허무주의는 신을 대신한 체계에 대한 믿음 상실에서 비롯된다. 예컨대 아메리칸 드림의 붕괴(Berlant, 2011) 혹은 이 책에서 반복해 논의한 관계와 사랑의 규범이 무너진 문제(이 또한 아메리칸 드림과 깊이 연관된다. Halle, 1991)가 그 대표적 사례이다. 이 허무주의는 다음과 같은 인식에서 힘을 얻는다. 이제 개인도, 공동체도 아메리칸 드림이 약속한 것을 지킬 수 없다(Brown, 2019). 그리고 안타깝게도 이런 인식은 상당 부분 사실이다. 결국 21세기의 허무주의는 자본주의가 수백만, 아니 수십억 명에게 내세운 약속을 더 이상 지키지 못한 지속적인 실패의 산물이다.

믿음에 대한 의문은 매노스피어 전반에서 반복되는 핵심 주제다. 매노스피어 남성은 현대 사회의 모든 꿈을 떠받치는 핵심 체계를 끊임없이 의심하고 때로는 노골적으로 조롱한다. 예컨대 한 포럼에서 어떤 남성은 이렇게 쓴다. "아메리칸 드림은 모든 남자의 악몽이다." 그는 이어서 아메리칸 드림이 약속하는 모든 것에 대해 매노스피어 남성이 품는 불만을 조목조목 나열한다.

오늘날의 아메리칸 드림
- 아이스크림 트럭보다 더 많은 남자를 거친 여자와 정착하기.
- 감당할 수 없는 주택, 대출, 차, 자녀들.
- 하루 8시간도 못 자면서 주 60시간 일하기. 늘 피곤에 절어 사는 삶.
- 재정 갈등, 부부 갈등에 치여 직장에서 비굴한 예스맨으로 전락. 그 결과 당연히 악화되는 동료 관계.
- 고용주와 아내의 손아귀에서 벗어날 길 없는 삶. 선택지는 사실상 없다.
- 40대부터 찾아오는 심장 질환. 늘 스트레스에 시달리고 수면, 운동, 식사는 꿈도 못 꾸는 현실.
- 결국 아내는 당신을 떠나 다른 남자에게 가고 (최소한) 재산의 절반을 챙긴다.
- 남는 건 빚더미, 건강 악화, 고립된 삶. 허무하게 사라진 수년, 아니 수십 년.

남자에게 대체 무슨 일이 벌어진 거지? 이 모든 게 운이 좋아야 한두 주에 한 번 하는 의무적 섹스를 위해서라고?

이런 글을 읽으면, 물론 그 안에 성차별적 시각이 상당히 섞여 있다는 점은 감안해야 하지만 그들이 왜 더 이상 이른바 아메리칸 드림에 참여하지 않는지 이해할 만하다. 아메리칸 드림은 매력적인 약속이 아니라 악몽이 된 것이다. 이런 현대 구조에 대한 의문은 매노스피어 남성이 자신들이 그토록 열망한다고 주장하는 섹스와 사랑으로까지 확장된다. 믹타우 커뮤니티에 올라온 〈섹스는 과대평가된 건가?Is sex overrated?〉라는 제목의 게시물이 대표적인 사례이다.

어느 날, 차 뒷좌석에서 한 여자와 있었다. 그녀가 나한테 오럴 섹스를 하고 있었는데 실력도 괜찮았다. 그런데 나는 계속 이런 생각을 하고 있더라. '대체 뭐가 그렇게 대단한 거지?' 뭐가 그렇게 중요하길래 남자는 이 몇 분짜리 쾌락을 위해서 모든 걸 희생하려 드는 걸까.
　왜 우리는 이걸 우리 삶의 새로운 신으로 만든 걸까? 돈, 시간, 자존심까지 다 내던지고 그저 몇 분 동안 그 여자 안에 들어가기 위해서 말이야.

니체(Nietzsche, 1968: 29)는 이렇게 말한다. "허무주의의 근본에는 하나의 믿음이 있다. **그럴 만한 가치가 없다.**" 이 남성의 글도 바로 이 점을 강조한다. 그는 묻는다. "섹스는 정말 그만한 가치가 있는 걸까? 그 열정, 그 흥분, 거기에 따르는 상처와 고통. 결국 '몇 분 동안 그녀 안에 있는 것'이 전부라면 이게 과연 가치 있는 일인가?" 그는 섹스에 대한 집착을 신에 대한 집착과 동일시하며 많은 사람이 신앙을 의심했듯 이제는 섹스와 사랑에 대한 믿음을 의심한다. 그리고 이런 질문을 던지는 건 남성만이 아니다. 레딧의 여성 상담 서브레딧 r/AskWomen에 올라온 한 글(Cosmopolitan, 2020)은 이렇게 묻는다. "싱글인 게 불만스럽지 않으려면 어떻게 해야 하나요?" 이에 대한 답변은 다양하다. 싱글 상태에 대한 불만을 표현하는 여성도 있었지만 아닌 이도 있었다. "섹스와 연애가 인생의 전부는 아니야." 한 여성은 이렇게 말한다. "난 불만 없어. 오히려 싱글이 좋아." 이 모든 것은 우리가 이성애 중심의 관계에 부여해 온 믿음을 근본적으로 흔든다. 어쩌면 그런 관계는 우리가 생각해 온 것만큼 대단한 것이 아닐지도 모른다는 것이다.

사람들은 허무주의적 정서를 주로 두 가지 방식으로 드러낸다. 이론가는 이를 수동적 허무주의와 급진적 허무주의라고 부른다(Diken, 2009). 이 두 가지는 때로는 서로 보완적이기도 하고 때로는 모순적이기도 하다. 니체(Nietzsche, 1968: 318)는 이를 다소 난해한 정의로 이렇게 설명한다. "허무주의자는 있는 그대로의 세계는 있어서는 안 된다고 판단하고 있어야 할 세계를 보면서 그것은 존재하지 않는다고 판단하는 사람이다." 이 문장을 풀어 보면 다음과 같다. 첫 번째 부분은 급진적 허무주의자의 생각을 가리킨다. 이들은 강한 가치 체계를 가지고 있지만 세상이 자신이 소중히 여기는 가치를 절대 받아들이지 않을 것이라고 믿는다. 그래서 결국 사회에서 소외된 존재가 된다. 두 번째 부분은 수동적 허무주의자의 생각을 설명한다. 이들은 자기 자신도, 세계 자체도 아무런 가치가 없다고 믿는다(Diken, 2009). 이런 사람들은 세상을 둘러보며 돌볼 만한 가치가 전혀 없다고 여긴다.

이 두 가지 형태의 허무주의는 모두 매노스피어 전반에 걸쳐 나타난다. 일부 남성은 분노, 격렬한 폭발, 혼란을 통해 급진적 허무주의를 드러낸다. 반면 또 다른 이들은 슬픔, 절망, 자살 충동으로 수동적 허무주의를 표현한다. 이제 이 두 가지를 각각 살펴보자. 먼저 급진적 허무주의는 남성이 여성을 향해 가하는 폭력과 직접 연결된다. 반면 수동적 허무주의는 그들이 자기 자신에게 가하는 폭력, 즉 자기 파괴적 행동과 깊이 맞닿아 있다.

분노, 급진적 허무주의, 여성 대상 폭력

2014년 5월, 스스로를 인셀이라고 부른 엘리엇 로저는 캘리포니아주 아이슬라 비스타에서 여성혐오에 기반한 무차별 살인 사건을 일으켰다. 이 사건으로 6명이 사망하고 14명이 부상을 입었다. 로저는 먼저 자신의 아파트에서 세 명의 남성을 차례로 불러들여 한 명씩 칼로 살해하며 범행을 시작했다. 약 세 시간 뒤, 그는 캘리포니아대학교 산타바바라 캠퍼스의 한 여학생 클럽 숙소 앞에 도착했다. 건물 안으로 들어가는 데 실패하자 밖에 있던 여성 세 명을 향해 총을 쐈고 이 중 두 명이 숨졌다. 이후 그는 근처의 작은 식당으로 이동해 남학생 한 명을 총으로 살해했다. 마지막으로 아이슬라 비스타 거리를 차량으로 질주하며 보행자를 향해 총격을 가하고 차량으로 들이받았다. 경찰과 총격전을 벌인

후, 그는 주차된 차량에 자신의 차를 들이받고 스스로 총을 쏴 생을 마감했다.

범행에 앞서 로저는 자신의 행동 이유를 설명하는 상세한 선언문을 온라인에 남겼다. 그러나 이 선언문은 정치적 주장을 담은 문서라기보다는 로저 자신의 삶을 풀어놓은 이야기였다. 그는 글에서 자신이 어떻게 극단적 분노의 지점에 이르게 되었는지 설명한다. 이 텍스트는 전형적인 급진적 허무주의자의 서사이다. 이와 동시에 불만을 표출하는 단계를 넘어 폭력으로 나아간 사람의 사고 과정을 들여다볼 수 있는 귀중한 자료이기도 하다.

이제 로저의 선언문을 급진적 허무주의자의 시각에서 살펴보자. 이를 통해 그가 어떻게 이런 폭력에 이르렀는지 이해할 단서를 얻을 수 있을 것이다. 본격적인 분석에 앞서 두 가지 점을 분명히 하고 싶다. 첫째, 로저의 글을 그대로 믿어서는 안 된다. 온라인에 쓰인 내용이 모두 사실이라는 보장은 없다. 일부는 사실로 확인되었지만 진실 여부와 관계없이 그의 선언문은 심리 상태와 자신의 행동을 어떻게 설명하는지를 보여 주는 자료로 활용할 수 있다. 따라서 건전한 회의주의를 유지한다는 전제 아래에서만 분석할 가치가 있다. 둘째, 설명은 정당화가 아니다. 로저의 행동은 어떤 이유로도 정당화될 수 없으며 나는 그의 범행을 변호하려는 것이 아니다. 그의 선언문을 통해 우리는 일부 매노스피어 남성이 어떻게 불만을 폭력으로 전환하는지, 그 배경에 자리한 이데올로기적, 사회적, 구조적 조건을 살펴볼 수 있다.

나는 로저의 글을 신중히 검토한 뒤 이곳에 일부를 공유할 것이다. 비슷한 유형의 폭력 사건이 발생하면 많은 사람이 가해자의 선언문이나 게시물이 모방 범죄를 부추길 위험이 있다는 이유로 그 내용을 공유하지 말 것을 요구한다. 그러나 내가 여기서 선언문의 일부를 인용하는 목적은 오직 분석을 위한 것이다. 이러한 텍스트를 통해 사건을 이해하고, 설명하며, 앞으로 비슷한 일이 반복되지 않도록 하는 방안을 모색하기 위해서이다. 따라서 독자에게도 직접 선언문을 찾아 읽는 것은 피하고 특히 그 내용을 맥락 없이 공유하는 일은 절대 하지 않도록 당부하고 싶다.

로저의 선언문은 예상대로 삶과 세상에 대한 깊은 절망, 특히 여성에 대한 불만으로 시작한다. 그는 이렇게 쓴다.

> 인간…… 내가 이 세상에서 겪은 모든 고통은 인간, 특히 여성 때문이었다. 그 덕분에 나는 인간이라는 종이 얼마나 잔인하고 비뚤어진 존재인지 깨달았다. 내가 바란 건 그저 어울려 살고 인간 속에서 행복하게 사는 것이었다. 하지만 나는 철저히 배척당하고 거부당했다. 결국 외로움과 무가치함을 느끼는 존재로 살아야만 했다. 이 모든 건 여성이라는 종이 내 안에서 가치를 보지 못했기 때문이다.

이미 우리는 로저의 글에서 매노스피어 남성이 흔히 드러내는 불만과 유사한 목소리를 발견할 수 있다. 그는 인간 전체, 특히 여성이라는 종에게서 비롯한 깊은 소외감과 단절감을 토로한다. 그러나 로저는 거기서 멈추지 않았다. 그의 폭력 행위가 보여 주듯 그는 이러한 소외와 절망을 훨씬 더 극단적인 수준으로 밀어붙였다.

로저의 선언문은 주로 자신의 삶을 세세히 기록한 이야기다. 그는 자신의 삶을 "슬픔, 분노, 증오로 가득한 어두운 이야기…… 잔혹한 불의에 맞선 전쟁의 이야기"라고 표현한다. 로저는 영국에서 태어났다. 아버지 피터 로저는 영국 출신의 영화 감독으로 영화 〈헝거게임The Hunger Games〉의 조감독으로도 잘 알려져 있다. 어머니 리친 로저는 말레이시아계 중국인으로 영화 제작 현장에서 간호사로 일했다. 그녀는 스티븐 스필버그와 조지 루카스 같은 영화계 거장과 친분이 있었으며 루카스와는 잠시 교제하기도 했다. 로저는 부유한 가정에서 자랐다. 그는 자신의 어린 시절을 행복했다고 회상한다. 좋은 사립 학교에 다녔고 정기적으로 여행을 다니며 부모와 함께 영화 감상을 즐겼다. 이것은 경제적 어려움에 시달린 사람의 이야기가 아니다.

그러나 제프 양(Yang, 2014)의 표현처럼 "나이가 들수록 로저는 점점 더 큰 원망과 분노로 자신이 볼 수는 있지만 가질 수 없는 것을 바라보게 되었다." 양은 이어서 이렇게 설명한다.

> 로저의 살인적 분노는 강박적인 자기 혐오에서 비롯됐다. 그 뿌리에는 자신이 당연히 누려야 하는 세 가지 특권을 빼앗겼다는 믿음이 자리 잡고 있었다. 그것은 바로 인종, 계급, 젠더였다. 그는 스스로를 이렇게 여겼다. 충분히 백인이 아니고 충분히 부유하지도 않으며 우리 사회가 유해한 테스토스테론으로 정의하는 그 남성성에도 충분히 미치지 못한다고.

무려 140쪽에 걸친 긴 글에서 로저는 자신의 삶을 고통스럽도록 세세히 기록한다. 특히 그는 자신이 받았다고 믿는 개인적 모욕에 초점을 맞춘다. 그 모든 서사는 "약속된 무언가를 받지 못했다"라는 원망으로 물들어 있다. 그의 불만은 주로 자신의 신체적 특징, 특히 혼혈이라는 점에 집중된다. 이런 불만은 비교적 사소한 지점에서 시작된다. 로저는 자신이 학교에서 '인기 있는 그룹'에 속하지 못했다고 느꼈다. 그는 이렇게 쓴다.

> 학교에는 언제나 다른 아이들보다 멋져 보이는 '인기 있는 애들'이 있었다. 내가 충격과 함께 깨달은 건 나는 전혀 '멋진' 아이가 아니라는 사실이었다. 내 머리 모양은 촌스러웠고 옷은 평범하고 멋도 없었다. 나는 소심하고 인기 없는 아이였다.

성장하면서 이런 사소해 보이는 불만은 점점 더 격렬해지고 결국 주변 사람들에 대한 증오로 방향을 튼다. 어떤 허무주의자는 이런 감정을 자신에게 돌려 자기 파괴적 행동으로 이어가지만 로저는 그렇지 않았다. 그는 문제의 원인을 자신의 가치관이 아니라 세상 전체로 돌린다(Reginster, 2006: 34; Diken, 2009). 모든 잘못은 다른 사람들 때문이다. 로저가 특히 증오한 대상은 두 집단이다. 여성, 자신보다 더 성공한 것처럼 보이는 유색인 남성, 특히 성적 관계에서 우위에 있다고 느낀 이들이었다. 성인이 되면서 로저는 섹스에 집착한다. 섹스는 그의 행복과 정체성의 핵심이 되었고 더 나은 삶으로 가는 유일한 길이라고 믿었다. 그러나 그는 그 길을 철저히 거부당했다고 느꼈다. 그 이유는 현대 사회의 가치가 자신의 외모를 배척했기 때문이라는 것이다. 그리고 '엔드게임 endgame'이라는 제목을 붙인 선언문의 6부에서 상황은 극적으로 전환된다. 로저는 대학 진학을 위해 아이슬라 비스타로 이주한다. 그가 이곳을 선택한 이유 중 하나는 이곳이 섹스가 활발한 곳이라는 기대 때문이었다. 그는 이렇게 말한다.

> 산타바바라로 이사한 건 세상이 나에게 준 기회가 아니다. 오히려 내가 세상에 준 마지막 기회였다. 내가 당연히 누려야 할 삶, 다른 남자애들은 아무 노력 없이도 쉽게 누리는 그 삶을 세상에 다시 한번 요구하는 기회 말이다. 만약 그곳으로 옮긴 뒤에도 똑같은 거절과 부당함 속에서 고통받아야 한다면 그때는 끝이다. 나는 반드시 복수할 것이다.

대학에 진학한 로저는 캠퍼스 곳곳에서 벌어지는 활발한 성적 분위기 속에서 강한 소외감과 고립감을 느낀다. 겉으로 보면 그의 분노는 자신과 섹스를 해 줄 여성을 찾지 못한 데서 비롯된 것 같다. 그러나 그 뿌리를 들여다보면 이는 그가 참여하고 싶었던 바로 그 문화에 대한 격렬한 혐오였다. 그는 선언문의 마지막 부분에서 이렇게 쓴다. "섹스는 존재하는 개념 중에서 가장 사악하다. 생명 그 자체가 섹스를 통해 존재한다는 사실은 인생이 얼마나 결함투성이인지 보여 줄 뿐이다." 로저는 섹스를 하는 모든 사람을 악 그 자체로 간주했다. 특히 (읽는데 주의가 필요하지만) 한 대목에서는 그의 혐오가 극단적으로 폭발하는 모습을 볼 수 있다. 그는 룸메이트들이 자꾸 집으로 초대하는 흑인 남학생을 향해 이렇게 분노를 쏟아낸다.

내 룸메이트 둘은 괜찮은 애들이었지만 자꾸 찬스라는 이름의 친구를 집에 데려왔다. 그는 흑인이었고 나는 그의 건방진 태도가 정말 싫었다. 결국 나와 그 사이에 끔찍한 일이 벌어졌다. 그날 나는 부엌에서 밥을 먹고 있었는데 그가 와서 내 룸메이트들에게 자기의 여자관계 자랑을 늘어놓기 시작했다. 나는 도저히 참을 수가 없어서 그들에게 이렇게 물었다. "너희 다 섹스 해 봤어?" 그들은 이상한 눈빛으로 나를 보더니 오래전에 이미 첫 경험을 했다고 대답했다. 그 말을 듣는 순간 나는 내 인생에서 얼마나 많은 것을 놓쳤는지가 떠올라 너무 열등감이 들었다. 그 흑인 남자애, 찬스가 이렇게 말했다. 자기는 13살 때 첫 경험을 했다고! 게다가 그 상대가 금발의 백인 소녀였다고 했다. 나는 분노로 몸이 떨렸고 오렌지 주스를 그놈에게 끼얹을 뻔했다. 나는 격분한 목소리로 그 말을 믿을 수 없다고 말한 뒤 방으로 들어가 울었다. 울고 또 울었다. 엄마에게 전화를 걸어 계속 울면서 하소연했다. 도대체 어떻게 열등하고 추한 흑인 놈이 백인 여자를 가질 수 있단 말인가? 나는 잘생겼고 절반은 백인이다. 나는 영국 귀족의 혈통이다. 그는 노예의 후손이다. 당연히 내가 더 자격이 있다! 나는 그의 더러운 말을 믿지 않으려 애썼지만 이미 들은 말은 머릿속에서 지워지지 않았다. 만약 그 말이 사실이라면? 만약 그 추잡한 흑인 쓰레기가 13살 때 금발의 백인 소녀와 섹스를 할 수 있었는데 나는 지금까지도 총각 딱지도 못 떼고 고통 받아야 했다면 이 사실은 여자라는 존재가 얼마나 어이없는지를 증명하는 것이다. 저 더러운 놈에게 몸을 내주면서 나를 거부한다고? 이건 부당하다!

이것은 명백히 극단적이고 여성혐오적이며 인종차별적인 급진적 허무주의이다. 로저는 자신이 겪은 거절의 원인을 자신이나 자신의 행동에서 찾지 않는다. 그 대신에 모든 잘못을 주변 사람들에게 돌린다. 다른 남성, 특히 유색인 남성은 그에게 추악한 쓰레기일 뿐이다. 그리고 그는 여성이 그런 남성에게 끌린다는 사실에 역겨움을 느낀다. 그 결과 로저의 눈에 여성은 본질적으로 역겨운 존재가 된다. 그 안에는 여성과 그들의 가치관에 대한 근본적인 증오가 자리 잡고 있다.

여기서 분명히 짚고 넘어가야 할 사실이 있다. 로저의 사고방식은 매노스피어 전체의 이데올로기와 크게 다르지 않다는 점이다. 앞서 살펴본 사례들만 봐도 매노스피어 남성 사이에는 폭력적이고 여성혐오적인 신념이 널리 퍼져 있다. 그 뿌리는 우리는 더 우월한 가치 체계를 갖고 있지만 세상은 그것을 절대 이해하지 못한다는 믿음에 있다.

이러한 급진적 허무주의는 레드필 철학을 통해 한층 강화된다. 레드필은 단순한 정치적 이념이 아니라 새로운 가치 체계로 의식적으로 진입하는 상태를 의미한다. 남성은 자신이 '레드필을 삼켰다'고 표현하는데 이는 다시는 되돌아갈 수 없는 경계를 넘어 일종의 깨달음에 도달했다는 뜻이다. 물론 그 세계는 더 추악하고 냉혹하다(Ging, 2017; Bratich, 2024). 그들은 세상이 자신들의 가치에 부합하지 못하는 것이 문제의 핵심이라고 본다. 그 상황은 앞으로도 바뀌지 않을 것이라고 믿는다. 여성의 불만을 공유하는 친밀한 공적 영역에서처럼 매노스피어 남성 역시 이렇게 믿는다. "우리는 이미 감정적으로는 준비가 되어 있다. 변화해야 할 쪽은 세상이다. 세상이 우리 기준에 맞춰질 때, 우리는 지금의 나를 더 풍요로운 버전으로 변화시킬 수 있다.(Berlant, 2008: 143)." 로저 역시 마찬가지다. 그는 자신의 가치관을 의심하지 않는다. 거절당한 이유가 자신의 태도나 접근 방식 때문일 수 있다는 가능성은 철저히 배제한다. 잘못된 것은 언제나 세상이다.

레드필과 같은 자신들만의 가치 체계를 만드는 과정에서 급진적 허무주의는 결국 사회의 근간을 이루는 가치에 의문을 던진다. 급진적 허무주의는 가치의 종말이 아니다. 오히려 우리가 당연하게 여긴 가치 체계가 끊임없이 의심받고, 도전받고, 폐기되는 세계를 만드는 것이다(Nietzsche, 1968: 9). 웬디 브라운(Brown, 2019: 161)은 이러한 현상을 다음과 같이 설명한다. "기독교적 덕목, 민주주의, 평등, 진리, 이성, 책임과 같은 가치는 그 기반을 잃으면서도 사라지지 않는다. 그 대신 이것들은 유동적이고, 사소하며, 피상적이고, 쉽게 도구화되는 것으로 전락한다." 이처럼 허무주의는 두 가지 과정을 보여 준다. 첫째는 현대적 가치에 대한 끊임없는 의문 제기이고 둘째는 그 가치를 사소하고 피상적인 것으로 전락시키는 것이다. 이러한 과정은 세계의 무의미함과 혼돈에서 벗어나려는 시도 속에서 일어난다. 브라운(Brown, 2019: 162)은 이를 보여 주는 대표적인 사례로 다음을 제시한다. 마틴 루터 킹 주니어의 공익을 위한 헌신 연설이 닷지 트럭 광고에 활용되거나 가톨릭 성직자가 수천 건의 아동 성추행을 저질렀음에도 그 상급자들이 이를 외면하는 상황이 그것이다. 이러한 사건은 더 이상 충격을 주지 않는다. 오히려 사람들은 냉소적인 씁쓸한 웃음으로 반응한다. 바로 이것이 허무주의의 전형적인 표식이다(Brown, 2019: 162).

'가치가 희화화되는' 가장 대표적인 사례 중 하나는 도널드 트럼프의 대통령 선거 캠페인이다. 트럼프는 선거 운동과 대통령 재임 기간 내내 그전까지는 당연하게 여긴 대통령 후보의 기본 가치를 노골적으로 무시했다. 그런데도 그는 엄청난 성공을 거뒀다. 트럼프 본인도 이 사실을 잘 알고 있다. 그는 한번은 이렇게 말했다. "내가 누군가를 총으로 쏴도 지지자들은 떠나지 않을 거야(Dwyer, 2016 재인용)." 매노스피어 남성도 비슷하다. 그들은 기존 사회의 핵심 가치를 의심하고 공격하는데 특히 여성의 권리가 주된 표적이 된다. 예를 들어 여성에게 투표권이 없어야 한다고 주장하는 글들이 심심치 않게 등장한다. 한 레드필 포럼에서는 이렇게 말한다. "여성 참정권은 서구 문명에 일어난 최악의 일이다."

더 충격적인 경우도 있다. 매노스피어 남성 중 상당수는 강간을 합법화해야 한다고 주장한다. 〈강간을 막는 법 How to Stop Rape〉이라는 글에서 유명한 픽업 아티스트 루시V는 이렇게 쓴다. "이 문제를 고민한 끝에 나는 확실한 해법을 찾았다. 사유지에서 일어난 경우 강간을 합법화하자. 공공장소가 아닌 곳에서 벌어진 여성에 대한 폭력은 법적으로 처벌하지 않는 방안을 제안한다." 이들이 공격하는 가치들은 서구 사회에서 비교적 최근에 자리 잡은 것이지만 이제는 대부분의 사회에서 당연하게 받아들여지는 것이다. 그렇기에 매노스피어 남성의 주장은 정치적 논의에서 허용되는 선을 한참 넘어선 것이다.

나는 사회가 당연하게 여기는 가치를 의심하는 것이 본질적으로 나쁘다고는 생각하지 않는다. 오히려 오늘날의 심각한 불평등과 폭력을 낳은 현실을 보면 현대의 많은 가치는 반드시 재검토되어야 한다. 예컨대 폭력적인 문화를 만들어 낸 남성성의 사명이나 극단적 개인주의와 깊은 사회적 병리를 조장하는 장식적 문화는 비판받고 도전받아야 한다. 문제는 급진적 허무주의자는 기존 가치를 더 나은 것으로 대체하지 않는다는 점이다. 그는 그저 모든 것을 내던져 버린다. 아무것도 중요하지 않게 되면 무엇을 해도 책임이 따르지 않는다. 폭력조차 예외가 아니다. 결국 급진적 허무주의는 분노와 원망을 폭발시키고 정치에서 의미를 찾지 못하며 타인을 설득할 희망마저 잃은 이에게 남은 길은 대화가 아니라 파괴이다. 파괴는 그들의 불만을 푸는 유일한 출구가 된다. 이 점은 로저의 서사에서 극명하게 드러난다. 그는 자신이 느낀 지속적인 소외감이 결국 원망과 분노, 증오로 변했다고 고백한다. 모든 가치를 부정한 끝에 그에게 남은 것은 복수뿐이었다. 그는 이렇게 썼다.

> 내가 살아야 할 이유는 오직 복수뿐이다. 이렇게 위대한 신사를 거부한 죗값을 여성들은 반드시 치러야 한다. 모든 인기남도 벌을 받

아야 한다. 그들은 천국 같은 삶을 누리며 여자들과 섹스를 즐겼지만 나는 외로움 속에서 고통 받아야 했으니까.

그는 이어서 자신이 산타바바라에 이사 온 지 벌써 2년이 지나도록 여전히 총각 딱지를 떼지 못했다고 말한다. "그 수많은 아름다운 금발의 여자 중 단 한 명도 나와 섹스하는 데 관심을 보이지 않았다. 단 한 명도." 계속해서 이렇게 덧붙인다.

이건 절대 용서받을 수 없는 범죄이다. 나에게 가해진 이 모든 부당함을 곱씹을수록 나는 복수를 더 갈망하게 됐다. 복수만이 내게 남은 전부였다.

엘리엇 로저에게 마지막으로 남은 것은 오직 복수뿐이었다.
복수는 허무주의자에게 흔히 나타나는 반응이며 오늘날 극우 정치의 핵심 동력이 되었다. 예컨대 도널드 트럼프의 첫 번째 대통령 선거 캠페인에서도 복수심은 중심적인 역할을 했다. 널리 알려졌듯이 그는 버락 오바마가 공개 석상에서 자신을 조롱한 데 깊은 상처를 입고 그것이 출마를 결심하게 된 직접적인 계기가 되었다. 트럼프는 "다른 어떤 것도 남아 있지 않기에 끝없는 복수를 추구했다(Brown, 2019: 178)." 이러한 복수심은 종종 허무주의자가 현재 사회의 승자라고 여기는 이들을 향한다. 그래서 많은 트럼프 지지자에게는 그가 어떤 정책을 펼치는지는 중요하지 않았다. 그들에게 중요한 것은 단 하나, "자신들의 고통에 책임이 있다고 여기는 이들에게 맞서는 것"이었다(Brown, 2019: 179).

하지만 이러한 복수 행위는 단순한 분노의 폭발에 그치지 않는다. 복수와 분노를 통해 급진적 허무주의자는 새로운 무언가를 창조하려 시도한다. 복수는 그들이 자신의 가치를 표현하고 더 나아가 세상을 변화시키려는 수단이다. 로저는 자신의 선언문을 이렇게 마무리하며 자신이 꿈꾸는 세계에 대한 비전을 제시한다.

> 이상적인 세상에서는 섹스가 존재하지 않을 것이다. 섹스는 금지되어야 한다. 섹스가 없는 세상에서 인류는 순수하고 문명화될 것이다. 남성은 그 야만적인 행위에 신경 쓰지 않고 건강하게 성장할 수 있을 것이다.

이러한 가치를 드러내는 과정에서 로저는 역설적이게도 세상의 미래에 일정한 관심을 내비친다. 그러나 그 누구도 자신의 가치관에 동의하지 않을 것이라는 확신 때문에 그의 허무주의는 결국 파괴적 광기로 나타난다(Colas, 1997: 5-6; Diken, 2009: 28). 이는 곧 사회 전체를 철저히 무가치하게 만들려는 시도이다(Diken, 2009). 결국 그에게 남은 유일한 선택지는 폭력을 통해 세상을 자신의 이상에 맞추는 것이었다. 디켄(Diken, 2009: 28)은 이렇게 설명한다. "최고의 가치가 이 세상에 설 자리를 찾지 못한다면 차라리 세상을 파괴하는 편이 낫다." 이러한 사고방식은 로저가 자신의 만행을 묘사하는 방식과 맞닿아 있다. 그는 이렇게 말한다.

나의 이상 세계가 이 세상에 실현될 수 없다는 사실은 참으로 수치스럽고도 안타깝다. 나는 오래전에 이미 깨달았다. 지금 같은 세상에서 내가 그런 수준의 권력을 쥘 가능성은 전혀 없다는 것을. 그런 일은 내 생애에서 결코 현실이 되지 않을 것이다. 하지만 이러한 상상은 수년간 나를 거부해 온 여성들에 대한 증오로 불타는 시간 동안 내게 유일한 위안이 되어주었다. 섹스를 폐지해야 한다는 나의 관점과 이데올로기는 내 평생 그것으로부터 철저히 배제되어 왔다는 사실에서 비롯된 것이다. 내가 가질 수 없다면 나는 그것을 파괴하기 위해 무엇이든 할 것이다.

 응징의 날은 내가 가질 수 없는 모든 것을 내 힘이 닿는 한 철저히 파괴하기 위해 설계한 것이다. 내 삶에서 그토록 갈망했지만 나를 경멸하고 혐오해 결코 내 것이 될 수 없었던 아름다운 여자, 나는 그들을 파괴할 것이다. 쾌락에 탐닉하며 향락적인 삶을 누려 온 인기 있는 남자, 그들 역시 파괴할 것이다. 그들은 한 번도 나를 그들 중 하나로 인정하지 않았다. 나는 그들을 모두 죽이고 그들이 내게 안긴 고통만큼 그들에게 고통을 안겨 줄 것이다.

여기서 드러나는 원한과 분노는 실로 뚜렷하다. 그는 '파괴하겠다'는 선언으로 이를 강조한다. 로저는 파괴의 이미지를 거듭 반복하며 자신이 겪은 거절이 오직 하나의 선택지, 즉 증오, 분노, 파괴만을 남겼음을 드러낸다. 이러한 결말은 브라운(Brown, 2019: 177)이 "날 것 그대로의 르상티망"이라고 부르는 것의 전형이다. 그것은 "갇힌 원한에 사로잡혀 창조성으로 나아가지 못하는" 상태이다. 오직 복수만 있을 뿐 출구도 미래도 없다.

　매노스피어의 급진적 허무주의자는 이러한 감정을 순전한 악의로 표출한다. 이는 그들이 여성과 다른 이들이 저질렀다고 믿는 '범죄'에 대한 복수 욕망이다. 로저의 행동은 "세계에 대한 긍정이나 새로운 세계를 구축하는 일이 불가능할 때"(Brown, 2019: 171) 그에게 일종의 권력을 부여한다. 니체(Nietzsche, 1989)가 지적했듯 악의는 결코 수동적 감정이 아니다. 그것은 이 세계에 적극적으로 개입하는 힘이며 파괴라는 목표를 향해 나아가는 에너지다. 악의는 생산적이다. 특히 자신이 증오하는 모든 것을 없애는 데 유용한 도구가 된다.

　급진적 허무주의자는 이처럼 상반된 목표를 동시에 추구하는 역설을 드러낸다. 그들은 끊임없이 여성과의 관계를 갈망하면서도 거듭된 거절 끝에 결국 여성의 파멸을 욕망한다. 그들에게 이는 단순한 복수가 아니라 생산적인 행위이다. 악의는 여성에게 교훈을 주는 수단이자 자신이 신봉하는 레드필 가치를 실천하는 정서적 배출구 역할을 한다. 나아가 이러한 분노는 개별 여성에 대한 증오를 넘어 사회 전체를 향한 깊은 적대감으로 확장된다.

　이러한 급진적 허무주의의 형태에서 "원한과 분노는 정교한 도덕적 가치로 승화되지 못한 채 그대로 원한과 분노로 남는다(Brown, 2019: 177)." 허무주의는 세계의 상태에 대한 깊은 절망으로 드러나며 그 안에서 분노와 격노는 그 자체가 목적이 되어 격렬한 외침으로 표출된다. 로저의 행동은 이러한 상태를 전형적으로 보여 준다. 로저와 같은 남성이 저지른 폭력 사건이 발생할 때

대부분의 논평은 이를 유해한 남성성의 틀로 설명한다. 물론 이 관점에서의 분석은 필수적이다. 남성성에 대한 인식은 많은 남성이 폭력적 극단주의에 가담하는 핵심 이유이기 때문이다(Roose et al., 2022). 그러나 이러한 행위는 더 넓은 사회적 맥락 속에서 이해되어야 한다. 그 맥락이란 바로 "미래성 자체가 의심받는"(Brown, 2019: 180) 허무주의적 분위기이다. 엘리엇 로저와 같은 남성의 행위는 절망이 극단에 도달했을 때 나타나는 양상을 보여 준다(Diken, 2009). 그 절망은 원한과 분노, 복수의 의지로 발현된다. 로저와 같은 허무주의자에게 폭력은 자신들의 분노와 격노를 세상에 드러낼 수 있는 유일한 출구이다. 이러한 폭력적 반응은 부분적으로는 실패에 대한 남성적 대응일 수도 있다. 그러나 그 이면에 세계에 대한 상실감과 소외감, 깊은 허무주의가 자리하고 있지 않다면 결코 발생하지 않는다.

슬픔, 수동적 허무주의, 자살

매노스피어 남성이 불만을 표출하는 방식 중 하나가 분노라면 또 다른 방식은 슬픔이다. 내가 처음 인셀 포럼을 방문했을 때 가장 충격적이고 받아들이기 힘들었던 것은 끊임없이 올라오는 유서였다. 이러한 글은 레딧에서 특히 많이 발견되었지만 다른 플랫폼에서도 적지 않았다. 내가 활발히 연구를 진행하던 시기에는 최소한 주 1회 인셀의 유서를 보았다. 실제로는 내가 보지 못한 글이 훨씬 더 많았을 것이다. 어느 시점에는 한 레딧 이용자가 인셀 무덤이라는 뜻의 서브레딧 u/incelgraveyard 특별 계정을 만들어 이러한 유서를 모아 게시했는데 그 수는 총 94건에 달했다(Daly and Laskovtsov, 2022). 이들 중 상당수는 유서를 남긴 뒤 다시는 활동하지 않았고 다른 사용자들은 그들이 실제로 자살했을 것이라고 추정했다. 나는 유서의 개수뿐 아니라 그 안에 담긴 날것의 절박함에도 큰 충격을 받았다.

인셀은 폭력 가능성에 대한 우려와 함께 점점 더 많은 주목을 받고 있지만 이들의 커뮤니티에서 빈번하게 나타나는 높은 자살 충동과 정신 건강 문제는 연구에서 종종 간과된다(예외적으로 Daly and Laskovtsov, 2022 참조). 그러나 이러한 경향은 남성 자살률에 대한 심각한 우려, 자살과 남성성 사이의 연관성과 깊이 연결되어 있다(Mac, Ghaill and Haywood, 2012; Rasmussen et al., 2018). 특히 높은 남성 자살률은 매노스피어의 핵심 관심사 중 하나이다. 이들은 이를 남성이 사회에서 주변화되고 있다는 증거로 해석한다.

왜 수많은 인셀이 실제로 실행으로 옮기지 않더라도 자살을 반복적으로 떠올릴까? 이번 장에서는 이 현상에 주목한다. 앞선 장과 마찬가지로 나는 매노스피어에 만연한 허무주의의 맥락 속에서 이들이 남긴 유서를 분석하며 그것이 왜 수동적 허무주의의 표상인지를 살펴보려 한다.

급진적 허무주의자는 세계의 본질에 절망하지만 여전히 자신과 자신의 가치를 높게 평가한다. 이들은 자신의 가치에 문제가 있다고 생각하지 않는다. 오히려 세상이 그 가치에 부합하지 않는 것이 문제라고 믿는다. 그 결과 모든 가치를 내던진다. 반면에 수동적 허무주의자는 개인의 가치, 즉 인간으로서 존재 가치 자체에 의문을 품는다. 인셀 커뮤니티에서는 이러한 흐름이 자기 혐오로 나타난다. 인셀은 세계에 대한 혐오와 절망만을 드러내는 것이 아니라 외모, 신체, 삶, 성격, 지능 등 자신에 대해서도 혐오를 표출한다. 그 결과 그들은 세계에서 자신의 위치에 대한 방향 감각을 잃는다. 하이데거(Heidegger, 1977: 61)가 말했듯 "만약 가치와 자아의식이 사라진다면 인간이 붙잡고 자신을 규정할 수 있는 그 어떤 것도 남지 않을 것이다."

내가 말하려는 바를 보다 명확히 전달하고 이러한 유서가 지닌 충격을 실감하게 하기 위해 인셀 커뮤니티에서 발췌한 유서 한 편을 깊이 분석하고자 한다. 제목은 〈나의 시간은 끝났다 My Time is Over〉이다. 이 글은 마침내 세상에 대한 모든 희망을 버린 한 인셀의 마지막 기록이다. 그는 포럼에 들어와 모든 이에게 작별을 고한다. 그 방식은 극도로 감정적이며 비극적이다. 처음 이 글을 읽었을 때 느꼈던 충격은 지금도 생생하다. 이 유서는 깊은 슬픔을 담고 있으면서도 동시에 이 커뮤니티에서 흔히 볼 수 있는 전형적 사례였다.

이 유서는 철저히 허무주의적인 세계관으로 시작한다. 글쓴이는 평생 들은 낙관주의적 메시지를 단호히 거부한다.

오늘, 2018년 7월 14일은 내가 생을 마감하는 날이다. 어릴 적부터 나는 이런 말들에 진절머리가 났다. "걱정 마, 곧 나아질 거야.", "너도 누군가를 만나게 될 거야.", "내일은 또 새로운 시작이야." 이런 허튼소리는 이제 지겹다.

이 남성은 정신 건강 문제로 어려움을 겪는 사람에게 흔히 건네는 낙관적 상투어를 여러 차례 반복한다. 이러한 말은 실제로 진심에서 비롯되는 경우도 있지만 서투른 방식으로 전달되는 경우가 많다. 글쓴이는 이러한 미래 지향적 조언을 단호히 거부하며 그것이 "허튼소리"라고 주장한다. 그에게는 더 나은 세상도, 도달할 미래도 없다(Brown, 2019). 이어서 그는 왜 자신이 희망을 완전히 잃었는지를 설명한다.

이제는 연인이 생기길 바라는 마음조차 없다. 여자는 형편없다. 사람은 형편없다. 나는 친구도 없다. 가족은 아주 멀리 있고 오늘 당장 목을 매더라도[1] 신경 쓸 사람은 아마도 없을 것이다.

그는 자신의 삶에서 깊은 소외감을 토로한다. 이는 단지 연애나 성적 관계에 그치지 않는다. 친구와 가족을 포함한 모든 인간관계 전반에서 느끼는 소외이다. 이 글은 "좌절된 열망의 저주(Cover, 2016: 107)"를 보여 주는 전형적 사례이다. 그의 고통은 문화적, 사회적, 젠더적 맥락에서 요구되는 기대를 충족하지 못한 데서 비롯된다(Clare, 2000; hooks, 2004: 161). 성별에 따르는 기대는 제도적 맥락마다 다르게 나타나지만(Mac an Ghaill & Haywood, 2012) 연구에 따르면 남성 자살의 주요 요인 중 하나는 "문화적으로 지배적인 성역할을 충족하지 못했을 때 생기는 불충분감과 수치심"이다(Rasmussen et al., 2018: 328). 글쓴이는 이 문제를 젠더 차원에만 한정하지 않고 사회 전체가 자신에게 가한 부당함으로 확장한다. 그는 사회가 자신에게 남긴 상처가 너무 커 더 이상 견딜 수 없다고 주장한다.

글쓴이는 자신에게 마지막까지 버틸 힘을 준 단 한 가지를 고백한다. 바로 인셀 커뮤니티이다. 그는 이렇게 적었다.

> 지난 몇 달 동안 내가 살아 있었던 유일한 이유는 바로 이곳이었어. 너희는 내게 세상이 어떤 곳인지 똑똑히 보여 주었고 언제나 내 곁을 지켰어.

인셀 커뮤니티에 올라오는 유서에는 이 공동체가 절망에서 잠시나마 구원을 주었다는 주장이 자주 등장한다(Daly and Laskovtsov, 2022). 그러나 지금 이 순간, 그 구원은 그에게 충분하지 않았다. 앞서 논의했듯 남성은 깊은 연결을 갈망하지만 매노스피어 커뮤니티는 여전히 사람들의 에너지를 이기적이고 개인주의적인 목표로 향하게 한다. 그 결과 진정한 인간적 연결은 어려워지고 그 대신 밈이나 자기 계발 콘텐츠를 중심으로 한 일시적 대화가 모든 교류의 핵심이 된다. 이러한 현상은 이 글에서도 선명하게 드러난다. 이 유서는 서브레딧 내 다른 인기 밈 게시물에 비하면 거의 반응을 얻지 못했다. 작성자는 "너희는 언제나 내 곁을 지켰다"라고 말할 정도로 커뮤니티에 애착을 보였지만 그것은 그가 절망과 혼란을 극복하거나 긍정적인 미래를 그리기에는 턱없이 부족했다.

　이는 댓글에서 나타나는 반응에서도 확인된다. 일부는 작성자가 실제로 행동하지 않기를 바라는 간청을 남긴다. 이때 흔히 등장하는 것은 '상황이 나아질 수 있다', '아직 살아갈 이유가 있다'는 다소 형식적인 격려이다. 예컨대 이 글에 달린 댓글 중 하나는 "그러지 마"였고 또 다른 이는 "절대 포기하지 마. 이 시도가 실패하고 진정한 도움을 받길 바란다"라고 적었다. 그러나 대다수는 이보다 조심스러운 태도로 이해를 표하거나 다음 세상에서 평안을 찾기를 바란다는 메시지를 남겼다. 예를 들어 "안타깝다, 친구. 잘 되길 바란다." "아…… 정말 싫다. 왜 사람들은 이렇게 고통받아야 하지?" "명복을 빈다. 또 한 명의 외로운 남자가 여자 때문에 목숨을 잃네" "인셀 천국[2]에서 보자, 친구" 같은 댓글이 있었다. 여기에는 죽음을 갈망하는 심정을 커뮤니티 전체가 공유하는, 집단적 절망감이 드러난다. 이 단계에서 글쓴이는 마침내 자신의 의도를 밝힌다. 자살을 명시하지는 않지만 그것이 그의 목표임은 분명하다.

　두렵지만 이걸 해야만 해. 내 소식은 다시 듣지 못할 거야.

　수동적 허무주의라는 이름은 행위의 부재, 곧 무기력하게 삶을 떠도는 상태를 연상한다. 자살 역시 세상과 정면으로 맞서기보다는 도피의 방식으로 여겨지며 따라서 수동적인 행위로 보일 수 있다. 그러나 남성과 자살에 관한 연구는 다른 시각을 제시한다. 많은 남성은 자살을, 세상에 마지막 흔적을 남기기 위해 자신이 실행할 수 있는 능동적 폭력의 형태로 인식한다(Jaworski, 2010). 이러한 인식은 자살 방법의 차이에서도 드러난다. 남성은 여성보다 총기처럼 더 공격적이고 성공 가능성이 높은 수단을 선택하는 경향이 있다(Jaworski, 2010).

이들에게 자살은 자신의 고통에 능동적으로 대응하고 있다는 자기 위안을 제공한다. 웬디 브라운(Brown, 2019: 180)이 말했듯 이런 남성은 "온순히 어둠 속으로 사라지는 것"과는 거리가 멀다. 오히려 그들은 파국을 향해 나아간다. 수동적 허무주의자에게 이러한 파국적 충동은 치명적인 폭력으로 이어질 수 있다(Diken, 2009). 철학자 장 보드리야르(Baudrillard, 1993: 76)는 이러한 폭력을 "대립하는 격정의 충돌이 아니라 무기력과 무관심이 빚어낸 산물"이라고 설명한다. 다시 말해 파국을 향한 이 충동은 세상을 더 나은 곳으로 만들 의지도, 관심도 사라진 상태에서 비롯한다. 자살은 남성이 이러한 무기력과 무관심을 표현하는 유일한 방식이 아니다. 이 정서는 앞서 살펴본 엘리엇 로저의 대규모 살상, 그리고 2018년 토론토에서 밴을 몰고 11명을 살해한 알렉 미나시안의 행위에서도 드러난다. 두 사람의 폭력은 더 이상 붙잡을 것이 없는 자가 마지막으로 택한, 무기력한 행위였다.

역설적이게도 자살은 인셀이 상실했다고 느끼는 남성성을 되찾는 수단으로 기능하기도 한다. 폭력과 자살은 모두 "남성성을 드러내는 강력한 방식이자 실패한 남성성 프로젝트에서 벗어나는 출구이자 명예로운 남성적 지위로 복귀하는 길"이 된다(Rasmussen et al., 2018: 328). 자살은 종종 "경제적 곤궁, 중증 질환, 사회적 고립 등 외부 상황에 맞서는 용기와 자존심, 저항의 신호"로 해석된다(Jaworski, 2010: 48).

유서들의 밑바탕에는 공통적으로 목적을 향한 충동이 자리한다. 인셀 남성은 자기 파괴가 고통을 끝내는 유일한 방법이라고 말하면서도 동시에 세상에 무언가를 남기려 한다. 그들에게는 파괴만이 마지막 출구이다. 브라운은 이렇게 말한다. "만약 백인 남성이 세상을 지배할 수 없다면 세상 자체가 존재하지 않을 것이다(Brown, 2019: 180)." 이러한 파괴 혹은 파국은 타인에 대한 공격을 통해서든 자신의 생명을 끊는 방식으로든(혹은 최소한 그것을 언급하는 방식으로든) 다양하게 드러난다.

원글 작성자는 마지막으로 자신의 소망을 드러낸다. 그것은 자신이 잊히지 않기를 바라는 것, 자신이 이루지 못한 목표를 형제들이 이어 달라는 것이다. 그는 이렇게 적는다.

> 내 마지막 소원은 이거야. 제발 나를 잊지 말아줘. 내가 가장 두려워하는 건 잊히는 거야. 내가 떠나도 현실 세계에서는 아무도 나를 기억하지 않겠지만 적어도 이곳에서는 나를 신경 써 주는 사람들이 있었어. 제발 나를 잊지 말아 줘, 친구들. 그리고 나로부터 이런 교훈을 얻기 바라. 침묵 속에서 고통 받지 마. 남의 말은 듣지 마. 갈등에 휘말리지 마.

익명성을 고집하는 플랫폼, 서로를 오직 아이디와 게시물로만 아는 커뮤니티에서 나를 잊지 말아 달라고 요청하는 것은 무척 아이러니하다. 이 요청에는 삶이 진정으로 무의미하며 결국 모든 것이 아무 소용이 없었다는 허무주의적인 두려움이 담겨 있다. 잊지 말아 달라는 말에는 결국 잊힐 것이라는 암묵적 전제가 깔려 있다. 그의 마지막 호소는 이렇다. "부디 모든 걸 무가치하게 만들지 마. 비록 나는 이미 그게 무가치하다는 걸 알고 있지만!" 그리고 그는 이렇게 글을 맺는다.

> 내 가장 큰 꿈은 언젠가 세상을 바꾸는 거였어. 도움이 필요한 사람들한테 힘이 되는, 존경받는 사람이 되고 싶었는데. 죽기 전에 내 모든 돈을 자선 단체에 기부하고 싶었지만 마지막 남은 돈은 아프지 않게 죽으려고 헬륨 탱크랑 양압기 사는 데 다 써버렸네. 안녕, 형제들. 내 꿈을 이루고 세상을 바꿔 줘.

다른 매노스피어 구성원과 마찬가지로 그에게도 희망이 있었다. 세상을 바꾸고 존경받는 사람이 되며 도움이 필요한 이들에게 힘이 되는 사람이 되고 싶었다. 그러나 그 낙관의 결말은 잔인했다. 그의 꿈은 사회의 실패, 남성을 대하는 방식 속에서 좌절되었다. 많은 이가 이런 좌절된 낙관을 분노와 모든 것을 불태우려는 욕망으로 대응했지만 그는 오히려 혼란과 실패감, 자신의 종말을 피할 수 없다는 인식을 드러낸다. 그의 마지막 행보는 이 운명을 더욱 극명하게 보여 준다. 그는 남은 돈을 헬륨 탱크와 양압기를 사는 데 썼다. 떠나기 전의 기쁨도 '마지막 만찬'도 없다. 오직 죽음뿐이다.

　이 글은 역설적이게도 마지막에 일말의 희망을 드러내며 끝난다. 그것은 형제들에게 전하는 바람이다. "내 꿈을 이루고, 세상을 바꿔 달라." 그러나 다른 모든 허무주의적 행동 촉구와 마찬가지로 이 바람은 무력하다. 그는 세상이 어떻게 더 나아질 수 있는지, 형제들이 무엇을 해야 하는지에 대한 구체적 방안을 전혀 제시하지 않는다. 더 중요한 것은 그가 그 가능성을 믿지 않는다는 점이다. 직접 참여하기 위해 남아 있을 이유조차 보지 못한다. 그의 마지막 호소는 결국 아무것도 변하지 않을 것이라는 깊은 자각 위에 놓여 있다.

　덧붙이자면 이런 유서는 내가 매노스피어에서 본 어떤 글보다도 읽기 힘들었다. 포럼에는 끔찍한 여성혐오적 글이 넘쳐나지만 유서들은 그 남성들의 인간성을 적나라하게 드러냈다. 글 하나하나가 감정으로 가득했고 읽을 때마다 깊은 충격을 받았다. 그들에게 아무런 도움도 줄 수 없다는 사실은 나의 무력감을 더욱 키웠다. 소셜 미디어 플랫폼의 구조는 누군가 이런 글을 올렸을 때 개입할 가능성을 본질적으로 제한한다. 다른 이용자들은 댓글로 반응할 뿐 직접 손을 내미는 것은 거의 불가능하다. 예컨대 레딧 같은 플랫폼은 사용자 간 통화를 지원하지 않는다. 게다가 위치 정보를 알 수 없기 때문에 현지의 응급 구조를 요청하는 일조차 불가능하다. 앞서 설명했듯 알고리듬은 새 게시물을 상단에 노출하는 방식으로 작동하기 때문에 이런 글은 올라온 직후가 아니면 대부분 사람들의 눈에 띄지 않는다.

　이 상황은 내가 예전에 경험했던 일을 떠올리게 한다. 몇 년 전, 내 친구가 자살했다. 친구가 떠나기 며칠 전에 친구는 페이스북에 자신이 힘들다는 글을 올리며 도움을 요청했다. 나는 그 글을 보고 메시지를 보냈지만(그럼에도 더 많은 걸 하지 못했다는 자책감에 몇 달 동안 괴로워했다), 다른 친구들 몇 명은 그 글이 아예 피드에 뜨지 않았다고 말했다. 한 친구는 이렇게 말했다. "고작 알고리듬 때문에 그걸 보지도 못했다는 게 믿기지 않아."

연구자로서 나는 이러한 현실의 무게를 더욱 뚜렷하게 느낀다. 다른 연구 활동(인터뷰나 집담회 등)에서는 연구자가 참여자에게 공감할 수 있고 인터뷰 자체가 연구자와 참여자 모두에게 일종의 치료적 순간이 되기도 한다. 우리는 연구 과정에서 필요할 경우 참여자를 지원 기관에 연결하기도 한다. 그러나 나는 이 연구를 시작하면서 이 커뮤니티에서 게시물을 작성하거나 댓글을 남기지 않기로 결정했다. 그 결과 커뮤니티에 자살 유서가 올라오는 것을 그저 지켜볼 수밖에 없었다. 누군가 실제로 그 행위를 저지르려 한다는 사실을 알면서도 내가 할 수 있는 일은 아무것도 없었다. 나는 그때도, 지금도 무기력하다. 멀리서 그들의 고통, 혼란, 절망, 허무주의를 바라볼 뿐이었다. 아마 매노스피어 안의 많은 사람도 마찬가지였을 것이다.

불만의 한계

엘리엇 로저와 같은 사람의 선택, 자살을 택한 인셀들의 행동을 완전히 설명하는 것은 불가능하다. 이 질문에 답하기 위해 평생을 바치는 연구자들이 있지만 우리는 여전히 완전한 해답을 갖고 있지 않다. 개별 사례는 모두 다르기 때문이다.

이 장에서는 허무주의를 이 퍼즐의 핵심 요소로 살펴보았다. 허무주의는 현대 사회에서 점점 확산되는 정서이며 많은 사람이 사회에 대한 불만을 허무주의로 표출하고 있다. 특히 남성들이 보이는 허무주의는 현대 사회에 깊이 각인된 남성의 정체성, 즉 남성성의 기대에 부응하지 못한 결과이다. 이는 잔인한 낙관주의(Berlant, 2011)와 자본주의에 내재한 실패의 불가피성(Nietzsche, 1989; Brown, 1995)에 대한 반응이다. 이런 남성은 자본주의가 약속하는 이상을 실현할 수 없다는 현실 앞에서 분노와 폭력으로 응답하고 있는 것이다.

실망하고 상처 입은 남성은 세상과 그 안에서 자기 삶의 상태를 두고 깊은 절망과 혼란을 드러낸다. 이런 허무주의는 르상티망과도 맞닿아 있다. 매노스피어 남성 중 일부는 페미니즘의 부상과 그에 따른 국가의 변화가 전통적인 가치 체계를 무너뜨려 세상이 더 이상 아무 의미도 없는 곳이 됐다고 믿는다. 또 다른 이들은 애초에 가치라는 것이 존재하는지에 대해서조차 의문을 품고 자신의 삶을 풀 길 없는 문제로 여긴다. 결국 이런 허무주의는 분노, 절망, 우울, 자살 충동 같은 극단적인 방식으로 표출된다.

이런 상황에서 불만은 많은 사람에게 일종의 치유가 되기도 한다. 예를 들어 여성의 불만이라는 개념(Berlant, 1988: 243)을 보면 불만은 그 자체로 충분한 역할을 한다. 여성이 느끼는 답답함을 풀고 좌절을 어느 정도 다스리는 기능을 하는 것이다. 불만은 "이성애적 질서 안에서 자신의 자리를 위협받지 않으면서도 반대의 목소리를 낼 수 있는" 기회가 되기도 한다(Berlant, 1988: 243). 사실 불평하는 사람은 자신의 위치가 바뀌거나 상황이 완전히 달라질 것을 기대하지 않는다. 다만 불평하는 행위 자체에서 위로를 얻고 그 과정에서 사람들의 유대와 삶의 목적을 회복하고 답답함을 풀 출구를 모색하는 것이다.

이건 매노스피어에서도 마찬가지이다. 스스로 무력하다고 느끼는 남성에게 매노스피어는 사회에 대한 불만을 마음껏 쏟아낼 수 있는 공간을 제공한다. 그 과정을 통해 서로 유대감을 쌓기도 한다. 어떤 이들에게는 이것만으로도 충분할 것이다. 허무주의조차 이런 남성에게는 그 나름대로의 의미를 제공한다. 자신들이 겪는 고통을 이해하고 어떻게든 헤쳐 나갈 수 있는 길을 만들어 주기 때문이다.

이처럼 허무주의는 분명히 매노스피어 남성에게 **무언가**를 제공한다. 그러나 무언가는 동시에 파괴적이다. 파괴의 대상은 여성일 수도, 사회 전체일 수도, 혹은 자기 자신일 수도 있다. 남성의 불만에는 근본적 한계가 있다. 그것은 대안이 없고 상황이 결코 나아지지 않는다는 믿음에 기반하고 있기 때문이다. 다른 가능성을 상상하지 못하는 이들에게 남는 것은 결국 파국뿐이다. 매노스피어는 이러한 허무주의적 정서를 표출하는 동시에 끊임없이 재생산하는 장치로 기능한다. 이 기능은 종종 폭력으로 이어진다.

6장
온라인 남성 커뮤니티에 맞서기

이제 가장 어려운 질문에 다다랐다. 매노스피어를 어떻게 다뤄야 할까? 나는 이 질문을 수없이 받아 왔지만 선뜻 대답하지 못했다. 그만큼 답이 간단하지 않기 때문이다. 그러나 이제는 이 문제에 대해 답을 모색해야 할 때이다.

우선 이렇게 물어 보자. 우리는 정말 매노스피어에 대응할 필요가 있을까? 대답은 자명해 보일지 모르지만 먼저 왜 매노스피어가 문제인지 분명히 짚고 넘어가야 한다. 그 이유는 매노스피어가 여성에, 더 나아가 사회 전체에, 그 공동체에 속한 남성 자신에게까지 심각한 영향을 미치기 때문이다. 이 점을 명확히 정리하는 것은 앞으로 이 커뮤니티에 대응하기 위한 전략을 고민하는 데 중요한 출발점이 될 것이다.

물론 내가 제시하는 해법이 완전한 것은 아니다. 오히려 더 많은 질문을 낳을 수도 있다. 그럼에도 이 논의가 매노스피어에서 비롯되는 여성혐오에 어떻게 대응할 것인지, 나아가 그것을 사전에 어떻게 차단할 수 있을지에 대한 대화를 이어가는 계기가 되기를 바란다.

위로가 끼치는 해악

이 책 전반에서 나는 매노스피어가 남성에게 제공하는 긍정적 측면을 살펴보았다. 매노스피어는 남성이 자신의 삶에 대한 불만을 표출할 수 있는 공동체적 공간을 제공하며 일정한 목적 의식을 부여하고 공통의 문제를 매개로 상호 유대를 형성하게 한다. 남성들이 매노스피어를 찾는 데는 분명한 이유가 있으며 그것은 그들이 본질적으로 여성혐오적이기 때문도 아니다. 그들은 이 공동체에서 분명한 이익을 얻고 있다. 이러한 사실을 이해하는 것은 매노스피어가 지니는 매력을 파악하는 데 필수적이다.

그렇다고 해서 매노스피어가 사회 전반에 긍정적인 영향을 미친다는 뜻은 아니다. 이번 장에서는 매노스피어가 사회와 그 구성원에게 어떤 해를 끼치는지 명확히 살펴볼 것이다. 이어서 이러한 해악에 우리가 어떻게 대응할 수 있을지에 대해서도 논의하고자 한다.

자본주의 문제에 대한 여성혐오적 대응

우선 내가 말하고자 하는 바를 분명히 하고 싶다. 나는 남성 자체를 비판하는 것도, 그들이 자신의 삶에 대한 좌절을 표현하거나 해결책을 찾기 위해 모이는 것을 비판하는 것도 아니다. 오히려 남성이 감정을 표현할 기회를 자주 박탈당하고 남성 간의 정서적 연결이 '남자답지 않다'는 이유로 조롱받는 현실에서 우리는 남성이 건강한 방식으로 연결될 수 있는 기회를 장려하고 확대해야 한다고 생각한다. 세계 곳곳에는 이미 이를 실천하는 다양한 모임이 존재한다. 남성 지원 단체, 독서 모임, 어려움에 처한 남성을 돕는 여러 조직이 그 예이다. 내가 일하는 건물에 있는, 교도소에서 출소한 남성을 지원하는 모임도 그중 하나이다. 따라서 매노스피어에 반대한다는 것은 남성 간 유대 자체에 반대하는 것이 아님을 분명히 하고 싶다. 그러나 남성들이 냉소적이고, 불성실하며, 심각하게 여성혐오적인 방식으로 유대를 형성하는 것에는 단호히 반대한다.

안타깝게도 매노스피어는 여성혐오가 뿌리 깊게 자리한 공간이며 이 이유만으로도 우리는 그 존재에 저항해야 한다. 물론 커뮤니티 내부의 일부 남성은 이에 동의하지 않을 것이다. 남성 권리 단체는 종종 베티나 아르트, 재닛 블룸필드, 카렌 스트로언처럼 여성이나 남성 권리를 위해 운동하는 활동가의 존재를 지목하며 자신들이 여성혐오자가 될 수 없다는 주장을 내세운다. 그러나 이는 매우 허약한 논리이다. 불행히도 여성 역시 여성혐오자가 될 수 있으며 여성혐오적 의제를 지지할 수도 있기 때문이다.

나는 매노스피어를 연구하면서 충격적인 수준의 여성혐오적 게시물을 수없이 보았다. 안타깝게도 이는 예외적인 사례가 아니었다. 매노스피어 남성은 노골적으로 여성의 참정권 박탈을 주장한다. 그들의 논리는 단순하다. 여성은 비이성적이기 때문에 사회의 미래에 대한 발언권을 가져서는 안 된다는 것이다. 또한 여성은 '자연 질서'의 일환으로 다시 전업 주부로 돌아가야 한다는 믿음도 흔히 발견된다. 매노스피어는 백인 우월주의자와도 연결된다. 이들은 남성이 정치와 경제를 지배하고 여성이 집에 머물러 수많은 백인 아기를 낳던 과거의 사회 질서를 되돌리길 원한다. (이미 충분히 극단적이지만) 일부 매노스피어 남성은 더 나아가 강간을 정상적 행위로 미화하며 이를 단순히 '유혹 게임'의 일부라고 주장한다. 심지어 픽업 아티스트로 불리는 이들은 여성 강간 영상을 게시하면서 그것이 자신들의 '게임 성공'을 입증한다고 선전하기도 한다. 이처럼 매노스피어 남성 중 일부는 여성혐오적 행태를 끝까지 밀어붙였고 그 결과 이 공동체에서 비롯된 폭력적 여성혐오 공격은 점점 증가하고 있다.

이처럼 극단적인 폭력과 여성혐오 사례가 언급될 때마다 매노스피어 내부에서는 어김없이 그것은 우리 공동체를 대표하지 않는다는 반박이 나온다. 수많은 인셀이 엘리엇 로저를 '인셀들의 수호성인'으로 떠받들면서도 그들은 로저가 공동체를 대표하지 않는다며 그는 단지 썩은 사과일 뿐이라고 주장한다. 설령 이 말이 사실이라고 해도 우리는 이 공동체가 극단적 여성혐오 정서를 확산하는 데 기여하는 역할을 간과할 수 없다. 공동체가 직접 사람을 향해 방아쇠를 당기거나 차로 사람을 들이받지 않았더라도 그들이 퍼뜨린 여성혐오가 결국 그러한 폭력 사태에 일정한 영향을 미쳤음은 부정할 수 없기 때문이다.

매노스피어 남성이 자신을 여성혐오자로 인식하는지 여부는 의견이 엇갈릴 수 있다. 그러나 레드필 이데올로기를 따르는 한 가지 점에서는 확고히 일치한다. 즉, 여성과 남성은 본질적으로 다르다는 믿음이다. 이 공동체의 핵심에는 성별 간의 근본적 차이를 전제하는 사상이 자리한다. 오닐(O'Neill, 2018a: 156)이 지적하듯 "이 논리에 따르면 이성애 관계에서 남녀 간의 대립은 피할 수 없으며 따라서 허용될 뿐 아니라 종종 성적으로 미화된다. 여성과 남성은 서로 쉽게 관계 맺을 수 없으며 사실상 다른 종에 가깝다(강조는 원문)". 매노스피어는 여성을 '타자'로 위치시킨다. 남성과 대등하게 관계를 맺는 존재가 아니라 이해하고 맞서 싸우며 결국 극복해야 할 대상으로 규정하는 것이다.

이 과정에서 여성은 손쉬운 희생양이 된다. 타자로 규정된 여성, 특히 페미니즘은 남성이 겪는 문제의 책임을 떠넘기기 가장 쉬운 대상이다. 성별의 본질적 차이를 강조하는 이러한 사고방식은 공동체 전반에 노골적으로 퍼져 있는 여성혐오만큼 직접적이지는 않지만 매노스피어 내부에서 여성혐오가 뿌리내리고 확산되는 토양을 제공한다. 그 결과 남성은 여성을 "대립적 존재"로 인식하게 되며(O'Neill, 2018a) 이는 강간과 폭력, 나아가 여성의 기본권 박탈조차도 혐오스러운 범죄가 아니라 적대적 힘에 맞서 싸우고 극복하기 위한 불가피한 수단으로 받아들이게 만든다.

이러한 사고방식은 잠재적으로 파괴적일 뿐 아니라 남성이 자신들의 문제를 근본적으로 야기한 실제 원인에서 시선을 돌리게 만든다. 경제적 불안정, 과시적 소비 문화, 남학생이 여학생보다 뒤처지는 다양한 요인은 여성이나 페미니즘의 산물이 아니다. 그 뿌리는 자본주의에 있다. 그럼에도 매노스피어 남성은 여성에게 책임을 돌림으로써 자신들의 소외를 낳은 진짜 원인에서 등을 돌리고 있는 것이다. 숀 반 발켄버그(Van Valkenburgh, 2019)는 매노스피어가 어떻게 문제의 근본 원인인 자본주의 대신 여성을 비난하기 시작했는지를 상세히 분석한다. 그는 레딧의 레드필 커뮤니티를 연구하며 "레드필이 여성에 대해 말하는 방식은 마르크스가 자본가를 논하는 방식과 닮아 있다"고 주장한다.

발켄버그는 매노스피어 내에서 필독서로 자리 잡은 에스터 빌라르의 《조작된 여성The Manipulated Man》(Vilar, 1972)을 분석하면서 빌라르가 여성과 자본주의 기업을 직접적으로 비교한 대목을 인용한다(Vilar, 1972: viii).

> 여성은 여러 면에서 기업과 비교될 수 있다. 결국 기업은 최대 이윤을 추구하는 비인격적 시스템일 뿐이다. 여성도 다르지 않다. 사랑도, 증오도, 악의도 없이 그녀는 자신을 위해 일하는 남성에게 의존하고 있다.

반 발켄버그(Van Valkenburgh, 2019: 5)는 빌라르의 이러한 주장이 자본가에 의한 착취와 여성에 의한 착취를 동일시하는 것이라고 분석한다. 이는 단순한 은유를 넘어 매노스피어에 내재한 암묵적 반자본주의 서사를 드러낸다. 그러나 이 서사에서 비판의 화살은 자본가나 자본이 아니라 여성과 페미니즘으로 향한다. 결과적으로 매노스피어의 이러한 담론은 남성으로 하여금 문제의 근본 원인을 외면하거나 회피하게 만들고 그 대신 무고한 집단에 분노를 집중하게 한다.

남성이 겪는 문제의 책임을 전가하는 과정에서 매노스피어의 여성혐오가 현실에서 여성에 대한 폭력으로 이어질 수 있다는 점은 부정할 수 없다. 그러나 앞서 언급했듯, 이러한 여성혐오는 남성 개인의 본질적 속성이 아니라 매노스피어라는 구조 자체에 깊이 뿌리내려 있다. 더 나아가 매노스피어는 사회 전반에 퍼져 있는 여성혐오적 제도 속에서 형성되었으며 그 일부로 기능한다. 다시 말해 여성혐오는 특정 커뮤니티의 문제가 아니라 사회 구조에 뿌리박힌 체계적 문제이다. 이는 레드필 이데올로기의 핵심이기도 하다. 레드필은 단순하고 매혹적인 여성혐오 서사를 유통하며 결국 우리 사회 전체에 심대한 해악을 끼치고 있다.

과몰입한 네가 문제라는 공동체

매노스피어는 여성과 사회만을 해치는 것이 아니다. 이 공동체는 그 안에 속한 남성에게도 해를 끼친다. 매노스피어를 찾는 이들은 저마다 무언가를 갈망하며 발을 들인다. 극우 커뮤니티나 유혹 기술 강좌와 마찬가지로, 이들은 누군가와의 연결을 원하고 자신의 불만을 표출하며 그것을 극복할 방법을 찾고자 한다(Kimmel, 2018; O'Neill, 2018a). 이는 친밀한 공적 영역에서 흔히 나타나는 현상이다. 버런트가 주장하듯(Berlant, 2011: 10) "패배한 이들조차 여전히 삶에 매달리려 애쓰며 그 속에서 남아 있는 낙관을 지키기 위한 방식을 고민하는 존재들"이라고 말한다. 사회학자 헤르베르트 마르쿠제 역시 사람들이 종종 '시스템'에 의해 패배했다는 이야기를 하며 스스로를 위로하지만 실제로는 여전히 고통스럽고 많은 대가를 치르며 이미 시대에 뒤떨어진 방식으로 생존을 위해 발버둥친다고 지적한다(Marcuse, 2009 [1968]: 193). 매노스피어는 바로 이러한 모순된 생존 투쟁이 벌어지는 공간이며 그 때문에 많은 남성이 이 공동체에 강하게 집착하는 것이다.

이러한 집착은 대체로 낙관주의에서 비롯된다(Berlant, 2011: 24). 우리는 어떤 공간이나 사람, 공동체에 기대를 걸 때 그것이 우리에게 무언가를 해 줄 수 있다는 믿음을 전제한다. 버런트는 이렇게 설명한다. "우리가 욕망의 대상을 이야기할 때 사실 우리가 진정으로 원하는 것은 누군가 혹은 무언가가 우리에게 해 주기를 바라는 약속의 집합이다." 남성에게 매노스피어는 바로 그 '누군가 혹은 무언가'이다. 이들에게 매노스피어는 단순히 생존을 이어가는 수단을 넘어 탈출과 위안, 새로운 가능성을 제공하는 공간으로 자리한다.

하지만 매노스피어가 주는 애착은 위로를 제공하는 동시에 잔인하다. 남성이 욕망하는 대상인 매노스피어는 아이러니하게도 그들의 성장과 번영을 가로막는 장애물이 된다. 이 책에서 나는 여러 차례 '잔인한 낙관주의'라는 개념을 강조했는데 이는 매노스피어가 남성에게 영향을 미치는 핵심 메커니즘이기 때문이다. 잔인한 낙관주의란 자신을 억압하는 바로 그 구조가 언젠가는 자신을 구원할 것이라는 희망에 매달리며 그 희망 때문에 현실을 부정하는 상태를 말한다(Berlant, 2011; Silvestri, 2021). 다시 말해 고통의 원인인 대상이 결국 해답이 될 것이라는 착각 속에서 벗어나지 못하는 것이다. 매노스피어에서 벌어지는 상황이 정확히 그렇다. 그들은 남성에게 세상을 약속하지만 그 약속은 거의 지켜지지 않는다.

이 책에서 이미 여러 차례 설명했지만 이제는 이 잔인함이 한 개인에게 어떻게 나타나는지 구체적으로 살펴볼 필요가 있다. 매노스피어에서 공동체를 찾으려는 한 남성을 상상해 보자. 그를 케빈이라고 부르겠다.

케빈이 매노스피어를 찾는 이유는 다양하다. 그러나 대개는 자신의 삶에서 뭔가 만족스럽지 않은 부분이 있어 불만을 느끼고 그 문제를 해결하고자 한다. 때로는 단지 우연히 어떤 트윗이나 레딧 게시물을 보다가 혹은 앤드루 테이트나 조던 피터슨에 관한 글을 읽다가 매노스피어를 접할 수도 있다. 그렇게 본 무언가가 그를 강하게 끌어당긴다. 처음에는 그도 대부분의 사람처럼 글을 읽기만 하거나 가끔 댓글을 달 뿐이었다. 하지만 시간이 흐르면서 그는 직접 글을 올리기 시작한다. 자신의 삶과 불만을 털어놓으며 때로는 아주 사적인 내용까지 공유한다. 온라인에서 자기 이야기를 쏟아내면서 누군가와 연결되고 싶어 하는 것이다. 케빈은 이 공동체 안에서 희망이나 유대감을 발견하길 간절히 기대한다.

하지만 케빈이 이 온라인 공간에 올릴 수 있는 내용은 매우 제한적이다. 매노스피어의 문화에서는 남성적 이상에 부합하는 이야기만 허용된다. 헬스장에서의 운동, 새로 산 최신 기기 , 무엇보다 여성에 대한 불만 토로가 대표적이다. 이 범위를 벗어난 글은 대부분 무시되거나 조롱의 대상이 된다. 게다가 케빈은 이곳에서 친구를 사귀거나 진정한 연결을 찾는 데에도 어려움을 겪는다. 매노스피어 남성은 공동체에 대한 열망을 말하지만 실제로 유대감을 형성하기 위한 행동은 거의 없다. 오히려 그들은 남보다 앞서 나가기 위해 혼자 노력해야만 행복할 수 있다는 문화를 조장한다. 케빈은 공동체를 기대하며 이곳을 찾았지만 현실에서 그는 여전히 철저히 혼자다.

게다가 케빈이 '게시하기'를 누르는 순간, 콘텐츠에 대한 통제권은 사라진다. 이제 권한은 디지털 플랫폼으로 넘어간다. 플랫폼은 게시물과 관련된 데이터를 수집하고 알고리듬으로 그 확산 범위를 조절한다. 겉보기에는 케빈이 콘텐츠를 작성했지만 그 노출 방식과 활용 여부는 여전히 플랫폼이 결정한다. 심지어 플랫폼은 필요하다면 몇 시간 단위로 게시물의 의미와 확산 경로를 바꿀 수도 있다. 케빈이 올리는 모든 글과 이미지는 그의 노동, 시간, 에너지, 감정, 자기 자신이 담긴 투자이다. 어떤 투자는 단순히 이미지를 재게시하는 것처럼 간단하지만 어떤 글은 길고, 그의 개인사를 세세하게 드러내며 깊다. 그러나 게시 순간, 그 모든 콘텐츠의 소유권은 개인에서 소셜 미디어 기업으로 이전된다. 그 결과는 대부분 (항상 그렇지는 않지만) 짧은 관심과 반응을 얻고 곧바로 다음 게시물로 시선이 넘어가는 것이다.

케빈이 올린 게시물은 유대감 형성이나 깊이 있는 토론으로 이어지지 않는다. 그 대신 매노스피어와 소셜 미디어 플랫폼은 그의 글을 개인주의적 흐름 속에 가두거나 광고주에게 연결해 상품을 팔기 위한 도구로 사용한다. 그럼에도 이들은 케빈에게 언젠가는 상황이 달라질 것이라는 약속을 반복한다. 이 패턴은 끝없이 되풀이된다. 케빈은 계속 글을 올리며 마음을 쏟지만 돌아오는 반응은 대부분 미미하다. 그러나 그 미약한 반응조차 그에게는 강한 자극이 된다. 다음에는 더 나아질 거라는 희망이 생기고 케빈은 다시 글을 쓴다. 하지만 결과는 변하지 않는다. 반복되는 것은 기대와 실망뿐이다.

매노스피어는 결국 남성을 그들의 콘텐츠로부터, 더 나아가 자기 자신과 공동체로부터 소외시킨다. 마르크스(Marx, 2009[1844])가 지적했듯 소외란 우리의 활동이 낯선 힘에 의해 우리를 거슬러 돌아올 때 발생한다. 즉, 우리가 스스로를 위해 한 활동이 오히려 외부의 힘에 의해 우리를 지배하는 도구로 전환되는 상태이다. 매노스피어에서, 더 넓게는 소셜 미디어 환경에서 사용자가 만든 콘텐츠는 플랫폼에 의해 사용자 자신에게 되돌려진다. 안드레예비치(Andrejevic, 2011: 287)는 이렇게 설명한다. "우리가 쓰는 모든 메시지, 올리는 모든 영상, 구매하거나 보는 모든 항목, 우리가 이동하는 시간과 공간의 궤적, 사회적 상호 작용의 패턴은 모두 우리의 행동을 분류하고, 예측하며, 관리하기 위한 알고리듬의 데이터가 된다."

친밀한 공적 영역은 촘촘한 사회적 연결망에 기반하지 않는다. 그 대신에 공통의 정서적 세계와 공유된 역사에 대한 '감각', 그리고 막연한 소속 가능성을 바탕으로 형성된다(Berlant, 2008: 11). 매노스피어라는 공적 영역은 겉보기에는 친밀하다. 일상적이고 사적인 문제를 공적 영역으로 끌어올리고 개인의 고민을 목소리로 낼 수 있는 공간을 제공하기 때문이다. 그러나 진정한 의미에서 친밀하다고는 할 수 없다. 참가자 사이에 깊은 관계가 형성되지 않기 때문이다. 매노스피어는 남성에게 소속될 공동체를 약속하지만 그 약속은 실현되지 않는다.

이 모든 것이 모든 사람에게 똑같이 적용되는 것은 아니다. 일부는 소셜 미디어 플랫폼 밖에서 만나 강한 유대 관계를 형성하기도 한다. 케빈 역시 운이 좋다면 용기를 내어 같은 도시에 사는 누군가와 커피나 술 한 잔을 나눌 수도 있다. 그러나 이러한 만남이 플랫폼에서 장려되는 일은 결코 없다. 사람들이 실제로 만나면 온라인에서 보내는 시간이 줄어들기 때문이다. 매노스피어에서 수많은 남성이 공동체의 일원이 되고 싶다고, 소속감을 느끼고 싶다고 적극적으로 말하지만 플랫폼은 그들이 원하는 방식의 친밀한 공동체를 결코 만들어 주지 않는다.

이처럼 매노스피어는 우리 사회에 심각한 문제를 야기한다. 가장 뚜렷한 문제는 이 공간에서 퍼져 나오는 여성혐오와 폭력이다. 우리는 이를 반드시 거부해야 한다. 그러나 매노스피어는 그곳의 남성 스스로에게도 해롭다. 매노스피어는 겉으로는 남성이 불만을 편하게 나누고, 공동체 의식을 느끼며, 더 나은 삶에 대한 희망을 품을 수 있는 장소를 제공하는 것처럼 보인다. 그러나 이러한 약속에도 불구하고 매노스피어는 철저히 소외의 공간이다. 소셜 미디어 플랫폼의 구조와 플랫폼 정치는 개인의 투자와 노동을 착취하고, 그것을 낯선 힘, 즉 플랫폼 자체를 통해 다시 개인에게 되돌린다. 이 과정에서 개인의 활동은 그가 원했던 결과를 만들어 내지 못하고 오히려 플랫폼의 이익을 강화하는 도구로 변한다. 그 결과 그는 자신의 노동에서 그리고 그가 소속되기를 바란 공동체에서 소외된다.

우리는 무엇을 할 것인가?

그렇다면 우리는 매노스피어에 어떻게 대응해야 할까? 나는 이 책 전반에서 매노스피어가 단순한 온라인 현상이 아니라 우리 사회에 깊이 뿌리내린 이데올로기와 제도 속에서 자라난 복잡한 공간임을 강조했다. 그렇기 때문에 이 문제에 대한 간단한 해법은 존재하지 않는다. 해결에는 상당한 노력이 필요하며 그 과정은 결코 쉽지 않을 것이다.

우선 하지 말아야 할 일부터 짚고 싶다. 특히 이 문제를 공권력에 의존해 해결하려는 접근이 왜 잘못된 생각인지 설명할 것이다. 그다음으로 내가 생각하는 가장 효과적인 두 가지 방안을 제시하려 한다. 첫째, 문제의 근본을 해결해야 한다. 사회적, 경제적 불안을 완화하고 남성에게 새로운 형태의 소속감을 제공하는 것이다. 둘째, 여성혐오에 정면으로 맞서야 한다. 단, 단순히 그들의 논리를 반박하는 데 그쳐서는 안 된다. 남성이 자신의 삶에서 무엇이 일어나고 있는지 이해할 수 있도록 돕는 대안적 서사와 이야기를 마련해야 한다.

금지나 추방으로는 해결할 수 없다

여성혐오와 관련된 폭력 사건은 그동안 경찰, 안보 기관, 그리고 소셜 미디어 기업에 의해 종종 외면되어 왔다. 로라 베이츠는 저서 《인셀 테러Men Who Hate Women》(Bates, 2020)에서 반테러 전략을 분석하고 서구 여러 국가의 안보 기관 관계자들을 인터뷰했다. 그 결과 여성혐오적 폭력은 대부분 테러 위협으로 간주되지 않는다는 사실이 드러났다. 인셀 같은 집단은 주로 백인 우월주의 세력과 함께 묶여 다뤄질 뿐이다. 이에 대해 베이츠는 이렇게 주장한다. "우리가 가장 먼저 이루어야 할 큰 변화는 정부가 테러를 감시하고 입법하며 대응할 때 남성 우월주의와 여성혐오적 극단주의를 반드시 그 대상에 포함해야 한다는 점이다(Bates, 2020: 309 – 310)."

이런 주장을 하는 건 베이츠만이 아니다. 구르프리트 카우르 박사도 〈앤드루 테이트 문제를 어떻게 해결할 것인가How do you solve a problem like Andrew Tate〉라는 글(Kaur, 2023)에서 매노스피어에 대응하기 위한 첫 번째 방어선으로 반테러 입법을 제안한다. 카우르 박사가 내놓은 해결책은 두 가지이다. 첫째, 현재의 반테러 정책과 혐오 범죄 관련 법에 '앤드루 테이트식 여성혐오'를 명확히 위협 요소로 포함해야 한다. 둘째, 알고리듬과 인공 지능 기술에 스며든 성차별적 편향이 극단주의와 그 영향력을 키우지 못하도록 이를 규제하는 법적, 제도적 장치를 마련해야 한다.

이런 요구는 어느 정도 반영되고 있다. 일부 안보 기관이 여성혐오 집단을 주시하기 시작한 것이다. 2021년, 호주 보안정보국 국장 마이크 버제스는 〈연례 위협 평가 보고Annual Threat Assessment〉에서 이렇게 밝혔다. "기존의 좌우 이념 스펙트럼에 들어맞지 않는 극단주의자가 점점 늘어나고 있다. 그들은 특정한 이념이 아니라 사회 붕괴에 대한 두려움, 사회경제적 불만, 음모론에 의해 움직인다(Burgess, 2021)." 버제스는 이어 인셀 커뮤니티를 이러한 집단 중 하나로 지목하며 보안정보국이 이들을 훨씬 더 면밀히 감시하고 있다고 덧붙였다. 미국 비밀경호국 역시 2022년 보고서에서 비슷한 입장을 내놓으며 인셀이 사회에 점점 더 큰 위협이 되고 있다고 경고했다(Yang, 2022).

이는 전혀 놀라운 일이 아니다. 인셀은 이미 서구 사회에서 여러 차례 폭력적 공격을 저질렀고 경찰과 안보 기관은 이 위협을 당연히 심각하게 받아들일 수밖에 없다. 우리는 이들이 공격을 사전에 막고 테러 발생 시 신속하게 대응하기를 바란다. 그러나 이런 조치가 문제 해결의 궁극적인 해법이 될 수는 없다. 오히려 이 방식에만 의존하면 상황을 더 악화할 위험이 있다. 예컨대 로라 베이츠(Bates, 2010: 310)는 이렇게 말한다. "기관들은 단순히 이 문제를 심각하게 받아들이는 데 그쳐서는 안 된다. 국내 테러 관련 법을 새로 도입하거나 개정해 이러한 범죄가 극단적 증오에 기반한 다른 폭력 행위와 동일한 수준의 심각성을 가지고 다뤄질 수 있도록 해야 한다."

그러나 이러한 접근에는 몇 가지 문제가 있다. 그중에서도 가장 큰 문제는 이런 법이 시민의 권리를 심각하게 훼손할 수 있다는 점이다. 이러한 법은 개인의 프라이버시와 적법 절차에 따른 권리를 침해한다는 비판을 꾸준히 받아 왔다. 대표적인 사례가 9.11 테러 발생 45일 만에 졸속으로 통과된 미국의 '애국법'이다. 이 법은 테러 대응을 명목으로 도입됐지만 실제로는 사회 전반의 감시 권한을 크게 확장하는 데 사용되었다. 애국법은 안보 기관에 '스니크 앤 피크sneak and peek'라는 권한을 부여한다. 이는 안보 기관이 일정 기간 영장 집행 사실을 알리지 않은 채 주거지나 사무실을 은밀히 수색할 수 있도록 하는 권한이다. 미국시민자유연맹(ACLU, 2023)에 따르면 이러한 스니크 앤 피크 수색의 76%는 마약 관련 범죄 수사에 사용됐으며 테러와 관련된 경우는 고작 1%에 불과했다. ACLU는 이렇게 지적한다.

> 애국법은 정부가 일반 시민을 감시하기 훨씬 쉽게 만들었다. 전화와 이메일 통신을 감시하고, 은행 및 신용 기록을 수집하며, 무고한 미국인의 온라인 활동을 추적할 권한이 대폭 확대됐다. 대부분의 미국인은 이 법이 테러범을 잡기 위해 만들어졌다고 생각하지만 실제로 애국법은 평범한 시민을 용의자로 만들 수 있는 법이다.

이 법은 예상대로 유색인종을 가장 많이 겨냥했다. 반테러 법안은 흑인과 소수 인종 집단을 문제적이고 일탈적으로 보는 기존의 시각을 더욱 강화하는 방식으로 설계되었다(Patel, 2017). 특히 이슬람 공동체는 본질적으로 폭력적이라는 낙인이 찍혔고(European Network Against Racism, 2021), 그 결과 테러 방지라는 명목 아래 무슬림 인구에 대한 감시가 강화되고 이동의 자유가 제한되었다. 이러한 조치는 오히려 인종차별적 정서를 부추겼다(Patel, 2017). 이슬람을 폭력과 동일시하는 시각은 많은 무슬림을 차별과 학대에 더욱 취약하게 만들었으며 그 두려움은 그들의 무슬림 정체성 그 자체에서 비롯된다(European Network Against Racism, 2021).

따라서 우리는 반테러법의 적용 대상을 늘리는 방식으로 매노스피어 문제에 대응해서는 안 된다. 여성혐오적 폭력을 반테러법에 포함한다고 해서 그것이 이슬람 극단주의를 대상으로 했을 때처럼 악용되지 않을 것이라고 순진하게 믿어서는 안 된다. 오히려 그러한 조치는 시민에 대한 감시 강화, 권리 침해, 유색인종의 주변화를 초래할 가능성이 크다. 특히 이미 교정 시설에서 높은 비율을 차지하는 흑인 남성에 대한 의심은 더 커질 것이다. 이러한 문제는 이미 다른 여성혐오적 폭력 단속 과정에서도 드러난 바 있다. 예를 들어 가정폭력은 모든 인종에서 발생하는 문제임에도 경찰 개입은 흑인 남성(그리고 흑인 여성)의 수감률을 더 높이는 결과를 낳는 경우가 많았다(Hill, 2019).

이 모든 것보다 더 큰 문제는 반테러법이 극단주의 집단을 오히려 사회의 더 깊은 주변부로 밀어낼 가능성이 있다는 점이다. 이런 접근은 국가가 우리 공동체뿐 아니라 우리의 정체성까지 파괴하려 한다는 피해 의식을 더욱 강화하며 그들이 느끼는 부당함과 소외감을 심화할 위험이 크다. 특히 개인이 자신이 국가의 직접적인 표적이 되고 있다고 느낄수록 이러한 현상은 더 심각해진다. 로런 밴 메트르와 린다 비셰이(Metre and Bishai, 2019)는 이러한 현상을 '포식 국가predatory state'라고 부른다. 포식 국가는 소수 엘리트가 제도를 악용해 자신들의 이익을 극대화하는 상황을 뜻한다. 이는 흔히 특정 공동체의 자원과 부를 빼앗는 방식으로 나타나지만 반테러법의 경우에는 정치인이 범죄에 강경하다는 이미지를 만들기 위해 특정 유권자층을 겨냥해 이 제도를 남용할 때 발생한다. 결국 이러한 조치는 개인을 더 고립시키고 더 많은 사람을 사회의 주변부로 내몰며 폭력의 위험을 오히려 키운다. 이 현상에 대해 밴 메트르와 비셰이는 이렇게 말한다.

> 이런 환경에서 안보 기관은 공동체를 보호하기는커녕 오히려 불안정을 초래한다. 다시 말해 민주주의의 핵심 요소인 정당, 대표자와 유권자의 관계, 사법 및 안보 제도는 본래 민주주의를 지키기 위한 장치이지만 현실에서는 엘리트의 약탈을 가능하게 하는 도구로 변질되며 결국 민주주의의 정당성을 무너뜨린다.

그들은 이어 이렇게 설명한다.

> 이러한 조건에서는 국가 제도가 폭력적 극단주의 단체와 크게 다르지 않아 보이는 아이러니가 발생한다. 다른 점이 있다면 극단주의 단체는 뒤틀린 '민주주의'에 의해 소외된 사람들에게 새로운 기회를 제공한다는 것이다. 특히 많은 취약 국가의 경직되고 배타적인 지도부, 제한된 사회적 이동성, 직업적 성장 기회의 부족을 고려할 때 젊고 야심찬 극단주의 지도자가 내세우는 약속은 소외된 이들에게 이동성과 주체성을 되찾아 줄 강력한 유혹으로 작용한다.

공권력 투입이 매노스피어 내부에서 이와 같은 결과를 초래할지 여부는 아직 충분히 검증되지 않았다. 그러나 지금까지의 경험은 분명한 교훈을 준다. 무슬림 공동체를 대상으로 한 경찰 치안 강화는 오히려 역효과를 낳았다. 사회와의 연결이 약화되면서 일부 사람들은 극단주의 세력에 더 깊이 의존하게 된 것이다(Coyne, 2019; Sabbagh, 2020).

이 글을 쓰는 지금도 이스라엘은 가자 지구에서 하마스(그리고 수백만 명의 무고한 팔레스타인인)를 상대로 전쟁을 벌이고 있다. 많은 논평가는 이 전쟁이 결국 새로운 세대의 하마스 전투원을 양산할 것이라고 지적한다. 이유는 명확하다. 대규모 폭력에 직면한 팔레스타인인이 당연하게도 분노와 원한을 느끼기 때문이다(Rogers, 2023). 이처럼 공권력, 폭력, 감시는 언제든 역효과를 불러올 수 있다. 사람들을 사회로부터 더 멀리 밀어내고 결국 극단으로 내모는 결과를 낳기 때문이다.

매노스피어를 단속하는 흔한 방식 중 하나는 '소셜 미디어 계정 차단'이다. 물론 계정 차단이 체포나 경찰 감시와 동일한 것은 아니다. 그러나 온라인에서 이루어지는 이러한 교정과 처벌은 매노스피어 커뮤니티를 대상으로 광범위하게 시행돼 왔다. 이와 함께 차단 조치가 어떤 영향을 미치고 커뮤니티가 어떻게 반응하는지를 분석한 연구도 꾸준히 늘어나고 있다(Chandrasekharan et al., 2017; Copland, 2020; Ribeiro et al., 2020).

최근 몇 년 사이 소셜 미디어 차단 조치는 꾸준히 증가하고 있다. 그동안 소셜 미디어 기업들은 여성혐오 집단을 직접적으로 겨냥하는 데 소극적이었는데 이는 해당 콘텐츠가 막대한 수익을 창출하기 때문이다(Bates, 2020). 그럼에도 차단 사례는 계속 이어지고 있다. 예를 들어 앤드루 테이트가 페이스북과 트위터(현 엑스)에서 차단되었다가 (일론 머스크가 복귀를 허용하기 전까지) 계정이 복구된 사례가 있고 레딧에서는 인셀과 믹타우 서브레딧 등 커뮤니티 전체가 폐쇄되기도 했다. 현행 규정상 기업은 이러한 조치를 취할 권한을 갖고 있으며(Gillespie, 2018) 이들 개인이나 집단이 서비스 약관을 반복적으로 위반한 사실도 명백하다. 최근에는 정부까지 여기에 개입하고 있다. 호주 정부는 남성이 저지른 일련의 폭력 사건 이후 소셜 미디어의 역할을 문제 삼으며 강력한 규제에 나섰다. 일부 정부는 기업이 특정 콘텐츠를 삭제하지 않으면 거액의 벌금을 부과하겠다고 경고하고 있으며(Taylor, 2024), 심지어 만 16세 미만 청소년의 소셜 미디어 사용을 전면 금지하는 조치까지 시행한 경우도 있다(Middleton & Taylor, 2024).

나는 소셜 미디어 차단 조치에 대해서는 매우 비판적이다. 그 이유는 간단하다. 소셜 미디어 기업은 극우나 매노스피어에서 비롯된 폭력을 진정으로 해결할 의지가 없기 때문이다. 제프 스패로는 이렇게 지적한다. "설령 소셜 미디어 기업들이 정치적 압력에 잠시 부끄러움을 느낀다 해도 그들의 궁극적 목표는 이윤 추구이다. 그리고 극우 계정의 자극적인 콘텐츠는 사용자 참여를 끌어내며 이는 광고를 통해 수익으로 이어진다(Sparrow, 2019: 123)." 결국 소셜 미디어 기업은 정확한 판단보다 논란을 유지하는 것에 더 관심이 있다. 그 결과 진보적 단체나 아이디어까지 차단 대상이 되는 일이 빈번하다(Sparrow, 2019). 실제로 최근 이스라엘-하마스 전쟁과 관련해 소셜 미디어 기업들이 팔레스타인 지지 목소리를 검열하는 사례가 나타났다. 팔레스타인인이 논쟁에서 가장 소외된 집단임에도 말이다. 이처럼 차단 캠페인은 결국 부정적인 결과를 초래할 수 있다.

그렇다고 소셜 미디어 플랫폼의 퇴출 조치를 전면 부정해야 한다는 뜻은 아니다. 연구에 따르면 소셜 미디어를 통해 생계를 유지하던 유명 인물을 겨냥할 경우 이러한 조치는 상당한 효과를 발휘할 수 있다. 예를 들어 2018년 마일로 야노풀로스가 차단된 이후 그의 영향력과 수입은 급격히 줄었고 전국에서 예정됐던 강연이 모두 취소됐다(Bates, 2020). 결국 그는 지역 교회에서 값싼 물건을 판매하는 처지로 전락했다(Chudy, 2021). 총기 난사 사건에 대한 음모론으로 악명 높은 알렉스 존스도 마찬가지이다. 차단 조치 이후 그는 많은 청중을 잃었고(Bates, 2020) 결국 2012년 샌디훅 초등학교 총기 난사 사건 피해자들에게 15억 달러의 손해 배상을 지급하라는 판결을 받으며 파산을 선언했다(Chan, 2022).

활동가와 사회 운동 역시 매노스피어 리더 퇴출에 중요한 역할을 해 왔다. 예를 들어 조던 피터슨이나 마일로 야노풀로스 같은 인사의 강연 투어에는 종종 대규모 시위가 뒤따랐고 이는 이들의 영향력을 약화하는 데 큰 효과를 거두었다. 언론인 제이슨 윌슨(Wilson, 2018)에 따르면 2017년 샬러츠빌에서 벌어진 극우 집회 이후 이어진 맞불 시위는 백인 민족주의 운동의 확산을 저지하는 데 핵심적인 역할을 했다. 이러한 맞불 시위로 극우 지도자들은 주류 채널에 접근할 길이 차단되고 결국 지지를 잃게 되었다. 또한 이런 시위는 극우 세력과 매노스피어 구성원의 사기를 꺾고 새로운 가입을 주저하게 만든다(Sparrow, 2019). 따라서 지도자를 표적으로 삼는 전략은 그들의 사상이 뿌리내리기 전에 확산을 막는 효과적인 방법이 될 수 있다.

연구는 아직 충분하지 않지만 커뮤니티 전체나 잘 알려지지 않은 개인을 대상으로 한 차단 조치는 훨씬 더 어렵게 시행된다. 레딧은 지난 5년 동안 매노스피어 관련 서브레딧을 연이어 '격리'하거나 차단해 왔다(Chandrasekharan et al., 2017; Copland, 2020; Ribeiro et al., 2020). 차단은 비교적 단순하지만 격리는 훨씬 더 복잡한 제재 방식이다. 격리된 서브레딧은 플랫폼의 첫 화면이나 사용자의 구독 피드에 표시되지 않는다. 또 해당 서브레딧에 접근하면 "이곳은 충격적이거나 매우 불쾌한 콘텐츠를 다루는 공간입니다"라는 경고 문구가 뜨며 이용자는 명시적으로 참여 의사를 확인해야 한다. 이 조치는 접근을 어렵게 만들어 콘텐츠 확산을 제한하기 위해 설계된 것이다. 그러나 격리 상태에서도 서브레딧은 삭제되지 않고 남아 있기 때문에 연구자들에게는 소셜 미디어 플랫폼의 제재에 대한 커뮤니티 반응을 관찰할 수 있는 유용한 자료로 활용된다.

레딧의 격리 조치에는 두 가지 목표가 있다. 첫째, 문제적 서브레딧을 플랫폼 전체에서 분리해 혐오 콘텐츠 접근을 줄이는 것. 둘째, 해당 서브레딧 내부의 담론을 더 긍정적인 방향으로 바꾸는 것이었다. 나는 두 개의 매노스피어 서브레딧에 이 조치가 시행된 후 이러한 목표가 실제로 달성되었는지 분석했다(Copland, 2020). 나를 포함한 여러 연구자의 결론은 엇갈린다(Chandrasekharan et al.,

2017; Copland, 2020; Ribeiro et al., 2020). 내 연구 결과 격리 조치 이후 두 서브레딧의 참여율은 약 절반가량 감소했다. 이는 레딧이 첫 번째 목표는 달성했음을 보여 준다. 그러나 남아 있는 사용자의 여성혐오 수준은 낮아지지 않았고 이는 두 번째 목표가 실패했음을 의미한다. 이 실패는 어느 정도 사용자의 초기 반응으로 설명할 수 있다. 두 서브레딧 모두 격리 조치에 대한 분노가 컸고 이는 외부 플랫폼으로 이동을 촉구하는 캠페인으로 이어졌다. 이런 움직임은 특별한 사례가 아니다. 도널드 트럼프 서브레딧이나 인셀 서브레딧 같은 커뮤니티가 완전히 차단되었을 때도 많은 회원이 레딧을 떠나 규제가 훨씬 약한 외부 커뮤니티로 옮겼다(Ribeiro et al., 2020). 이들 커뮤니티는 규모는 더 작았지만 콘텐츠는 훨씬 더 극단적이었다(Ribeiro et al., 2020). 이 현상은 웹 전반에서 반복되고 있다. 도널드 트럼프가 트위터에서 차단되자 수많은 이용자가 극우 성향의 플랫폼인 파클러와 개브로 이동했다. 이후 트럼프는 자신의 소셜 미디어 플랫폼인 트루스 소셜을 만들었고 이는 그의 지지자와 극우 세력의 주요 활동 공간이 되었다. 이러한 플랫폼의 공통점은 기존 주류 플랫폼보다 규제가 훨씬 약하다는 점이며 그 결과 극단적 사상이 사회의 견제 없이 확산될 수 있다. 더 우려스러운 사실은 이들이 놀라운 속도로 성장하고 있다는 점이다. 그중 가장 큰 플랫폼인 개브는 이미 수백만 명의 가입자를 확보했다.

　차단 조치는 다른 형태의 단속과 마찬가지로 남성을 오히려 더 극단으로 몰아갈 수 있다. 또한 이러한 조치가 웹 전반에서 여성혐오나 혐오 콘텐츠의 양을 반드시 줄이는 것도 아니다. 레딧의 여러 차단 사례를 분석한 찬드라세카란 외(Chandrasekharan et al., 2017: 18)의 연구는 이렇게 말한다.

> 어떤 의미에서 레딧은 차단된 서브레딧 사용자를 그저 다른 사람의 문제로 떠넘긴 셈이다. 거시적 관점에서 볼 때 레딧의 조치가 인터넷을 더 안전하거나 덜 혐오적인 공간으로 만들었다고 보기 어렵다. 현재 확보된 증거를 종합하면 가능한 해석 중 하나는 차단 조치가 오히려 사용자를 인터넷의 더 어두운 구석으로 내몰았다는 것이다.

이 말이 개인이나 집단을 절대 차단해서는 안 되거나 체포가 불필요하다는 뜻은 아니다. 때로는 플랫폼에서 다른 이용자나 집단의 안전을 즉시 보장해야 하는 상황이 있으며 그런 경우 차단은 적절한 조치가 될 수 있다. 그러나 차단이 장기적인 해결책이라고 믿는 것은 착각이다. 차단은 문제를 해결하지 못하고 단지 다른 곳으로 옮길 뿐이다. 폭력, 혐오, 여성혐오가 특정 플랫폼에서 사라질 수는 있어도 인터넷 전체나 사회에는 여전히 남아 있다. 오프라인이든 온라인이든 단속은 효과가 없을 가능성이 크고 오히려 문제를 악화할 위험도 있다. 우리는 더 나은 방법을 찾아야 한다.

문제의 핵심을 바로잡다

단속은 근본 원인을 해결하지 못한 채 문제의 겉모습만 처리하기 때문에 효과가 없다. 물론 공격을 막거나 가해자를 체포하는 일은 필요하고 바람직하다. 그러나 그런 조치만으로는 사람들이 처음부터 이러한 사상에 빠져드는 과정을 막을 수 없다. 매노스피어 문제를 진정으로 해결하려면 이 운동을 지탱하는 핵심 원인에 정면으로 맞서야 한다.

이를 위해 많은 사람이 이제 남성이 남자다움을 인식하는 방식을 어떻게 바꿀지에 주목하고 있다. 예를 들어 앞서 인용한 글에서 구르프리트 카우르 박사(Kaur, 2023)는 어린 남학생의 젠더 관련 인식을 교정하는 것이 이 커뮤니티에 대응하는 핵심 전략이라고 강조한다. 카우르는 세 가지 해법을 제안한다. 첫째, 젠더 전문가가 남학생과 대화하며 남성성 규범에 대한 그들의 생각을 점검해야 한다. 둘째, 부모, 특히 아버지는 가정에서 아들과 앤드루 테이트 같은 인물에 대해 솔직히 이야기하고 그 자리를 더 긍정적인 롤모델로 대체해야 한다. 셋째, 학교와 대학은 건강한 관계 맺기를 주제로 워크숍을 운영해야 한다.

로라 베이츠(Bates, 2020) 역시 비슷한 접근을 제안한다. 베이츠는 젠더 관련 개입은 가능한 한 이른 시점, 특히 교육 시스템을 통해 이루어져야 한다고 강조하며 국가 차원의 성차별에 반대하는 프로그램을 정규 교육 과정에 포함할 것을 주장한다. 베이츠에 따르면 이 교육 과정은 단순히 극단적 여성혐오를 알리는 데 그치지 않는다(Bates, 2020: 313).

오히려 성별 고정관념을 인식하고 건강한 관계를 형성하는 법, 성적 동의와 상호 존중의 개념을 이해하도록 돕는 내용을 포함해야 한다. 이러한 기초 교육은 청소년들이 훗날 온라인에서 접할 수 있는 왜곡된 정보나 유해한 가치관에서 자신을 보호하는 데 중요한 역할을 한다.

이러한 프로그램은 이미 세계 곳곳에서 다양한 방식으로 실행되고 있으며 그중 일부는 특히 주목할 만하다. 예를 들어 뉴질랜드에서는 2019년 '그녀는 당신의 재활원이 아니다She Is Not Your Rehab'라는 이름의 운동이 시작됐다(Brown and Brown, 2021). 이 운동은 매트 브라운이 자신이 운영하는 이발소에서 고객과 나눈 대화에서 출발했다. 이후 이 대화는 더 큰 캠페인으로 발전했으며 온라인 활동과 남성과의 대화를 통해 다음과 같은 메시지를 전하고 있다. "남성에게 자신의 어린 시절 트라우마를 인정하고 그 치유에 대한 책임을 스스로 지도록 초대하는 것. 이를 통해 자신이 겪은 고통을 주변 사람에게 전가하지 않고 변화와 성장을 이끌어 내는 것." 매트와 그의 아내 사라는 현재 지역사회에서 중요한 역할을 하며 남성들이 자신의 어려움을 다루고 남성성을 표현하는 새로운 방식을 보여 주는 대표적인 인물로 자리매김했다.

학교와 대학도 성폭력과 여성혐오 문제를 해결하기 위해 적극적으로 투자하고 있다. 나의 모교인 호주국립대학교에는 '존중에 기반한 관계' 전담 부서가 있다. 이 부서는 대학 내 성폭력과 성희롱 예방을 핵심 목표로 하며 "증거 기반 교육과 문화적 변화를 통해 긍정적이고 지속 가능한 변화를 이끌어 간다"라고 밝히고 있다(ANU, 2023). 이 부서는 성폭력과 성희롱에 대한 이해를 높이기 위해 다양한 교육, 행사, 프로그램을 운영한다. 또한 캠퍼스 내 갈등을 해결하기 위한 회복적 실천을 시행하고, 각 부서가 성희롱, 성폭력 대응 계획을 적절히 수립할 수 있도록 자문을 제공한다. 이러한 노력은 실제로 캠퍼스에 큰 변화를 가져왔다. 내가 처음 이곳에 왔을 때는 은밀하게만 이야기되던 여성혐오와 성폭력 문제가 이제는 공개적으로 논의되고 있다.

이러한 노력은 매노스피어 문제를 해결하는 데 필수적이며 브라운 부부와 존중에 기반한 관계 부서가 보여 주는 활동은 우리에게 큰 영감을 준다. 앞서 여러 차례 언급했듯 매노스피어 남성은 과거의 이상화된 남성상을 동경하며 20세기식 남성의 사명을 다시 부활하려 한다. 그러나 그 사명은 본질적으로 가부장적이고 폭력적이었다. 그렇기에 우리는 남성이 남성성을 표현할 새로운 방식을 고민해야 한다. 더 중요한 사실은 매노스피어 남성이 인정하든 하지 않든 그 오래된 사명은 이미 쇠퇴하고 있다는 점이다. 그 기준을 지키려는 시도는 끝없는 실패로 이어질 수밖에 없고 앞서 논의했듯 그 실패는 다시 절망과 폭력으로 귀결된다. 따라서 우리는 남성성에 대한 기존의 이해를 재구성해야 한다. 이것은 절대적으로 필요한 과제이다.

그럼에도 남성성에 초점을 맞춘 접근에는 한계가 있다. 첫 번째는 범위의 문제이다. 로라 베이츠가 제안한 방식처럼 대부분의 해결책은 학교 내 워크숍이나 특정 대상 프로그램에 집중된다. 그러나 내가 교사들과의 대화에서 반복적으로 들은 지적은 학교 교육 과정이 이미 과부하 상태라는 점이다(나는 교사와 교제 중이고 교사 친구도 많다). 교사들은 정규 교육과정에 새로운 프로그램을 추가할 시간과 여력이 없다고 말한다. 실제로 이러한 프로그램이 도입되더라도 이미 빽빽한 일정 속에서 겨우 시간을 내는 수준에 그치기 때문에 단기적 효과는 있을지 몰라도 장기적 영향은 기대하기 어렵다.

존중에 기반한 관계 프로그램의 효과에 대한 연구는 이 문제가 왜 심각하며 더 깊이 있는 개입이 필요한 이유를 잘 보여 준다. 현재 가장 흔히 사용되는 정부 개입 방식은 인식 제고나 태도 변화를 목표로 하는 단발성 강좌나 세미나이다. 그러나 이런 방식은 장기적인 행동 변화를 이끌지 못한다(DeGue, 2014). 교육은 반드시 대면 워크숍과 장기적인 지역사회 예방 활동과 함께 이루어져야 하며 연구에 따르면 이러한 포괄적 프로그램은 태도와 행동을 실제로 변화시킬 수 있다(DeGue, 2014). 그럼에도 우리는 여전히 이 문제의 해결책을 충분히 알지 못한다. 이런 접근이 도움이 될 수는 있지만 문제를 완전히 해결할 수는 없다.

두 번째 문제는 매노스피어 확산의 근본 원인이 왜곡된 남성성만이 아니라는 점이다. 앞서 언급한 캠페인과 프로그램은 남성이 이 커뮤니티에 끌리는 이유 중 일부를 해결하는 데는 도움이 되지만 모든 문제를 해결할 수는 없다. 이 프로그램들은 장식적 문화가 만들어 낸 현실을 바꾸지 못하며 경제적 어려움에 놓인 남성을 실질적으로 돕는 데도 한계가 있다. 따라서 우리는 단순히 남성성에 대한 인식을 바로잡는 수준을 넘어 훨씬 더 거대한 구조적 문제 해결에 도전해야 한다. 할 수 있는 일은 많지만 이 짧은 장에서 모두 다루기는 어렵다. 그 대신에 나는 두 가지 아이디어를 출발점으로 제시하고자 한다.

첫 번째 아이디어는 남성들에게 새로운 형태의 소속감을 제공하는 것이다. 과거 청소년 단체, 노동조합, 스포츠 클럽, 교회 등 젊은 남성과 여성이 모이던 공간들은 점점 사라지고 있고 그 결과 사람들은 이제 주로 온라인에서 공동체를 찾고 있다. 로라 베이츠(Bates, 2020: 321)는 이렇게 지적한다. "2012년부터 2016년 사이 영국에서는 600개 이상의 청소년 센터가 문을 닫았고 2009년에서 2017년 사이 지방정부의 청소년 서비스 예산은 62%나 줄었다." 나 역시 어린 시절 청소년 센터의 혜택을 받았기에 내 고향 캔버라에서도 비슷한 상황이 벌어지는 것을 보고 안타까웠다. 10대 때 나는 '비트 벤트'라는 성소수자 청소년 모임에서 훌륭한 공동체를 경험했다. 그런데 최근 직장 동료가 자신의 아이를 그 모임에 데려가고 있다는 이야기를 들었다. 그러나 동료는 이 모임이 곧 사라질 수도 있다고 했다. 지원 부족으로 운영 인력을 확보하기 어렵기 때문이다. 만약 이 모임이 없어지면 위험에 노출된 청소년은 갈 곳을 잃고 결국 온라인에서 비슷한 공동체를 찾게 될 것이다. 베이츠(Bates, 2020: 318)는 이렇게 말한다.

우리는 지방 정부의 예산 삭감과 지역 커뮤니티 센터 폐쇄가 뿌린 씨앗의 열매를 거두고 있다. 소년들이 어울리고 교류할 수 있는 실재하는 공간이 점차, 체계적으로 사라지고 있다. 그 결과 그들은 온라인 공간으로 향할 수밖에 없다.

청소년을 위한 이런 공간에 정부가 다시 투자한다면 남성은 온라인 대신 더 건강하고 의미 있는 선택지를 가질 수 있을 것이다. 베이츠(Bates, 2020: 318)는 이렇게 강조한다. "남성들이 주체적으로 참여하고 소속감을 느낄 수 있는, 의미 있고 만족스러운 오프라인 공간을 제공해야 한다."

또 다른 중요한 상실의 영역은 안정적인 고용이다. 안정적인 고용은 공동체 의식과 안정감을 형성하는 핵심 요소이다. 앞서 언급했듯 우리는 모두 점점 커지는 사회적 불안을 겪고 있다. 이 광범위한 불안을 해결하기 위해서는 신자유주의가 초래한 경제적 변화를 되돌리지 않고는 불가능하다. 사실 이 주제만으로도 책 한 권을 쓸 수 있으며 실제로 많은 사람들이 이미 그렇게 했다. 예를 들어 닉 스르니첵과 알렉스 윌리엄스는 저서 《미래를 발명하다 Inventing the Future》(Srnicek and Williams, 2015)에서 신자유주의 자본주의의 약탈적 구조를 되돌리기 위해 필요한 여러 변화를 제안한다. 여기에는 전면적 자동화를 도입해 사람들을 고된 노동에서 해방하고 노동 시간을 단축하며 모두가 생존에 필요한 최소한의 소득을 보장하는 보편적 기본 소득을 도입하고 현대 사회를 지배하는 근로 윤리를 약화하기 위한 문화적 캠페인을 추진하는 것 등이 포함된다.

이러한 접근의 강점은 단순히 경제적 안정성을 높이는 데 그치지 않고 신자유주의를 특징짓는 장식적 문화를 약화할 수 있다는 점이다. 우리는 자신과 공동체를 바라보는 방식을 근본적으로 바꿔야 한다. 서로 경쟁하는 개인 노동자로서가 아니라 협력과 공동체, 삶의 기쁨에 초점을 맞춘 새로운 남성성(혹은 인간성)의 사명을 구축해야 한다. 그러나 이것은 불안정한 노동에서 사람들을 해방하고 왜 그토록 삶을 증오하는지 이해하려 필사적으로 서사를 찾는 고립된 개인이 아니라 진정한 공동체를 만들어 냄으로써만 성취할 수 있다.

팔로워와 소통하고 여성혐오에 맞서기

지금까지 내가 제안한 아이디어는 매우 거대하다. 아마 독자는 현실적으로 불가능하지 않을까 생각할지도 모른다. 게다가 이런 아이디어들은 모두 장기적 계획이어서 지금 이 순간 벌어지는 여성혐오 문제를 해결하지는 못한다. 경제 구조를 바꾸는 일은 분명히 이상적이지만 그렇다면 당장 온라인에서 여성이 겪는 폭력은 어떻게 할 것인가? 우리는 그 문제에 지금 어떻게 대응할 수 있을까?

나 역시 이런 비판에 공감한다. 앞서 아이디어를 글로 정리하면서도 '이건 정말 큰 요구다'라는 생각을 지울 수 없었다. 현재 어떤 정부도 경제 시스템을 근본적으로 바꿀 가능성은 거의 없으며 그것이 가능해지려면 대대적인 변화가 있어야 한다. 청소년 센터 같은 사회적 공간에 재투자하려는 움직임도 없고 문제의 핵심인 장식적 문화를 바로잡으려는 노력 역시 찾아보기 어렵다. 이는 상당 부분, 정부와 엘리트가 현 체제의 약탈적 성격에서 이익을 얻고 있기 때문이다(Van Metre and Bishai, 2019).

게다가 앞서 제시한 여러 해결책은 여성혐오 문제를 직접적으로 다루지 않는다. 장기적인 접근이 중요하다는 점에는 이견이 없지만 이미 이 커뮤니티에 깊이 빠져 여성혐오적 사고를 퍼뜨리고 있는 남성은 어떻게 할 것인가? 이들과 효과적으로 소통하려면 어떤 방법이 필요할까? 단속이 해답이 아니라면 어떻게 그들의 생각을 바꾸고 이 운동에서 벗어나도록 도울 수 있을까?

우리는 두 가지 접근을 동시에 충분히 시도할 수 있다. 여기서 내가 강조하고 싶은 점은 우리(여기서 '우리'란 주로 페미니즘을 지향하는 진보적 운동을 의미한다)가 대안을 제시한다면 매노스피어에 빠질지도 모를 남성을 진보적 운동에 참여하도록 이끌 잠재력이 있다. 이는 상당히 야심적인 아이디어이다. 현재 매노스피어를 설명하는 많은 담론은 남성을 본질적으로 나쁘거나 유해한 존재로 규정하고 따라서 변화가 불가능하다고 본다. 이런 시각은 종종 단속 중심의 해결책으로 이어진다. 즉, 이 남자들은 바뀌지 않으니 가둬야 한다는 사고방식이다. 나는 이런 접근에 동의하지 않는다. 우리는 더 섬세한 시각을 가져야 하며 남성이 가부장적, 여성혐오적 신념에서 벗어나 실질적으로 변화할 수 있는 가능성을 인정해야 한다(Thorburn, 2023). 이 지점에서 진보적 운동은 핵심적인 역할을 할 수 있다. 우리 언어를 바꾸고 남성이 여성혐오적 공간에 들어가는 것을 막고 이미 들어간 이를 끌어 내리려는 단체를 지원함으로써 말이다. 모든 문제를 '나쁜 남자'나 '유해한 남성성' 탓으로만 돌리는 사고에서 벗어난다면 우리는 남성들을 매노스피어가 아닌 성평등과 경제 정의를 위한 운동으로 이끌 수 있다.

어떻게 이런 변화를 만들어낼 수 있을까? 최근 주목받는 연구 분야 중 하나는 '대안 서사'로 이는 폭력적 극단주의를 예방하고 대응하기 위한 다양한 운동에서 점점 더 중요한 전략으로 자리 잡고 있다.

그동안 폭력적 극단주의 대응 운동은 주로 '대응 서사'에 초점을 맞춰왔다. 대응 서사란 폭력적 극단주의가 퍼뜨리는 이야기를 "이데올로기, 사실, 논리, 유머를 통해 반박하고 해체하며 허구를 드러내려는 의도적이고 직접적인 노력"을 뜻한다(Briggs and Feve, 2014: 13). 즉, 극단주의 집단의 주장을 정면으로 논박하는 방식이다. 매노스피어의 경우라면 성별 임금 격차는 존재하지 않는다는 주장에 대해 그 격차가 실제로 존재한다는 증거를 제시하거나 남성이 사회에서 불리한 위치에 있다는 주장에 대해 남성이 여전히 상당한 권력을 쥐고 있다는 사실을 보여 주는 방식이 이에 해당한다.

대응 서사는 이데올로기를 출발점으로 삼는다. 즉, 먼저 무너뜨려야 할 대상이 이데올로기라는 전제에서 시작한다. 이 개념은 2013년 이슬람국가IS가 세력을 확장하던 시기에 본격적으로 발전했다(Rosand and Winterbotham, 2019). 당시 정책 입안자들은 IS의 모집과 급진화가 주로 왜곡되고 급진적인 폭력적 이데올로기가 인기를 끌면서 촉발된다고 보았다. 따라서 그 논리는 단순했다. 이데올로기를 무너뜨리면 그 집단과 폭력의 위협도 사라질 것이라는 것이다(Rosand and Winterbotham, 2019). 이러한 관점은 거대한 대응 서사 산업을 형성했다. 이 산업은 극단주의 이슬람 이데올로기를 공개적으로 비판하도록 온건한 정치 및 종교 지도자들을 동원하고 신뢰할 수 있는 목소리를 발굴하며 개인과 단체가 이러한 서사를 개발하고 확산하는 방법을 교육하는 데 집중했다(Rosand and Winterbotham, 2019).

이러한 접근법은 매노스피어와 여성혐오를 둘러싼 주류 담론에서도 활용되고 있다. 특히 부모, 학교, 교육 기관은 매노스피어의 주장이 나타났을 때 어떻게 대응할 수 있는지를 교육하는 데 초점을 맞춘다. 예를 들어 로라 베이츠(Bates, 2020: 315)는 부모에게 매노스피어의 주장에 적극 대응할 것을 권하며 이렇게 말한다.

매노스피어 이데올로기가 보이면 반박하라. 반복해서 반박하라. 매노스피어는 똑같은 의견만 울려 퍼지는 자기 확증의 공간이다. 이들이 스스로 그 논리에 설득되는 이유는 폐쇄적인 커뮤니티 구조와 알고리듬이 반복 재생하는 영상 루프가 완전한 세뇌를 가능하게 하기 때문이다. 그곳에는 반대 의견이 공유되지 않는다. 그러니 우리가 나서서 다른 목소리를 들려줘야 한다. 청소년에게는 다양한 생각과 선택지를 보여 주어야 한다. 매노스피어의 전제를 끊임없이 의심하고 도전하라.

대응 서사에 관한 연구는 아직 매우 미비하며 그 효과를 입증하는 근거 또한 거의 없다. 유럽의회에서 실시한 한 연구는 이 개념이 충분히 발전하지 못했고 실증적 연구가 부족하다고 지적했다(Reed et al., 2017). 앤드루 글래저드(Glazzard, 2017) 역시 대응 서사 프로그램이 불안정한 측정 지표에 의존하고, 작동 방식에 대한 명확한 이론을 갖추지 못했으며, 급진화와 폭력 동원을 구별하지 못하는 등 구조적 한계를 안고 있다고 비판한다.

대응 서사가 한계를 지니는 가장 큰 이유는 많은 사람이 이러한 커뮤니티에 참여하는 첫 번째 이유가 이데올로기가 아니기 때문이다. 이들은 대개 사회에서의 고립감이나 단절감 때문에 이곳에 발을 들인다. 매노스피어는 폭력적 극단주의 조직과 마찬가지로(Kimmel, 2018), 내가 공감받고 있다는 느낌과 역설적이게도 안전함을 제공하는 공간이다. 결국 대응 서사 전략은 문제의 근본 원인이 아니라 표출된 이데올로기에 초점을 맞추기 때문에 효과에 한계가 있을 수밖에 없다.

게다가 대응 서사는 종종 방어적 반응을 불러일으켜 오히려 사람들을 극단적 사상으로 더 깊이 밀어 넣는다(Thorburn, 2023). 로라 베이츠의 지적처럼 매노스피어 이데올로기를 정면으로 반박하는 행위는 흔히 '도전자'와 '도전받는 자'를 뚜렷이 갈라놓는 대립 구도를 만든다. 이러한 대립은 양측을 이분법적으로 맞서는 관계로 고착해 변화를 위한 공통의 기반을 마련할 여지를 없앤다.

그 결과 대응 서사는 도전받는 이로 하여금 자신들의 문제가 무시되거나 폄하되고 있다는 인식을 더욱 강화해 오히려 그들의 불만에 공감하는 매노스피어 유명 인사들에게 더 의존하도록 만든다. 특히 우리가 부모에게 이러한 반박을 권장하는 경우 문제는 더 심각해진다. 많은 청소년이 이 집단에 참여하는 이유 중 하나는 반항심이기 때문이다. 이때 부모가 직접 반박에 나서면 이러한 반항심은 더욱 자극되어 매노스피어가 오히려 더 매력적인 공간으로 비친다. 따라서 '대립적인 대응 서사'는 대체로 상호 이해와 관용의 공간을 열어 극단적 이데올로기에 취약할 수 있는 사람들의 불만과 사회적, 심리적 욕구를 해결하는 데 도움이 되는 '대안 서사'보다 효과가 떨어진다(Thorburn, 2023: 7).

이 점을 잘 보여주는 대표적인 사례가 있다. 나는 오랫동안 트위터(현 엑스)에서 활동하는 유명한 반매노스피어 계정인 '@TakeDownMRAs1[1](MRAs는 남성 권리 운동가를 뜻한다)'을 지켜봐 왔다. 이 계정은 3만 명이 넘는 팔로워를 보유하며 남성 권리 운동과 매노스피어 관련 콘텐츠를 리트윗하면서 비아냥거리는 댓글을 달고, 해당 인물들을 조롱하며, 그들의 주장이 왜 틀렸는지 '사실'을 제시한다. 이 계정은 때로 매우 재미있어서 많은 팔로워를 얻었지만 나는 이 계정이 실질적으로 무언가를 변화시켰다고 보지 않는다. 오히려 상황을 악화할 가능성이 크다고 본다. 이 계정은 이미 매노스피어와 남성 권리 사상에 반대하는 사람들을 대상으로 하고 있다. 그 결과 사람들은 매노스피어를 함께 비웃고 솔직히 말해 자신들이 얼마나 똑똑한지에 대해 우쭐해하는 공간이

된다. 그러나 이런 접근법은 경멸의 대상이 된 사람들의 생각을 바꿀 여지를 전혀 만들지 못한다. 오히려 이러한 우월감의 정치(Sparrow, 2018)는 상대를 하찮게 만들고 분노를 키우며 결국 남성을 자기 이야기에 귀 기울여주는 커뮤니티로 더 깊이 끌어들이는 결과를 낳는다.

이 사례는 다소 극단적일 수 있지만 대응 서사에는 흔히 이런 우월적 태도가 내포되어 있다. 누군가의 신념이 진심 어린 감정에서 비롯되었을 가능성이나 그 속에 일말의 진실이 있을 수 있다는 점을 전혀 고려하지 않은 채 그 사람과 그의 생각을 반드시 이겨야 할 대상으로만 취급한다. 이러한 접근법은 대개 상대는 충분히 교육받지 못했기 때문에 올바른 방식을 이해하지 못한다는 전제에서 출발한다. 그러나 이러한 우월감의 정치는 변화를 만들기보다는 오히려 이분법을 강화한다. 대응 서사를 활용하는 사람들은 종종 그 태도 때문에 어느 정도는 타당하게 감정을 표현하는 이들을 내려다보는 엘리트로 인식된다(Sparrow, 2018). 이는 점점 더 포퓰리즘을 앞세우는 극우 세력에게 문화 전쟁 담론을 강화할 빌미를 제공한다. 그들은 자신들을 '일상적이고 평범한 사람들의 친구'로, 그리고 상대를 '좌파 엘리트 집단'으로 규정한다. 이 점에서 제프 스패로의 다음과 같은 지적은 대응 서사에 그대로 적용될 수 있다(Sparrow, 2018: 102). 그는 우쭐적 수사학을 도입한 것은 재앙적이었다고 말한다.

상대 진영 사람들을 바보 취급함으로써 진보 진영은 극우 문화 전사들의 주장을 그대로 입증했다. 그들은 스스로 거만한 진보 엘리트라는 고정관념을 기꺼이 받아들인 셈이다.

우리는 충분히 더 나은 방법을 찾을 수 있다. 급진화를 완화하기 위해 설계된 여러 운동에서는 최근 '대안 서사'라는 새로운 접근법이 주목받고 있다. 대안 서사는 참여자가 자신들의 상황과 감정을 설명할 수 있는 또 다른 이야기를 제공하고 더 긍정적이고 건설적인 길을 제시함으로써 급진화를 줄이는 것을 목표로 한다(Hemmingsen and Castro, 2017: 32). 여성혐오적 사고를 정면으로 반박하는 대신에 남성에게 그들의 문제가 발생한 실제 원인에 대해 함께 이야기하고 이를 해결하기 위한 운동에 참여하도록 이끄는 방식이다.

대안 서사의 핵심은 세상에 대한 공동의 이해를 함께 구축하는 데 있다. 이는 먼저 남성의 불만에 내재된 '진실의 핵심'을 인정하는 데서 출발한다(Barzegar et al., 2016). 이는 그 불만에 동의하지 않더라도 남성이 그러한 감정을 정말로 느꼈음을 받아들이는 태도이다(Kimmel, 2018). 이후 대안 서사는 이러한 감정이 어디에서 비롯되는지, 어떤 사회 구조가 문제를 야기했는지, 어떤 해결책이 가능한지를 함께 탐색한다. 이 모든 과정은 공감과 이해를 바탕으로 이루어진다. 매노스피어 사상에 끌리는 사람들을 비난하지 않고 그들의 우려가 어디서 비롯되었는지를 이해하는 것에서 출발해야 한다. 그 위에서 대안 서사는 사회적 가치, 개방성, 민주주의를 담은 긍정적인 서사를 제시하며 사람들이 걸어갈 수 있는 또 다른 길을 보여 준다(Briggs and Feve, 2014: 13).

이러한 접근법은 이미 매노스피어 내부에서도 나타나고 있다. 예를 들어, 조슈아 소번(Thorburn, 2023)은 인셀 탈출 서브레딧 r/IncelExit과 레드필 탈출 서브레딧 r/ExRedPill을 연구했다. 이 커뮤니티들은 매노스피어를 떠났거나 떠나려는 사람을 지원하는 공간으로 그곳에는 이들이 경험한 이야기가 생생하게 기록되어 있다. 여기서 얻을 수 있는 첫 번째 명확한 통찰은 매노스피어를 떠난 사람이 그 이유를 누군가의 반박이나 정면 대립 때문이라고 보고한 사례가 거의 없다는 점이다. 그 동기는 대체로 스스로 발견한 이데올로기적 모순, 매노스피어 리더의 위선, 여성혐오 서사를 무너뜨리는 따뜻하고 우호적인 여성과의 관계에서 비롯되었다(Thorburn, 2023). 이러한 동기 중 상당수는 개인의 자발적 인식에서 나왔지만 주변 사람들의 인내심 있는 지원도 중요한 역할을 했다.

인셀 탈출 서브레딧과 레드필 탈출 서브레딧은 남성이 매노스피어 집단으로 향하게 만든 감정을 함께 풀어 가면서 그 감정이 새로운 방향으로 나아가도록 돕는 개방적이고 공감적인 공간을 제공한다. 소번(Thorburn, 2023)은 인셀 탈출 서브레딧에 글을 올린 한 15세 소년의 사례를 소개한다. 그는 어릴 때부터 픽업 아티스트의 영상을 보며 자랐다고 말했다. 이 소년은 자신이 좋아하는 여자아이에게 '호구짓'[2]을 하고 있는 건 아닌지 커뮤니티에 물었다. 소번(2023: 12)은 이렇게 쓴다.

이 사용자는 좋아하는 여자아이에게 칭찬을 하고, 함께 집으로 걸어가고, 트라우마 경험을 나누고 이야기하며, 소름 끼치는 남자를 상대할 때 도와주고, 전반적으로 상호 존중과 호혜가 있는 좋은 친구로 지내는 행동이 자신이 '호구'로 만드는 건 아닌지 두려워했다.

소번(Thorburn, 2023: 12)은 또한 "픽업 아티스트 영상 시청은 분명히 이 사용자로 하여금 자신이 남성성을 어떻게 실천하고 있는지에 대한 두려움을 불러일으켰다. 그는 매노스피어가 제시하는 남성성의 개념을 따르려면 여성에게 기본적인 존중과 친절을 보여도 되는지 의문을 품었다." 이런 글은 조롱당하거나 심지어 이런 관점을 가졌다는 이유만으로 성차별주의자라는 비난을 받을 수도 있다. 실제로 이런 일이 여러 소셜 미디어 플랫폼에서 쉽게 벌어질 수 있다는 점은 상상하기 어렵지 않다. 그러나 인셀 탈출 서브레딧은 이러한 질문을 자유롭고 개방적으로 던질 수 있는 지지 공간을 제공했다. 이곳의 참여자들은 이 소년에게 조언과 피드백을 건네고 '호구짓'을 하고 있다는 생각을 부드럽게 반박하며 상황을 새롭게 이해할 기회를 열어 주어 픽업 아티스트 영상에서 배운 왜곡된 인식을 대신할 수 있는 대안적 관점(여성 친구에게 친절하게 대하는 것은 정상이라는 이해)을 전달했다.

이 사례는 대안 서사에 관한 기존 연구를 뒷받침하는 좋은 예다. 연구에 따르면 대안 서사는 대응 서사보다 더 효과적일 수 있다. 그 이유는 대안 서사가 사람들을 극단적 담론으로 이끄는 실제적, 인식된 불만뿐만 아니라 그 과정에서 나타나는 정서적 욕구까지 포괄적으로 다룰 수 있기 때문이다(Roose et al., 2022). 인셀 탈출 서브레딧과 레드필 탈출 서브레딧은 주로 매노스피어를 이미 떠난 사람들을 위한 공간이지만 이 사상에 호기심을 갖거나 매력을 느끼지만 아직 완전히 빠져들지 않은 이들도 유입된다(Thorburn, 2023). 이들에게 이 포럼은 "솔로 경험을 털어놓거나, 조언과 지지를 구하거나, 레드필 및 블랙필 사상의 타당성에 대해 질문할 수 있는, 매노스피어에 대한 대안 서사를 제공하는 공동체"로 기능했다(Thorburn, 2023: 12). 앞서 반복해서 말했듯 남성의 불만은 종종 남성의 삶과 관련된 실제적 불만에서 비롯된다. 이는 극단주의 담론에서도 마찬가지이다. 극단주의의 영향력과 수용성은 대개 국가 정책이나 사회적 갈등 등 더 광범위한 사회 문제와 불만에서 기인한다(Glazzard, 2017: 6). 따라서 이러한 불만이 경청되고 존중받으며 문제의 근본 원인을 향해 나아가도록 이끌 수 있는 공간을 마련하는 것이 무엇보다 중요하다.

대안 서사가 효과적인 이유 중 하나는 폭력적 극단주의 집단에 참여하게끔 만드는 감정적 동기를 파고들기 때문이다. 앞서 여러 차례 언급했듯, 매노스피어 서사의 상당 부분은 분노, 슬픔, 실망, 혐오, 심지어 사랑과 같은 감정에 뿌리를 두고 있다. 그러나 기존 연구에 따르면 극단주의 서사를 다루는 과정에서 이러한 감정은 종종 충분히 활용되지 않는다(Roose et al., 2022). 이는 매노스피어 집단에도 마찬가지로 적용될 수 있다. 감정은 개인의 정체성과 깊이 연결되어 있으며 이로 인해 비슷한 생각을 가진 사람들이 서로에게 끌려 "정치적 연대의 핵심 요소"를 형성한다(Smith,

2018: 442). 폭력적 극단주의 조직은 사람들이 세계를 이해하는 방식에 정의, 평등, 자율성, 의미와 같은 더 큰 개념을 연결함으로써 강력한 감정적 끌림을 만들어 낸다(Cottee and Hayward, 2011: 973; Smith, 2018: 445). 이에 맞서 대안 서사는 이러한 정서적 끌림을 인식하고 그것을 긍정적인 방향으로 전환한다. 즉 매노스피어 서사에 참여하게 만드는 '배제 요인'과 '유인 요인'을 모두 파악하고 그에 대응할 수 있는 새로운 참여 방식을 모색하는 것이다.

아직 매노스피어를 다루는 데 초기 단계에 머물러 있지만 대안 서사는 다른 영역에서 점차 성과를 축적하고 있다. 특히 극우 운동이나 유사한 집단에서 사람들을 이탈시키는 데 그 효과가 입증되고 있다. 예를 들어 유럽에서는 1997년 노르웨이 경찰 대학 연구진이 '엑시트 노르웨이'라는 프로젝트를 시작했다. 이 프로젝트의 목표는 세 가지이다. 첫째, 인종차별적이거나 폭력적인 집단에 깊이 관여한 청소년의 부모를 지원하기 위해 지역 네트워크를 구축하는 것이다. 둘째, 청소년이 이러한 집단에서 벗어날 수 있도록 돕는 것이다. 마지막으로, 폭력적 집단과 연관된 청소년을 담당하는 전문가에게 필요한 방법론적 지식을 개발하고 보급하는 것이다(Copland, 2019).

현재 유럽 여러 나라와 호주로 확장된 엑시트 프로그램은 청소년이 극우 조직에 끌리게 된 사회적 요인에 주목하며 또래 간 지원 네트워크를 통해 개인이 이러한 집단에서 벗어날 수 있도록 돕는다. 이 프로그램은 극우 집단에서 어떻게 이탈할 수 있는지를 구체적으로 파악하도록 지원하며 그 과정에는 사회적, 심리적, 정서적, 법적 장벽을 허무는 작업이 포함된다. 또한 비밀을 철저히 보장하고 비난 없는 태도로 문제 해결 방안을 함께 모색한다. 이러한 과정은 주로 해당 집단을 탈퇴한 경험이 있는 구성원이 주도하며 이들은 긍정적인 역할 모델이 된다. 물론 이 프로그램은 이미 이탈 의지가 있는 사람과만 협력한다는 한계가 있다. 그럼에도 대안 서사가 어떻게 효과적으로 활용될 수 있는지에 대한 중요한 통찰을 제공한다.

엑시트 프로그램의 경험에 따르면 극우 집단의 이데올로기를 정면으로 비판하는 방식은 오히려 역효과를 낳을 수 있다. 따라서 이들은 그런 접근을 하지 않는다. 엑시트 스웨덴 출신이자 과거 극단주의자였던 로버트 외렐은 이렇게 말한다. "우리는 이데올로기를 두고 대립하거나 논쟁하는 방식이 변화를 이끄는 경우는 거의 없다는 것을 확인했다. 오히려 그 반대이다. 그런 접근은 그들이 자신의 생각을 정당화하고, 설명하며, 지키려는 욕구를 더욱 강화해 결국 우리가 원하는 것과 정반대의 결과를 낳는다(Copland, 2019)." 외렐은 의뢰인에게 다음과 같은 과정을 권한다고 말한다. "자신이 어떻게 그 운동에 참여하게 되었는지, 그것이 자신의 사고방식과 판단에 어떤 영향을 미쳤는지, 그 운동이 어떻게 모든 경험을 이데올로기적 렌즈를 통해 해석하게 만들었는지, 시간이 지나면서 그 렌즈가 어떻게 그들이 사용하는 유일한 관점이 되었는지에 대하여 성찰하도록 돕는다(Copland, 2019)." 또한 엑시트는 의뢰인과 함께 새로운 경험을 쌓고, 새로운 사회적 관계망을 형성하는 데 집중한다. 외렐은 이렇게 덧붙인다.

이 과정은 세상과 관계 맺는 방식은 물론, 다양한 정보와 타인, 자기 자신을 바라보는 관점을 새롭게 형성하도록 돕는다. 이는 직접적인 경험과 사건에 대한 새로운 해석을 통해 가능해진다. 이렇게 함으로써 우리는 더 다층적인 시각을 갖게 되고, 거리감을 줄이며, 폭력적 극단주의 사상에 대한 욕구와 매력을 약화할 수 있다. (Copland, 2019)

엑시트는 이러한 모델을 통해 눈에 띄는 성과를 거두었으며 현재 전 세계적으로 유사한 조직이 잇따라 등장하고 있다. 예를 들어 엑시트 독일은 2022년 기준으로 800명 이상이 극우 집단에서 성공적으로 이탈하도록 지원했으며 재가입률은 불과 3%에 그친다고 보고했다(exit-Germany, 2022).

엑시트와 같은 조직은 아직 매노스피어를 직접적으로 다루고 있지 않지만 그들의 경험에서 배울 점은 많다. 우리는 매노스피어 남성을 대상으로 한 엑시트형 프로그램을 새로 만들거나 기존 조직과 협력해 프로그램의 활동 범위를 확장할 수도 있다. 그러나 이러한 접근이 특정 조직의 과제로만 한정되어서는 안 된다. 엑시트와 같은 프로그램이나 매노스피어 탈출을 돕는 서브레딧은 매우 중요한 역할을 하지만 이들이 도달할 수 있는 범위에는 분명한 한계가 있다. 이들의 노력에만 의존한다면 결국 우리는 제자리걸음을 할 수밖에 없다.

더 넓은 차원에서 우리는 부모, 교사, 친구, 가족 등 모든 사람이 이러한 역량을 기를 수 있도록 도와야 한다. 그래야 매노스피어 사상에 끌리는 청년 남성에게 실질적인 대안을 제시할 수 있다. 어떤 경우에는 그들이 새로운 사회적 관계망을 찾도록 돕거나 안정적인 일자리를 마련해 주는 것이 필요할 수 있다. 만약 이런 선택지가 없다면 그들이 원하는 사회 변화를 추구하는 운동에 참여하도록 안내하는 것이 중요하다. 예컨대 긍정적 남성성 그룹, 경제 및 사회 정의를 위한 캠페인, 페미니즘 운동 등이 그 예이다. 젠더, 경제, 사회 정의를 다루는 대규모 사회 운동 역시 이러한 접근을 적극적으로 참고해야 한다. 청년 남성을 지하실에 틀어박힌 패배자로 낙인찍는 대신에 공동의 문제를 중심으로 연대를 구축하는 노력이 필요하다. 우리의 언어는 매노스피어의 부상을 초래한 근본 문제를 인식하는 방향으로 바뀌어야 하며 분노의 초점은 모든 사람을 고통스럽게 만드는 무분별한 자본주의 체제에 맞춰야 한다.

　우리는 청년 남성의 불만을 근거 없는 것으로 치부하지 말고 그것이 현실적인 두려움에 뿌리를 두고 있음을 인정해야 한다. 그리고 그들과 대화할 방법을 찾아야 한다. 특히 이러한 문제의 근본 원인이 현행 경제 및 젠더 체제에 있음을 함께 논의하는 것이 중요하다. 먼저 공통점을 찾고 그 기반 위에서 사람들을 운동으로 이끄는 전략이 필요하다. 그들을 밀어내는 것이 아니라 함께할 수 있는 접점을 넓혀야 한다. 이 과정에서 핵심은 '희망'을 바탕으로 한 운동을 만드는 것이다. 제프 스패로는 크라이스트처치 총격 사건 이후 인종차별주의 운동에 대응하는 방법을 논하며 이렇게 강조한다. "반인종주의자들은 실질적인 대안을 제시해야 한다. 그 대안은 단순히 우파를 비판하는 수준을 넘어야 한다. 무엇보다 제공해야 할 것은 희망이다(Sparrow, 2019: 128)." 스패로는 그 예로 나오미 클라인의 주장을 든다. 클라인은 기후 위기가 단순한 재난이 아니라 더 나은 세상을 만들 기회가 될 수 있다고 말한다. "기후 위기는 삶을 획기적으로 개선하고, 빈부 격차를 해소하며, 양질의 일자리를 창출하고, 풀뿌리 민주주의를 되살리는 정책을 추진할 공간을 열어 준다(Klein, 2014: 10)." 남성성의 위기에 대응하는 운동도 마찬가지이다. 우리는 소외된 남성에게 당신이 이 희망의 운동에 참여한다면 더 나은 고용 안정성, 고립의 완화, 남성 자살률이나 직장 내 사망률 같은 현실적 문제를 해결하는 투쟁의 한 축이 될 수 있다는 희망을 주어야 한다. 또한 페미니스트 운동이 이러한 남성을 포용하는 동시에 모든 사람에게 영향을 미치는 젠더 규범의 문제와 남성 폭력 및 여성 억압의 영향을 모두 막기 위해 싸울 것이라는 신뢰를 구축해야 한다.

분명히 짚고 넘어가야 할 점이 있다. 이것은 사회 운동이 매노스피어의 핵심 인물들과 소통을 시도하거나 특히 여성에 대한 폭력을 조장하고 실행하는 사람들과 교류해야 한다는 뜻은 결코 아니다. 언론은 종종 극우 진영이나 매노스피어 리더를 방송에 출연시켜 토론을 벌이며 그들의 혐오적 이데올로기를 폭로하려는 시도를 해 왔다. 그러나 이런 방식은 오히려 그들의 주장을 정치적 담론의 정당한 일부처럼 보이게 만들어 우리가 원하지 않는 상황이 발생한다. 대안 서사에 관한 연구에 따르면 이 전략은 '중립적인 관망자'로 간주되는 개인을 대상으로 할 때 가장 효과적이다. 즉 매노스피어 집단에 완전히 속해 있지는 않지만 그 주변에 있거나 그 메시지에 흔들릴 가능성이 있는 사람에게 집중해야 한다(Roose et al., 2022; Briggs and Feve, 2014: 4; Barzegar et al., 2016: 6; El Sayed et al., 2017: 33). 나는 우리가 앤드루 테이트, 마일로 야노풀로스, 조던 피터슨 같은 인물을 이 집단에서 끌어내는 방법을 찾아야 한다고 주장하는 것이 아니다. 그들과 TV에서 토론을 하거나 공개 논쟁을 벌이는 일은 절대 해서는 안 된다. 그러나 세상에 대한 좌절을 느끼는 평범한 청년은 전혀 다른 경우이다. 테이트 같은 인물과 그를 동일하게 취급하는 순간 우리는 그를 정말로 같은 부류로 만드는 결과를 초래한다. 우리의 목표는 그 청년에게 다른 이야기를 제공하는 것이다. 그래야 테이트가 여성혐오적 사상으로 그를 빨아들이지 못한다.

대안 서사는 개인이 따를 수 있는 새로운 경로를 제시하는 데 초점을 맞춘다. 매노스피어를 대신할 수 있는 또 다른 공간, 남성이 소속감과 연결감을 느낄 수 있는 대안적 공간을 제공하는 것이다. 이러한 서사는 매노스피어의 주장을 정면으로 반박하는 것이 아니라 여성혐오와 폭력을 배제하면서도 그에 못지않게 설득력 있는 선택지를 제시하는 것을 목표로 한다. 그러나 이러한 작업은 단독으로 이루어질 수 없다. 개인과 집단의 소외와 좌절이라는 근본적 원인을 함께 다루어야 한다. 특히 신자유주의로 인해 무너진 복지와 안정적 일자리의 붕괴는 반드시 해결해야 할 핵심 과제이다. 대안 서사는 이 문제에 대한 실질적인 해법을 반드시 포함해야 한다.

이는 반매노스피어 캠페인에 있어 중대한 전환점이다. 지금까지 많은 사람이 매노스피어에 맞서 강하게 대응하고 치열하게 싸운 데에는 충분한 이유가 있었다. 특히 여성은 매노스피어를 이끄는 리더와 그 구성원에게 깊은 두려움과 분노를 느껴 왔다. 나는 모든 사람이 분노에 차 여성혐오적 발언을 쏟아내는 남성과 직접 대화에 나서기를 기대하지 않는다. 그러나 할 수 있는 사람이라면 이 일은 반드시 해야 한다. 이것은 단지 매노스피어의 확산을 막는 데 그치지 않는다. 더 나아가 매노스피어를 탄생시킨 사회경제적 문제를 해결하기 위해 절실히 필요한 진보적 사회 운동을 강화하는 데에도 기여할 수 있다. 이를 위한 만능 해법은 없다. 이 일은 결코 쉽지 않다. 그러나 반드시 필요한 일이다.

7장
젊은 남성이 정말로 원하는 것

2024년 4월, 조엘 카우치라는 이름의 남성이 시드니 본다이의 한 번화한 쇼핑센터에 들어가 흉기를 휘둘러 6명을 살해하고 어린 소녀를 포함한 여러 명에게 중상을 입혔다. 사망자 6명 중 5명은 여성이고 유일한 남성 피해자는 이를 막으려 했던 보안 요원이었다.

이것은 결코 우연이 아니었다. 사건 이후 경찰은 영상 분석 결과 카우치가 여성을 노렸다는 사실이 '명백했다'고 밝혔다. 비록 경찰이 직접 그 단어를 사용하지는 않았지만 이는 여성혐오적 폭력으로 해석될 가능성이 컸다. 이후 언론은 카우치의 아버지를 찾아갔고 그의 대답은 카우치를 엘리엇 로저와 섬뜩할 만큼 닮아 보이게 했다. 그는 이렇게 말했다. "당신들에게 그는 괴물이겠지만 내게는 매우 아픈 아이였다. 여자친구를 원했지만 사회적 기술이 전혀 없었고 그 때문에 극도로 좌절해 있었다."

이 사건의 젠더적 특성은 초반에 거의 주목받지 못했다(Copland, 2024). 그러나 이는 놀라운 일이 아니다. 대규모 폭력 사건에는 종종 젠더적 요소가 깔려 있지만 여성혐오는 너무나 일상에 가까운 문제이기에 정치인이나 안보 기관은 이를 다루기를 꺼린다(Copland, 2024). 이번 사건에서도 언론은 카우치가 정신적으로 불안정했다는 상대적으로 덜 불편한 설명에 매달렸다(물론 사실일 가능성도 있다). 하지만 이런 프레임은 오래가지 못했다.

사건 이후 몇 달 동안 호주 전역에서 남성들의 폭력 사건이 잇따라 발생했고 그중에는 여러 여성의 목숨을 앗아간 가정폭력도 포함됐다. 카우치 범죄의 젠더적 성격은 대부분 잊혔지만 곧 호주는 남성 폭력에 대한 본격적이고 절실한 논쟁의 중심에 서게 됐다. 이 논쟁에는 대규모 집회, 언론의 집중 보도, 폭력을 반드시 막겠다고 밝힌 국회의원과 장관 들의 강력한 발언이 이어졌다.

안타깝게도 이런 일은 주기적으로 되풀이된다. 끔찍한 폭력 사건이 발생하면 분노와 슬픔이 쏟아지고 정부는 마침내 조치를 취하겠다고 약속한다. 그러나 정작 근본적인 변화를 위해 필요한 자원은 투입되지 않고 상황은 제자리걸음을 하다가 결국 비슷한 일이 다시 일어난다. 이번에도 그랬다. 호주 정부는 연방과 주 정부가 참여하는 긴급 회의를 열고 대대적인 개혁 패키지를 발표했다. 그 안에는 가정폭력 피해 여성을 위한 5000달러 지원금 확대, 딥페이크 포르노, 신상털이, 온라인 괴롭힘을 금지하는 새로운 법안 등이 포함됐다. 언론은 이를 획기적 전환점이라고 치켜세웠지만 실제로는 정부가 무언가 하고 있는 듯 보이려는 임시 처방에 불과했다. 현실은 거의 변하지 않았다. 물론 이 분야에서 헌신하는 운동가와 훌륭한 단체의 노력을 폄하하려는 것은 아니다. 그들의 활동은 분명히 의미 있고 값지다. 매일같이 집회를 열고 현장에서 싸우는 사람들을 비난하려는 것도 아니다. 그러나 현실은 냉혹하다. 이들의 목소리는 너무 자주 귀 기울이지 않는 체제 속에 묻힌다. 결국 근본적 변화를 꺼리는 시스템과 싸우는 짐은 고스란히 이들에게 지워지고 있는 것이다.

이 모든 일이 벌어지는 동안 나는 이 책의 최종 교정 작업에 몰두하고 있었다. 연구 과정에서 종종 그랬듯 이번에도 너무나 슬픈 계기로 나는 매노스피어와 남성 폭력, 나아가 극단주의 전반에 대해 내가 무엇을 말해야 하는지 깊이 성찰하게 되었다. 우리는 이러한 사건들에서 어떤 교훈을 얻어야 할까? 악순환을 끊고 현실적이면서도 지속 가능한 해법을 찾기 위해 무엇을 해야 할까?

이 책을 통해 여러분이 꼭 기억해 주길 바라는 세 가지가 있다. 물론 이것들이 매노스피어나 남성 폭력 문제를 단번에 해결해 줄 것이라 생각하지는 않는다. 그러나 이 세 가지가 우리를 한 걸음 더 나아가게 하는 계기가 되기를 바란다.

다시, 소름 끼치도록 평범한 남자들

카우치 사건과 같은 폭력이 발생하면 우리는 가해 남성과 그의 행동을 우리 자신과 사회로부터 서둘러 떼어 내려 한다. 이런 거리는 대개 언어의 미묘한 사용을 통해 형성된다. 가정폭력 가해자는 곧바로 괴물로 불리고 그가 좋은 사람이었다며 충격을 표현하는 이는 즉시 비난을 받는다. 카우치의 아버지도 이렇게 말했다. "나는 괴물을 사랑하고 있었다. 당신들에게 그는 괴물이지만 내게 그는 매우 아픈 아이였다."

매노스피어를 이야기할 때도 마찬가지이다. 이 공동체를 하나의 일탈 집단으로 규정해 버린다. 사실 '극단주의자'라는 용어 자체가 이런 뉘앙스를 담고 있다. 그들은 우리와는 전혀 무관한, 저 멀리 떨어진 사람이라는 암시이다. 많은 사람이 매노스피어나 남성 폭력을 우리 사회의 일부로 보지 않는다. 인터넷의 어두운 구석에서 예의 있는 사회인라면 결코 용납할 수 없는 행동과 발언을 일삼는 '나쁜' 개인의 집단쯤으로 치부한다. 데이비드 그레이버는 이러한 현상을 탁월하게 설명한다(Graeber, 2011: 159).

> 대부분의 사람은 폭력에 대해 깊이 생각하기를 꺼린다. 현대 도시에서 비교적 편안하고 안전한 삶을 누리는 우리는 폭력이 존재하지 않는 것처럼 행동하거나 그것이 존재한다는 사실을 마주하면 바깥세상을 그저 끔찍하고 잔혹한 곳으로 치부하며 우리가 할 수 있는 일은 거의 없다고 생각한다.

그러나 현실은 다르다. 매노스피어와 그로부터 비롯되는 폭력은 우리 자신이다. 그것은 지금 이 사회를 지탱하는 이데올로기 속에 깊숙이 뿌리내려 있다(Bratich and Banet-Weiser, 2019). 오해를 살까 주저되지만 나는 매노스피어의 여성혐오가 평범하다고 말하고 싶다. 여기서 평범하다는 말은 결코 중요하지 않다는 뜻이 아니다. 여성혐오는 결코 사소하지 않으며 매노스피어 남성이 수많은 폭력적 공격을 정당화하기 위해 그것을 이용해 왔다는 사실도 분명하다.

다만 내가 말하는 평범함은 그것이 새롭지 않고 진부하다는 의미이다. 읽는 것이 고통스러운 순간은 많았지만 매노스피어에서 발견한 여성혐오가 놀랍거나 독창적이라고 느낀 적은 거의 없다. 그곳의 모든 담론은 수 세기에 걸친 여성혐오 사상을 토대로 하고 있으며 매노스피어는 단지 소셜 미디어 이전부터 이어져 내려온 오래된 전통을 반복할 뿐이다. 매노스피어 남성이 자신들을 영리하거나 파격적이라고 여길지 모르지만 그들의 콘텐츠는 대체로 놀라울 만큼 지루하다.

　매노스피어를 이런 시각으로 바라보는 것은 매우 중요하다. 매노스피어를 단순한 일탈로, 혹은 인터넷의 어두운 구석에서만 존재하는 커뮤니티로 치부하는 것은 이 집단의 부상에 기여한 주류 이데올로기와 제도의 책임을 가리는 일이다. 우리는 사고의 틀을 근본적으로 바꿔야 한다. 문제의 가장자리를 조금씩 손보는 방식으로는 이 문제를 해결할 수 없다. 이 점은 최근 호주에서 잇따라 발생한 가정폭력 사건에 대응하며 앤서니 앨버니지 총리가 한 발언과도 맞닿아 있다. 그는 2024년 한 집회에서 이렇게 말했다.

> 우리가 이 자리에 모인 이유는 우리 사회와 국가가 더 나아져야 한다고 말하기 위해서입니다.
> 우리는 문화를 바꿔야 합니다.
> 우리는 태도를 바꿔야 합니다.
> 우리는 법 제도를 바꿔야 합니다.
> 우리는 모든 정부의 접근 방식을 바꿔야 한합니다. 피해자 지원만으로는 충분하지 않습니다.
> 우리는 가해자에 집중하고 예방에 집중해야 합니다.

　안타깝게도 앨버니지 총리는 위의 발언 이후 실질적인 행동을 취하지 않았다. 이는 전 세계 어느 정부도 마찬가지이다. 심지어 앨버니지는 바로 그 집회에서 이 행사를 조직한 한 젊은 여성을 공개적으로 깎아내려 결국 그녀를 눈물 짓게 만들었다(Crabb, 2024). 남성 총리가 전국에서 생중계하는 방송에서 한 젊은 여성을 공개적으로 울린 일이 어떻게 '문화를 바꾸는' 좋은 본보기가 될 수 있는가? 이 짧은 장면은 우리 사회에서 젠더 권력 역학이 여전히 얼마나 강력하게 작동하는지를, 그것을 바꾸는 일이 얼마나 어려운지를 보여 준다. 이 문제는 단순히 소셜 미디어 규제를 강화하거나(물론 일정 부분 필요하긴 하지만) 피해 여성이 폭력에서 벗어나도록 지원금을 지급하는 것으로는 해결되지 않는다. 우리는 이 운동을 떠받치는 여성혐오의 뿌리부터 정면으로 다루어야 한다.

분노의 힘과 극우의 탄생

호주에서 남성 폭력을 둘러싼 논쟁이 한창이던 가운데 많은 정치 지도자가 매노스피어를 언급하기 시작했다. 빅토리아주 총리 자신타 앨런(Allan, 2024a)은 가정폭력 개혁안을 발표하며 의회 연설에서 앤드루 테이트와 그가 여성혐오적 태도를 확산하는 데 끼친 영향력을 강하게 비판했다. 그녀는 이렇게 말했다. "그는 온라인에서 여성혐오와 증오로 가득 찬 독을 퍼뜨리고 있습니다. 이 사람은 유해한 남성성에 불을 붙이고 거기에 기름까지 부었습니다."

앨런의 발언이 나온 비슷한 시기, 모나시 대학교의 한 보고서는 호주 초중등학교 일부 남학생 사이에서 여성혐오, 동성애 혐오, 인종차별, 배제적 행동과 태도가 크게 증가하고 있다고 지적했다(Wedesweiler, 2024). 이 보고서를 둘러싼 논평은 앤드루 테이트를 정면으로 겨냥했다. 한 언론사는 이렇게 보도했다. "학교에서 나타나는 이러한 현상에는 다양한 요인이 작용하고 있지만 성적으로 자극적이고 폭력적인 여성혐오 담론의 상당 부분이 단 한 사람, 앤드루 테이트와 연결된다는 점에 학계는 동의한다."(Wedesweiler, 2024).

나는 정치인들이 의회에서 앤드루 테이트를 공개적으로 비판하거나 언론이 그의 해악을 지적하는 것을 문제 삼지 않는다(물론 그의 사상이 과도하게 노출되지 않도록 주의할 필요는 있다). 그는 혐오스러운 인물이며 존중받을 자격이 없다. 그러나 이런 비판에서 내가 답답함을 느끼는 이유는 마치 그의 존재만으로 여성혐오가 확산되고 폭력이 조장되는 것처럼 가정하기 때문이다. 왜 어떤 남성에게 그가 매력적으로 보이는지에 대한 분석은 좀처럼 찾아보기 어렵다. 인터넷에서는 누구나 하고 싶은 말을 할 수 있다. 실제로 수많은 사람이 그렇다. 하지만 그들 중에서 테이트처럼 막대한 추종을 얻는 이는 극소수이다. 그렇다면 여기에 반드시 그럴 만한 이유가 있는 것이다.

테이트가 다른 사람들보다 훨씬 더 막대한 추종을 얻는 이유는 분명하다. 그는 많은 남성이 품고 있는 불만을 정확히 건드리고 그 불만을 해석할 수 있는 명료하고 일관된 서사를 제공하며 나아가 무언가 할 수 있다는 감각을 심기 때문이다. 모나시 대학교 연구진도 이 점을 인정했다. 수석 연구자인 스테파니 웨스트콧은 이렇게 말했다.

> (테이트가 퍼뜨리는) 어떻게 해야 성공할 수 있는가, 세상에서 어떤 남자가 되어야 하는가에 대한 메시지가 청소년에게 매력적인 이유는 현재 젠더, 섹슈얼리티, 성적 동의를 둘러싼 논의가 혼란스럽게 느껴지는 반면에 그의 메시지는 매우 명확하기 때문이다. (Wedesweiler, 2024 재인용)

이 통찰은 중요하지만 나는 한 걸음 더 나아가고 싶다. 남성의 불만은 단지 젠더 문제에 국한되지 않는다. 그것은 그들의 삶 전반과 깊이 연결되어 있다. 지난 수십 년 동안 남성에게는(그리고 우리 모두에게는) 많은 변화가 있었고 그중 상당수는 남성의 상황을 심각하게 악화시켰다. 나는 이것이 단순히 그들이 권력의 높은 자리에서 추락했기 때문에 나타나는 반작용이라고 보지 않는다. 서구의 노동 계급과 중산층 남성은 상류층에 비해 애초부터 큰 권력을 누린 적이 거의 없었고 이제는 그마저도 더 줄어든 상태이다. 더 큰 문제는 더 나은 삶이라는 약속된 땅에 도달할 수 있다는 환상마저 사라졌다는 점이다. 앞서 여러 차례 강조했듯 이는 남성만의 현실이 아니다. 지난 수십 년 동안 수많은 사람의 더 나은 삶을 향한 꿈은 산산이 부서졌다. 부유층은 더 부유해지고 가난한 사람들은 더 가난해졌다. 우리는 사회의 특정 집단이 이런 불만을 제기하면 이를 심각하게 받아들이지만 정작 남성이 비슷한 문제를 제기하면 대개 지나친 특권 의식으로 치부하거나 무시한다. 이런 상황에서 남성의 감정을 인정하고 왜 이런 문제가 벌어지고 있는가에 대한 명료하고 일관된 서사를 제공하는 커뮤니티가 그들에게 강력한 매력으로 다가가는 것은 전혀 놀라운 일이 아니다.

그러나 매노스피어를 설명하는 요소가 불만에만 국한되는 것은 아니다. 남성이 이곳을 찾는 이유는 매우 다양하다. 어떤 이들은 단순히 놀기 위해, 농담을 나누기 위해, 새로운 정보를 얻기 위해, 그저 무슨 일이 벌어지는지 지켜보기 위해 온다. 그러나 또 다른 이들은 연결감을 찾기 위해 이곳을 찾는다. 이번 연구에서 가장 흥미로웠던 발견 중 하나는 이 커뮤니티 안에서 사랑이 얼마나 중심적인 위치를 차지하는가였다. 매노스피어를 떠올릴 때 대부분의 사람은 사랑을 가장 먼저 연상하지 않는다. 실제로 내가 이 연구 주제를 설명하면, 이곳에서 사랑의 중요성을 예상하는 사람은 거의 없다. 그러나 매노스피어에서는 사랑, 섹스, 관계에 대한 논의가 끊임없이 등장한다. 이는 더 넓은 사회에서도 마찬가지이다. 사랑은 인류가 결코 피할 수 없는 주제이다. 매노스피어는 단지 여성혐오의 공간이 아니다. 물론 사랑을 둘러싼 담론의 상당수가 여성혐오적 방향으로 흘러가지만 그 속은 다양한 감정으로 가득하다. 그리고 나는 이 커뮤니티에서 사랑, 소속감, 해방감과 같은 감정이 바깥에서 예상하는 것보다 훨씬 더 큰 비중을 차지한다는 사실을 보여 주었다.

이 점을 이해하는 것은 매노스피어의 여성혐오 문제를 해결하는 데 핵심적이다. 우리는 단순히 앤드루 테이트를 검열하고 문제가 자연스럽게 사라지기를 기대할 수는 없다. 훨씬 더 근본적인 노력이 필요하다. 이런 측면에서 빅토리아주 총리는 정부의 가정폭력 대책을 발표하는 자리에서 이 문제에 대해 어느 정도 인식하고 있음을 보여 주었다. 그녀는 이렇게 밝혔다. "앤드루 테이트와 같은 인물의 영향력을 줄이기 위해, 더 많은 소년과 청년이 긍정적인 행동을 기를 수 있도록 올바른 역할 모델을 제공하겠다(Allan, 2024b)."

이는 지금 남성이 세상에서 경험하고 있는 것과는 다른 무언가를 제공해야 한다는 사실을 어느 정도 인식한 접근이라고 할 수 있다. 그러나 긍정적인 행동의 본보기를 제시하는 것만으로는 충분하지 않다. 문제의 뿌리를 함께 다루지 않는다면 이 문제는 형태만 달리한 채 반복될 것이다.

나는 매노스피어의 존재로 인해 우리 사회에 심각한 문제가 발생하고 있으며 이 문제는 반드시 해결되어야 한다는 확신을 가지고 이 책을 집필했다. 이러한 공동체를 깊이 이해하는 일, 그것이 등장하게 된 사회적 구조를 함께 살펴보는 일은 문제 해결을 위한 핵심적인 출발점이라고 나는 믿는다.

젊은 남성은 무엇을 원하는가, 무엇을 원해야 하는가

남성의 폭력이 여성을 향하는 이유를 논의한 훌륭한 글에서 '워킹 위드 더 맨Working With the Man'이라는 프로그램을 운영하는 사이먼 포트와 산드라 라지크는(Ayoub, 2024 재인용) 많은 남성이 여성에게 폭력을 휘두르는 이유 중 하나로 그것이 힘을 느끼게 해 주기 때문이라고 지적한다. 그들은 이렇게 말한다.

> 남성은 힘을 느끼기 위해, 허세를 부리기 위해 어떤 행동을 할 때가 있다. 어떤 이는 다른 남성들 앞에서 자신이 얼마나 강한지를 보여 주려 애쓴다. 또 어떤 이는 페미니즘에 깊은 위협을 느끼며 페미니즘이 너무 멀리 갔다고 생각한다.

나도 이 의견에 전적으로 동의한다. 그러나 이 통찰은 동시에 우리에게 중요한 과제를 던진다. 통제력이나 권력을 느끼는 감각은 본질적으로 매우 강력한 힘을 준다. 많은 남성은 여성혐오적 행동이나 폭력의 순간에 바로 그 감각을 경험했을 가능성이 높다. 영화 〈조커〉의 아서가 느꼈던 통제감이 그 전형적인 예이다. 이 때문에 매노스피어와 남성 폭력 전반을 다루는 일은 더욱 복잡하다. 남성들 스스로 이러한 가짜 힘이 결국 자신에게 얼마나 해로운지 깨닫지 못하기 때문이다. 우리는 매노스피어가 여성과 사회 전체에 해롭다는 사실을 잘 알고 있다. 그러나 우리가 더 많이 논의해야 할 것은 특히 그 참여자와 함께 이야기해야 할 것은, 매노스피어가 남성 자신에게도 얼마나 해로운가 하는 점이다.

나는 매노스피어의 문제를 떠올릴 때마다 먼저 이 커뮤니티가 남성에게 무엇을 제공하는지 생각한다. 매노스피어는 남성에게 자신의 삶, 섹스와 연애에서의 경험, 여성과 페미니즘에 대한 불만을 자유롭게 토로할 수 있는, 비판 없는 개방적 공간을 제공한다. 그리고 그곳은 어쩌면 이 불만에서 벗어날 수 있다는 작은 희망까지 함께 준다.

그러나 매노스피어 남성이 더 나은 삶을 찾기 위해 논의하는 모습을 지켜보면서 나는 종종 그들이 얼마나 끊임없이 실망하고 있는지 생생히 느꼈다. 심지어 그들 자신은 이를 자각하지 못할 때도 많았다. 매노스피어는 남성이 자신과 삶을 개선할 방법을 간절히 찾는 공간이지만 그 목표는 결코 이루어지지 않는다. 바로 이 절박함을 마주할 때 나는 오히려 그들에게 가장 깊은 공감을 느꼈다. 그들은 뭔가 잘못되었다는 사실은 알지만 자신이 처한 상황에서 어떻게 벗어나야 할지 길을 찾지 못한 채 갇혀 있는 듯 보였다. 앞서 인용한 같은 글에서(Ayoub, 2024) '리레이션십스 오스트레일리아Relationships Australia'의 시안 오드는 이렇게 설명한다. "겉으로는 통제력을 유지하는 듯 보이지만 이 남성들은 대개 매우 불행하다. 대안적 행동에 대한 가이드가 없기 때문에 그들은 파괴적인 패턴 속에 갇혀 있다." 남성이 전통적 남성성의 이상에 집착하는 한 그들은 더 다양한 삶을 탐색할 가능성을 스스로 제한한다. 여기에 소셜 미디어 구조는 남성이 진정으로 원하는 깊은 친밀감을 형성할 기회를 더욱 가로막는다. 결국 매노스피어는 남성을 자기 자신에게서, 공동체와 더 넓은 사회에서 멀어지게 만드는 소외의 구조이다.

이러한 소외의 구조는 복잡하고 모호하며 모든 참여자에게 동일하게 작동하지는 않는다. 그러나 매노스피어와 더 넓은 의미에서의 소셜 미디어는 개인에게 해방과 소속감을 약속하면서도 그 약속을 끝내 실현하지 못한다. 오히려 조금만 더 노력하면 더 나은 삶을 얻을 수 있다는 희망을 끊임없이 주입하며 사람들을 그 구조 안에 붙잡는다.

이 사실은 매노스피어 문제를 해결하기 위한 중요한 단서를 제공한다. 남성이 매노스피어를 찾는 이유는 더 나은 삶을 갈망하기 때문이며 동시에 이 공동체가 그 갈망을 결코 충족시키지 못하고 있다는 점을 이해해야 한다. 그럴 때 우리는 남성들이 여성혐오에 기대지 않고도 자신들이 원하는 더 나은 삶에 다가갈 수 있는 새로운 길을 모색할 수 있다.

요약

매노스피어는 결코 단순하지 않다. 그것은 복잡하고 혼란스러운 공간이며 남성이 이곳을 찾고 그 서사에 매력을 느끼는 이유는 다양하다. 우리는 그 이유를 이해하고 진지하게 받아들여야 한다. 또한 이 커뮤니티가 갑자기 허공에서 생겨난 것이 아니라는 사실도 잊어서는 안 된다. 매노스피어는 우리 사회의 산물이며 오늘날 세계를 움직이는 사상과 이데올로기의 자연스러운 연장선이다. 매노스피어 문제를 해결하려면 우리는 먼저 그 근본 원인을 깊이 이해해야 한다. 그렇지 않으면 앤드루 테이트와 같은 인물이 매일 새로운 추종자를 끌어모으는 현실은 계속될 것이다.

감사의 글

이 책은 옹나왈 원주민의 땅에서 집필했으며 과거에도, 현재에도 이 땅을 지키고 있는 원주민 원로에게 경의를 표한다. 이 책이 존재할 수 있는 것은 지금도 계속되고 있는 식민화로 인한 것임을 나는 알고 있다. 진실된 증언과 조약 없이는 이 땅에 결코 진정한 정의가 실현될 수 없다는 사실도 인식하고 있다. 이 땅은 언제나, 앞으로도 영원히 원주민의 땅이다.

무엇보다 먼저 내 인생의 소중한 동반자인 제임스와 마틴에게 깊은 감사를 전한다. 두 사람은 이 책의 시작부터 나와 함께해 주었고 행복할 때나 힘들 때나 늘 변함없이 곁을 지켜주었다. 내 아이디어에 귀 기울여 주고 진심 어린 피드백을 건네며 내가 극우 집회나 강연에 갈 때면 안전을 걱정했고 여러 차례 강연 현장에도 직접 찾아와 주었다. 마틴과 제임스는 내가 저녁마다 돌아갈 수 있는 안전하고 따뜻한 집이 되어 주었고 두 사람의 지지 없이는 이 책을 결코 완성할 수 없었을 것이다. 두 사람 모두를 진심으로 사랑한다.

박사 논문을 쓰는 동안 나를 지지해 주고 책으로 발전시킬 수 있도록 도와준 대학 내 여러 관계자에게도 진심으로 감사드린다. 특히 나의 박사 지도 교수인 메리 루 라스무센에게 감사의 마음을 전한다. 메리 루는 지금도 나의 소중한 친구이자 토론 상대이다. 내가 지적 호기심을 따라 다양한 아이디어를 탐구할 수 있도록 허용하면서도 동시에 필요할 때마다 내가 생각의 중심을 다시 찾을 수 있도록 도움을 주었다.

박사 과정 기간 동안 많은 도움을 주고, 논문 심사위원으로 함께 한 헬렌 킨, 롭 애클런드, 티모시 그레이엄, 엘리자베스 험프리스, 한나 맥캔에게도 감사드린다. 또한 대학과 소속 학과의 여러 동료, 교수, 연구원, 행정 팀에게도 깊은 감사를 드린다. 여러분의 아낌없는 지지 덕분에 박사 논문을 잘 마무리하고 이 책으로 완성할 수 있었다. 특히 마지막 몇 년을 함께해 준 동료들과 즐거운 학과 문화를 만들 수 있어서 정말 기쁘게 생각한다(이름을 모두 언급하지 못해서 미안해요!). 매일 점심을 함께 먹고 금요일 밤마다 가볍게 술 한 잔을 나누고 한 달에 한 번은 함께 영화도 보며 우리는 정말 많은 대화를 나누었다. 연구 과정의 소소한 일상뿐 아니라 힘들 때마다 기분 전환도 함께 할 수 있는 사람들이 곁에 있었다는 사실에 지금도 감사하고 있다.

이 책을 쓰는 과정에서 느낀 가장 큰 기쁨 중 하나는 나를 사랑하고 내가 사랑하는 사람들로 둘러싸인 공동체에서 작업할 수 있었다는 사실이다. 박사 논문이 출간되기 전부터 처음부터 끝까지 읽고 피드백을 준 이본과 로빈, 이 책 전체를 무려 두 번이나 읽으며 의견을 준 어머니에게 진심으로 감사드린다. 항상 곁에서 응원해 준 어머니, 모하마드, 아버지, 로빈, 사라, 크레이그, 아이작, 에단, 레비, 조시, 디, 베아트릭스, 맥스를 비롯한 모든 가족과 파트너 가족인 조이, 돈, 찰리에게도 감사를 전한다. 이 책을 집필하는 동안 언제나 안부를 묻고, 피드백을 아끼지 않으며, 제가 무사히 책을 완성할 수 있도록 끝까지 함께해 주어 감사드린다.

   그 외에도 집필 과정에서 수많은 지지를 보내준 친구들에게도 감사를 전한다. 헤일리(그리고 위니), 리암, 마이, 로빈, 이모젠, 루이즈와 캠(그리고 캐서린과 엘리너), 팸, 테스와 프랭크(그리고 애니), 본디와 케이엘(그리고 샬럿), 안나, 에보니, 카티나와 앤드루, 루크와 알렉스, 에밀리, 벤, 메이브, 리나, 밀란, 한나, 팀, 클레어와 홀리, 제임스 C. 헨리, 스카이, 팻, 잭, 루시, 닉과 지브, 미아와 맷(그리고 새미), 션과 애슐리, 이름을 다 언급할 수는 없지만 이 여정 동안 나를 아끼고 지지해 준 많은 친구에게 진심으로 감사드린다. 친구들은 책을 쓰는 동안 나를 응원해 주었을 뿐 아니라 때로는 집필에서 잠시 벗어날 수 있게 해 주었다. 이렇게 든든한 우정 공동체가 곁에 있다는 사실이 지금도 놀랍고 감사하다.

   마지막으로 이 책의 출판 과정을 함께한 폴리티 출판사에 감사드리며 특히 카리나 야쿱스도티르에게 깊은 감사를 전한다. 그녀는 출판 전반을 섬세하게 이끌어 주었고 언제나 나에게 든든한 안내자가 되어 주었다. 폴리티 출판사와 함께 일하는 내내 진심으로 즐거웠고 이처럼 훌륭한 출판사와 함께 작업할 수 있어 매우 기쁘게 생각한다.

    이 글을 어떻게 마무리해야 할지 모르겠다. 그동안 내가 받은 지지와 사랑에 비하면 감사의 말이 너무 작게 느껴지기 때문이다. 아무리 감사드려도 부족한 모든 사람에게 다시 한번 감사의 인사를 전한다.

약어 정리

AWALT All Women Are Like That 모든 여성은 다 똑같다

IRL In Real Life 현실에서

MGTOW Men Going Their Own Way (믹타우) 자신의 길을 가는 남성들

NNN No Nothing November 노 낫싱 노벰버 (악습 끊기 챌린지)

OP Original Poster 원글 작성자

SMP Sexual Marketplace 성적 시장

SMV Sexual Market Value 성적 시장 가치

THOT The Ho Over There 저기 있는 창녀

TRP The Red Pill 레드필

그림 목록

그림 2.1 인셀 vs. 채드 밈

그림 3.1 MGTOW 게시물 〈페이스북에서 찾음. 다음엔 여성 전용 식수대가 생기겠지〉

그림 3.2 MGTOW 게시물 〈이것이 페미니즘과 그것을 지지하는 정부가 우리 군인의 복무에 보답하는 방식〉

그림 3.3 MGTOW 게시물 〈이기고 싶으면 게임을 하지 마라. 그냥 떠나라〉

그림 4.1 MGTOW 서브렛딧 게시물 〈사륜 바이크〉

그림 4.2 MGTOW 게시물 〈아파트〉

그림 4.3 MGTOW 게시물 〈너희들 이런 아파트에서 살지〉

그림 4.4 MGTOW 게시물 〈여자가 게임기랑 같을 순 없지〉

주

2장

1 이 책에서는 매노스피어에서 발췌한 소셜 미디어 게시물을 인용한다. 우리 사회나 공동체에 극도로 해로울 수 있는 공간에서 왔거나 접근이 극도로 어렵거나 차단되었거나 폐쇄된 커뮤니티에서 나온 것이기 때문에 원 게시물의 출처는 별도로 표기하지 않는다.

2 사이드바는 서브레딧에서 운영자가 규칙이나 링크 등을 게시하는 영역이다. 레드필 서브레딧의 운영자들은 이 공간을 활용해 커뮤니티의 이론을 뒷받침하는 여러 글을 올린다.

3 게시물과 댓글에는 종종 철자 오류나 기타 실수가 포함되어 있다. 나는 이 책에서 이러한 오류를 지적하거나 수정하지 않기로 결정했다. 그 대신에 내용이 있는 그대로 전달되도록 두었다.

4 '알약을 삼킨다'는 것은 '레드필을 삼킨다'란 뜻이다. 이에 대해서는 곧 더 자세히 설명할 예정이다.

5 매노스피어 남성은 남성을 '알파'와 '베타'로 나누는 것을 선호

한다. 알파는 최상위에 군림하는 남성을, 베타는 그보다 한 단계 낮은, 상대적으로 약한 남성을 의미한다.

6 원문은 '트윙키하다twinky'로 주로 마르고 젊으며 여성스러운 게이 남성을 가리킨다.

7 '모든 여성은 다 똑같다All Women Are Like That'는 매노스피어에서 사용되는 용어로 모든 여성이 남성을 대하는 태도가 똑같다(나쁘다)라는 주장을 담고 있다.

8 '저기 있는 창녀That Ho Over There'는 성적으로 문란하다고 여겨지는 여성을 비하하는 데 쓰이는 표현이다.

9 인셀들은 '블랙필the black pill'이라 불리는 철학도 논의하는데 이는 레드필 개념과 밀접하게 관련되어 있다. 그러나 두 개념 중 더 널리 알려진 것은 레드필이므로 여기서는 레드필만 다루겠다.

3장

1 원어는 '페모이드femoid'로 여성을 비하적으로 지칭하는 용어이다. 주로 인셀 커뮤니티에서 사용된다.

4장

1 '고정'은 운영자가 특정 게시물이 서브레딧의 상단에 계속 노출되도록 하는 기능으로 접속 시 가장 먼저 보인다.

2 스위치는 닌텐도에서 출시한 게임 콘솔이다.

3 원어는 'shake my head, SMH'의 축약형으로 실망이나 어이없음을 표현하는 말이다.

4 원어는 'in real life, IRL'로 현실 세계를 뜻한다.

5장

1 원어는 '로프드roped'로 인셀 커뮤니티에서 자살을 뜻하는 용어이다.

2 원어는 '인셀할라'로 바이킹 문화에서 천국을 뜻하는 '발할라Valhalla'라는 개념에서 파생된 말장난이다.

6장

1 https://twitter.com/TakedownMRAs

2 원어는 '심핑simping'으로 누군가의 인정이나 호감을 얻기 위해 과도한 관심이나 애정을 쏟는 행위를 말한다. 선물이나 칭찬을 지나치게 하는 행동 등이 이에 포함된다.

참고 문헌

Abrams, Z. (2023) 'Boys are facing key challenges in school. Inside the effort to support their success', *Monitor on Psychology*, 54(3): 46–53.

ACLU (2023) 'Surveillance Under The Patriot Act'. https://www.aclu.org/issues/national-security/privacy-and-surveillance/surveillance-under-patriot-act

Ahmed, S. (2004) *The Cultural Politics of Emotion*. New York: Routledge.

Ahmed, S. and Stacey, J. (2001) 'Testimonial cultures: an introduction', *Journal for Cultural Research*, 5(1): 1–6.

Albanese, A. (2024) 'No more: national rally against gender based violence march'. Prime Minister of Australia. https://www.pm.gov.au/media/no-more-national-rally-against-gender-based-violence-march

Allan, J. (2018) 'Masculinity as cruel optimism', *NORMA*, 13(3–4): 175–90.

Allan, J. (2024a) cited by C. Goode on Twitter. https://twitter.com/calgodde/status/1796042758995808320

Allan, J. (2024b) 'Changing laws and culture to save women's lives'. Premier of Victoria. https://www.premier.vic.gov.au/changing-laws-and-culture-save-womens-lives

Almog, R. and Kaplan, D. (2017) 'The nerd and his discontent: the seduction community and the logic of the game as a geeky solution to the challenges of young masculinity', *Men and Masculinities*, 20: 27–48.

Andrejevic, M. (2011) 'Surveillance and alienation in the online economy', *Surveillance and Society*, 8(3): 278–87.

ANU (2023) 'Respectful relationships'. https://www.anu.edu.au/students/

health-safety-wellbeing/respectful-relationships

Arendt, H. (1994) *Eichmann in Jerusalem: A Report on the Banality of Evil*. New York: Penguin Books.

Armstrong, M. (2022) 'Friendships: less is now more', World Economic Forum. https://www.weforum.org/agenda/2022/11/friendships-less-is-now-more/

Ayoub, S. (2024) 'Power, patriarchy, victimhood, denial: three experts on why men hurt women', *The Guardian*, 8 June. https://www.theguardian.com/society/article/2024/jun/08/power-patriarchy-victimhood-denial-three-experts-on-why-men-hurt-women

Baele, S., Braces, L. and Coan, T. (2019) 'From "incel" to "saint": analysing the violent worldview behind the 2018 Toronto attack', *Terrorism and Political Violence*, 33(8): 1667–91.

Baggs, M. (2019) 'Gilette faces backlash and boycott of "#MeToo advert"', *BBC News*, 15 January. https://www.bbc.com/news/newsbeat-46874617

Banet-Weiser, S. (2018) 'Postfeminism and popular feminism', *Feminist Media Histories*, 4(2): 152–6.

Barzegar, A., Powers, S. and El Karihli, N. (2016) 'Civic approaches to confronting violent extremism: sector recommendations and best practices', Institute for Strategic Dialogue. https://www.isdglobal.org/wpcontent/uploads/2016/10/civic_approaches_to_confronting_violent_extremism_-_digital_release.pdf

Bates, L. (2020) *Men Who Hate Women*. London: Simon and Schuster.

Baudrillard, J. (1993) *The Transparency of Evil*. London: Verso.

Berlant, L. (1988) 'The female complaint', *Social Text*, 19/20: 237–59.

Berlant, L. (2002) 'The subject of true feeling: pain, privacy, and politics'. In: W. Brown and J. Halley (eds.) *Left Legalism/Left Critique*. Durham, NC: Duke University Press.

Berlant, L. (2008) *The Female Complaint*. Durham, NC: Duke University Press.

Berlant, L. (2011) *Cruel Optimism*. Durham, NC: Duke University Press.

Berlant, L. (2012) *Desire/Love*. Brooklyn, NY: Punctum Books.

Bird, S.R. (1996) 'Welcome to the men's club: homosociality and the maintenance of hegemonic masculinity', *Gender & Society*, 10: 120–32.

Bloch, J. (2000) 'The new and improved Clint Eastwood: change and persistence in promise keepers self-help literature', *Sociology of Religion*, 61: 11–30.

Bokek-Cohen, Y., Peres, Y. and Kanazawa, S. (2008) 'Rational choice and evolutionary psychology as explanations for mate selectivity', *Journal of Social, Evolutionary, and Cultural Psychology*, 2(2): 42–55.

Boris, E. (2021) 'Book review: American gold digger: marriage, money, and the law from the Ziegfeld Follies to Anna Nicole Smith', *Journal of Family History*, 46(4): 513–16.

Bowles, N. (2018) 'Jordan Peterson, custodian of the patriarchy', *The New York Times*, 18 May. https://www.nytimes.com/2018/05/18/sty le/jordan-peterson-12-rules-for-life.html

Bratich, J. (2024) 'Redpilling and the archaic roots of patriarchal post-truth'. In: J. Harson (ed.) *Re-thinking Mediations of Post-truth Politics and Trust*. London: Taylor and Francis, pp. 89–108.

Bratich, J. and Banet-Weiser, S. (2019) 'From pick-up artists to incels: con(fidence) games, networked misogyny, and the failure of neoliberalism', *International Journal of Communication*, 13: 5003–27.

Brenner, J. and Ramas, M. (1984) 'Rethinking women's oppression', *New Left Review*, 144: 1–39.

Briggs, R. and Feve, S. (2014) Policy briefing: countering the appeal of extremism online. Institute for Strategic Dialogue. https://www.dhs.gov/sites/default/files/publications/Countering%20the%20Appeal%20of%20Extremism%20Online-ISD%20Report.pdf

Browitt, J. (2017) 'The garage as vernacular museum: reading contemporary masculinity through "man caves"'. In: J. Lloyd and E. Vasta (eds) *Reimagining Home in the 21st Century*. Cheltenham: Edward Elgar

Brown, M. and Brown, S. (2021) *She is Not Your Rehab*. New Zealand: Penguin Random House.

Brown, W. (1995) *States of Injury: Power and Freedom in Late Modernity*. Princeton, NJ: Princeton University Press.

Brown, W. (2015) *Undoing the Demos: Neoliberalism's Stealth Revolution*. New York: Zone Books.

Brown, W. (2019) *In the Ruins of Neoliberalism: The Rise of Antidemocratic Politics in the West*. New York: Columbia University Press.

Buckley, R. (2016) 'Hypergamy'. In: C. Shehan (ed.) *Encyclopedia of Family Studies*. Hoboken, NJ: Wiley.

Budgeon, S. (2021) 'Making feminist claims in the post-truth era: the authority of personal experience', *Feminist Theory*, 22(2): 248–67.

Burgess, M. (2021) 'Director-General's annual threat assessment', Australian Security Intelligence Organisation. https://www.asio.gov.au/resources/speeches-and-statements/director-generals-annual-threat-assessment-2021

Burnett, S. (2022) 'The battle for "NoFap": myths, masculinity, and the meaning of masturbation abstention', *Men and Masculinities*, 25(3): 477–96.

Burns, K. (2022) 'No, the war in Ukraine isn't because of pronouns', Medium. https://gen.medium.com/no-the-war-in-ukraine-wasnt-because-of-pronouns-c3e3e8f938a3

Butler, P. (2020) 'Male suicide rate hits two-decade high in England and Wales', *The Guardian*, 1 September. https://www.theguardian.com/society/2020/sep/01/male-suicide-rate-england-wales-covid-19

Cameron, D. (2007) *The Myth of Mars and Venus*. Oxford: Oxford University Press.

Cameron, D. (2010) 'Gender, language, and the new biologism', *Constellations*, 17(4): 526–39.

Cameron, D. (2015) 'Evolution, language and the battle of the sexes', Australian Feminist Studies, 30(86): 351–8.

Carah, N. (2014) 'Curators of databases: circulating images, managing attention and making value on social media', *Media International Australia*, 150: 137–42.

Carah, N. (2020) 'What do participants on digital media produce? Tracking the development of Hello Sunday Morning from a blog to a social network, to a self-tracking app', *International Journal of Cultural Studies*, 23(4): 512–30.

Castells, M. (1996) *The Rise of the Network Society*. Oxford: Blackwell Publishers.

Chan, W. (2022) 'Alex Jones owes $1.5bn and declared bankruptcy. So how is Infowars still running?', *The Guardian*, 8 December. https://www.theguardian.com/us-news/2022/dec/07/alex-jones-infowars-bankruptcy

Chandrasekharan, E., Pavalanathan, U., Srinivasan, A., Glynn, A., Eisenstein, J. and Gilbert, E. (2017) 'You can't stay here: the efficacy of Reddit's 2015 ban examined through hate speech', *Proceedings of the ACM on Human-Computer Interaction*, 1: art. 31.

Chen, E. (2012) 'Caught in a bad bromance', *Texas Journal of Women and the Law*, 21(2): 241–66.

Chia, A. (2012) 'Welcome to me-mart: the politics of user-generated content in personal blogs', *American Behavioral Scientist*, 56(4): 421–38.

Chudy, E. (2021) 'Desperate "ex-gay" Milo Yiannopoulos flogs Virgin Mary statues on Christian shopping channel', Pink News, 16 November. https://www.thepinknews.com/2021/11/16/milo-yiannopoulos-virgin-mary-statues-christian/

Clare, A. (2000) *On Men: Masculinity in Crisis*. London: Chatto and Windus.

Clarke, N., Jennings, W., Moss, J. and Stoker, G. (2016) 'The rise of antipolitics in Britain', University of Southampton. https://antipolitics.soton.ac.uk/files/2014/10/The-rise-of-anti-politics-in-Britain.pdf

Colas, D. (1997) *Civil Society and Fanaticism: Conjoined Histories*. Stanford, CA: Stanford University Press.

Connell, R.W. (1995) *Masculinities*. Cambridge: Polity Press.

Connell, R.W. and Messerschmidt, J.W. (2005) 'Hegemonic masculinity: rethinking the concept', *Gender & Society*, 19(6): 829–59.

Copland, S. (2019) 'How do you prevent extremism?' *BBC Future*. https://www.bbc.com/future/article/20190501-how-do-you-prevent-extremism

Copland, S. (2020) 'Reddit quarantined: can changing platform affordances reduce hateful material online?', *Internet Policy Review*, 9(4): 1–26.

Copland, S. (2021) 'The online Manosphere and misogyny in the far-right: the case of the #thotaudit'. In: M. Devries, J. Bessant and R. Watts (eds) *Rise of the Far Right: Technologies of Recruitment and Mobilization*. Lanham, MD: Rowman and Littlefield.

Copland, S. (2022) 'Reddit, the Manosphere and the male complaint', PhD thesis, The Australian National University. https://openresearch-repository.anu.edu.au/handle/1885/265930

Copland, S. (2024) 'Misogynistic mass violence is on the rise. Why are we ignoring it?', *ANU Reporter*, 26 April. https://reporter.anu.edu.au/all-stories/misogynistic-mass-violence-is-on-the-rise-why-are-we-ignoring-it

Cosmopolitan (2020) 'These women have never had a relationship. Here's how they really feel about it', *Cosmopolitan Magazine*, 13 March. https://www.cosmopolitan.com/uk/love-sex/relationships/a31466754/never-had-boyfriend/

Coston, B. and Kimmel, M. (2013) 'White men as the new victims: reverse discrimination cases and the men's rights movement', *Nevada Law Journal*, 13(2): 368–85.

Cottee, S. (2021) 'Incel (e)motives: resentment, shame and revenge', *Studies in Conflict and Terrorism*, 44(2): 93–114.

Cottee, S. and Hayward, K. (2011) 'Terrorist (e)motives: the existential attractions of terrorism', *Studies in Conflict & Terrorism*, 34(12), 963–86.

Courtney, J. (2009) 'Real men do housework: ethos and masculinity in contemporary domestic advise', *Rhetoric Review*, 28: 66–81.

Cover, R. (2016) 'Suicides of the marginalised: cultural approaches to suicide, minorities and relationality', *Cultural Studies Review*, 22(2): 90–113.

Cox, D. (2021a) 'The state of American friendship: change, challenge and loss', Survey Center on American Life. https://www.americansurveycenter.org/research/the-state-of-american-friendship-change-challenges-and-loss/

Cox, D. (2021b) 'Men's social circles are shrinking', Survey Center on American Life. https://www.americansurveycenter.org/why-mens-social-circles-are-shrinking/

Coyne, J. (2019) 'Why is the Morrison Government pushing for new terrorism legislation?', *ABC News*, 4 July. https://www.abc.net.au/news/2019-07-04/dutton-counter-terror-laws-could-backfire/11275524

Crabb, A. (2024) 'Albanese was so desperate to prove he cares about gendered violence, he forgot one thing: if you're a proper leader, it's not about you', *ABC News*, 1 May. https://www.abc.net.au/news/2024-05-01/albanese-gendered-violence-rally/103785858

Cunningham, K. (2021) '"Sale funnels" and high-value men: the rise of strategic dating', The Guardian, 8 August. https://www.theguardian.com/lifeandstyle/2021/aug/08/sales-funnels-and-high-value-men-the-rise-of-strategic-dating

Daggett, C. (2018) 'Petro-masculinity: fossil fuels and authoritarian desire', *Millennium: Journal of International Studies*, 47(1): 25–44.

Daly, S. and Laskovtsov, A. (2022) '"Goodbye, my friendcels": an analysis of Incel suicide posts', *Journal of Qualitative Criminal Justice and Criminology*, 11(1).

de Boise, S. (2015) *Men, Masculinity, Music and Emotions*. London: Palgrave Macmillan.

de Boise, S. and Hearn, J. (2017) 'Are men getting more emotional? Critical sociological perspectives on men, masculinities and emotions', *The Sociological Review*, 65(4): 779–96.

DeGue, S. (2014) 'Preventing sexual violence on college campuses: lessons from research and practice', White House Task Force to Protect Students from Sexual Assault. https://www.time.com/wp-content/uploads/2014/09/evidence-based-strategies-for-theprevention-of-sv-perpetration.pdf

Diken, B. (2009) *Nihilism*. London: Routledge.

Dixon, T. (2005) *From Passions to Emotions: The Creation of a Secular Psychological Category*. Cambridge: Cambridge University Press.

Dobson, A., Carah, N. and Robards, B. (2018) 'Digital intimate publics and social media: towards theorising public lives on private platforms'. In: A. Dobson, B. Robards and N. Carah (eds.) *Digital Intimate Publics and Social Media*. Cham: Palgrave Macmillan.

Donaghue, N. (2015) 'The "facts" of life? How the notion of evolved brain differences between women and men naturalises biological accounts of sex/gender', *Australian Feminist Studies*, 30(86): 359–65.

Dragiewicz, M. and Mann, R. (2016) 'Fighting feminism-organised opposition to women's rights: guest editors introduction', *International Journal for Crime, Justice and Social Democracy*, 5(2): 1–5.

Duriesmith, D. (2020) 'Adaptation of militarized masculinity and violent extremism in the southern Philippines in conflicting identities: the nexus between masculinities, femininities and violent extremism in Asia', UNDP and UN Women, Bangkok, Thailand.

Dwyer, C. (2016). 'Donald Trump: "I could… shoot somebody, and I wouldn't lose any voters"', *NPR*, 23 January. https://www.npr.org/sections/thetwo-way/2016/01/23/464129029/donald-trump-i-could-shoot-somebody-and-i-wouldnt-lose-any-voters

Edelstein, D. (2019) 'Joker is one unpleasant note played louder and louder', *Vulture*, 1 October. https://www.vulture.com/2019/10/joker-movie-review-joaquin-phoenix-as-arthur-fleck.html

Edley, N. (2017). *Men and Masculinity*. London and New York: Routledge.

Edley, N. and Wetherell, M. (2001) 'Jekyll and Hyde: men's constructions of feminism and feminists', *Feminism & Psychology*, 11(4): 439–57.

El Sayed, L., Faris, T. and Zeiger, S. (2017) 'Undermining violent extremist narratives in the Middle East and North Africa: a how-to guide'. *Hedayah*. https://hedayah.com/resources/undermining-violent-extremism-narratives-in-the-middle-east-and-north-africa-a-how-to-guide/

Elkin-Koren, N. (2010) 'User-generated platforms'. In: R. Dreyfuss, D. Zimmerman and H. First (eds.) *Working Within the Boundaries of Intellectual Property: Innovation Policy for the Knowledge Society*. Oxford: Oxford University Press.

Ellwood, Z. (2019) 'Meaning of the "Joker" movie: what you missed', Medium, 13 October. https://apokerplayer.medium.com/meaning-of-the-joker-movie-what-you-missed-5aa160b3f012

Equimundo (2023) 'State of American men 2023', *Equimundo*. https://www.equimundo.org/resources/state-of-american-men/

European Network Against Racism (2021) 'Suspicion, discrimination and surveillance: the impact of counter-terrorism law and policy on racialist groups at risk of racism in Europe'. https://www.enar-eu.org/wp-content/uploads/suspicion_discrimination_surveillance_report_2021.pdf

EXIT-Germany (2022) 'EXIT-Germany: we provide ways out of extremism'. https://www.exit-deutschland.de/english

Faludi, S. (1999) *Stiffed: The Betrayal of the Modern Man*. London: Chatto & Windus.

Farrell, T., Fernandez, M., Novotny, J. and Alani, H. (2019) 'Exploring misogyny across the Manosphere in Reddit', *WebSci '19 Proceedings of the 10th ACM Conference on Web Science*, 87–96.

Farvid, P., Braun, V. and Rowney, C. (2015) '"No girl wants to be called a slut!": women, heterosexual casual sex and the sexual double standard', *Journal of Gender Studies*, 26(5): 544–60.

Federici, S. (2018) *Witches, Witch-Hunting, and Women*. Oakland, CA: PM Press.

Fisher, E. (2010) *Media and New Capitalism in the Digital Age: The Spirit of Networks*. New York: Palgrave Macmillan.

Fisher, E. (2012) 'How less alienation creates more exploitation: audience labour on social network sites', *TripleC: Cognition, Communication, Cooperation*, 10(2): 171–83.

Flood, M. (2008) 'Men, sex, and homosociality: how bonds between men shape their sexual relations with women', *Men and Masculinities*, 10(3): 339–59.

Forrest, S. (2010) 'Young men in love: the (re)making of heterosexual masculinities through serious relationships', *Sexual and Relationship Therapy*, 25: 206–18.

Foucault, M. (1976) *The History of Sexuality: Volume One*. Victoria: Penguin Books.

Freud, S. (1961) *Civilization and its Discontents*. London: Norton.

Galle, S. (n.d.) 'MGTOW: the ultimate guide to the men going their own way movement', MensGroup. https://mensgroup.com/mgtow/

Gavey, N., McPhillips, K. and Braun, V. (1999) 'Interruptus coitus: heterosexuals accounting for intercourse', *Sexualities*, 2(1): 35–68.

George, J. and Huynh, K. (2009) *The Culture Wars: Australian and American Politics in the 21st Century*. Melbourne: Palgrave Macmillan.

Gest, J. (2016) *The New Minority: White Working Class Politics in an Age of Immigration and Inequality*. Oxford: Oxford University Press.

Gill, R. (2009) 'Mediated intimacy and postfeminism: a discourse analytic examination of sex and relationship advice in a women's magazine', *Discourse & Communication*, 3(4): 345–69.

Gill, R. (2017) 'The affective, cultural and psychic life of postfeminism: 10 years on', *European Journal of Cultural Studies*, 20(6): 606–26.

Gillespie, T. (2010) 'The politics of "platforms"', *New Media and Society*, 12(3): 347–64.

Gillespie, T. (2018) *Custodians of the Internet: Platforms, Content Moderation, and the Hidden Decisions that Shape Social Media*. New Haven, CT: Yale University Press.

Ging, D. (2017) 'Alphas, betas, and incels: theorizing the masculinities of the Manosphere', *Men and Masculinities*, 22(4): 1–20.

Ging, D. (2019) 'Bros v. hos: postfeminism, anti-feminism and the toxic turn in digital gender politics'. In: D. Ging and E. Siapera (eds.) *Gender Hate Online: Understanding the New Anti-Feminism*. Cham, Switzerland: Palgrave McMillan.

Glazzard, A. (2017) 'Losing the plot: narrative, counter-narrative and violent extremism', *The International Centre for Counter-Terrorism– The Hague*, 8(8).

Graeber, D. (2011) *Debt: The First 5,000 Years*. Brooklyn, NY: Melville House.

Graeber, D. (2014) 'What's the point if we can't have fun?', *The Baffler*, January. https://thebaffler.com/salvos/whats-the-point-if-we-cant-have-fun

Gray, J. (1992) *Men are from Mars, Women are from Venus*. New York: HarperCollins.

Green, A. (2019). 'Cucks, fags and useful idiots: the othering of dissenting white masculinities online'. In: E. Harmer and K. Lumsden (eds.) *Online Othering: Exploring Violence and Discrimination on the Web*. Palgrave Macmillan.

Guerrero, J. (2024) 'Why are men so lonely?' *The LA Times*, 15 January. https://

www.latimes.com/opinion/story/2024-01-15/men-friendship-gen-z-loneliness

Hafez, M. and Mullins, C. (2015) 'The radicalization puzzle: a theoretical synthesis of empirical approaches to homegrown extremism', *Studies in Conflict and Terrorism*, 38(11): 959–75.

Hager, E. (2015) 'For men in prison, child support becomes a crushing debt', *The Marshall Project*, 18 October. https://www.themarshall project.org/2015/10/18/for-men-in-prison-child-support-becomes-a-crushing-debt

Haider, A. (2018) *Mistaken Identity: Race and Class in the Age of Trump*. London: Verso.

Halle, D. (1991) 'Displaying the dream: the visual presentation of family and self in the modern American household', *Journal of Comparative Family Studies*, 22(2): 217–29.

Hammarén, N. and Johannson, T. (2014) 'Homosociality: in between power and intimacy', *SAGE Open*, 4(1): 1–11.

Harvey, D. (2018) 'Universal alienation', *triple*, 16(2): 424–39.

Hay, C. (2007) *Why We Hate Politics*. Cambridge: Polity Press.

Hazleden, R. (2003) 'Love yourself: the relationship of the self with itself in popular self-help texts', *Journal of Sociology*, 39: 413–28.

Hazleden, R. (2004) 'The pathology of love in contemporary relationship manuals', *The Sociological Review*, 52(2): 201–17.

Heidegger, M. (1977) *The Question Concerning Technology and Other Essays*. New York: Harper.

Helmond, A. (2015) 'The platformization of the web: making web data platform ready', *Social Media and Society*, 1(2): 1–11.

Hemmingsen, A.-S. and Castro, K.I. (2017) *The Trouble with Counter-Narratives*. Copenhagen: Danish Institute for International Studies.

Hewitt, J.P. (2003) *Self and Society: A Symbolic Interactionist Perspective*. Boston, MA: Allyn & Bacon.

Hill, J. (2019) *See What You Made Me Do: Power, Control and Domestic Abuse*. Melbourne: Black Inc.

Hinojosa, R. (2010) 'Doing hegemony: military, men, and constructing a hegemonic masculinity', *The Journal of Men's Studies*, 18(2): 179–94.

Hochschild, A. (1994) 'The commercial spirit of intimate life and the abduction of feminism: signs from women's advice books', *Theory, Culture and Society*, 11: 1–24.

Hochschild, A. (2016) *Strangers in Their Own Land: Anger and Mourning on the American Right*. New York: The New Press.

Hollway, W. (1984) 'Women's power in heterosexual sex', *Women's Studies International Forum*, 7(1): 63–8.

hooks, b. (2004) *The Will to Change: Men, Masculinity and Love*. New York: Washington Square Press.

Humphrys, E., Copland, S. and Mansillo, L. (2020). 'Anti-politics in Australia: hypothesis, evidence and trends', *Journal of Australian Political Economy*, 86: 122–56.

Hunt, A. (1998) 'The great masturbation panic and the discourses of moral regulation in nineteenth and early twentieth-century Britain', *Journal of the History of Sexuality*, 8(4): 575–615.

Illouz, E. (2008) *Saving the Modern Soul: Therapy, Emotions, and the Culture of Self-help*. Berkeley, CA: University of California Press.

Illouz, E. (2012) *Why Love Hurts: A Sociological Explanation*. Cambridge: Polity Press.

Illouz, E. (2013) *Cold Intimacies: The Making of Emotional Capitalism*. Cambridge: Polity Press.

Ironwood, I. (2013) *The Manosphere: A New Hope for Masculinity*. Otto, NC: Red Pill Press.

Jackson, S. and Scott, S. (1997) 'Gut reactions to matters of the heart: reflections on rationality, irrationality and sexuality', *Sociological Review*, 45(4): 552–75.

Jane, E. (2014) '"Back to the kitchen, cunt": speaking the unspeakable about online misogyny', *Continuum*, 28(4): 558–70.

Jane, E. (2019) 'Incels are having plastic surgery to attract women, but it won't work', *ABC News*, 16 June. https://www.abc.net.au/news/2019-06-16/incels-plastic-surgery-for-face-improvement-misogyny-remains/11205336

Jaworski, K. (2010) 'The gender-ing of suicide', *Australian Feminist Studies*, 25(63): 47–61.

Jones, C., Trott, V. and Wright, S. (2019) 'Sluts and soyboys: MGTOW and the production of misogynistic online harassment', *New Media & Society*, 22(10): 1903–21.

Kalish, R. and Kimmel, M. (2010) 'Suicide by mass murder: masculinity, aggrieved entitlement, and rampage school shootings', *Health Sociology Review*, 19(4): 451–64.

Kaur, G. (2023) 'How do you solve a problem like Andrew Tate?', *ALiGN*, 27 February. https://www.alignplatform.org/resources/blog-how-to-solve-problem-andrew-tate

Kelly, A. (2018) 'The housewives of white supremacy', *The New York Times*, 1 June. https://www.nytimes.com/2018/06/01/opinion/sunday/tradwives-women-alt-right.html

Kimmel, M. (1994) 'Masculinity as homophobia: fear, shame, and silence in the construction of gender identity'. In: H. Brod and M. Kaufman (eds) *Theorizing Masculinities*. London: Sage.

Kimmel, M. (2011) *Manhood in America: A Cultural History*. New York: Oxford University Press.

Kimmel, M. (2014) 'From men's liberation to men's rights: angry white men in the US', openDemocracy. https://www.opendemocracy.net/en/5050/from-mens-liberation-to-mens-rights-angry-white-men-in-us/

Kimmel, M. (2017) *Angry White Men: American Masculinity at the End of an Era*. New York: Nation Books.

Kimmel, M. (2018) *Healing from Hate: How Young Men get into and out of Violent Extremism*. Oakland, CA: University of California Press.

Kiper, J. (2021) 'An obstacle to decolonising Europe: White nationalism and its co-option of Serbian propaganda', *Anthropological Journal of European Cultures*, 30(2): 112–22.

Klein, N. (2014) *This Changes Everything*. Harmondsworth: Penguin Books.

Know Your Meme. (2015) 'Manosphere', Know Your Meme. https://knowyourmeme.com/memes/subcultures/Manosphere

Krafchick, J., Zimmerman, T., Haddock, S. and Banning, J. (2005) 'Best-selling books advising parents about gender: a feminist analysis', *Family Relations*, 54: 84–100.

Lipman-Bluman, J. (1976) 'Toward a homosocial theory of sex roles: an explanation of the sex segregation of social institutions', *Signs: Journal of Women in Culture and Society*, 1(3): 15–31.

Lumsden, K. (2019) '"I want to kill you in front of your children is not a threat. It's an expression of desire": discourses of online abuse, trolling and violence in r/MensRights'. In: K. Lumsden and E. Harme (eds) *Online Othering: Exploring Violence and Discrimination on the Web*. Basingstoke: Palgrave Macmillan.

Lyman, P. (2004) 'The domestication of anger: the use and abuse of anger in politics', *European Journal of Social Theory*, 7(2): 133–47.

Mac An Ghaill, M. (1994) *The Making of Men: Masculinities, Sexualities and*

Schooling. Buckingham, UK: Open University Press.

Mac An Ghaill, M. and Haywood, C. (2012) 'Understanding boys: thinking through boys, masculinity and suicide', *Social Science & Medicine*, 74: 482–9.

MacArthur, J. and Shields, S. (2015) 'There's no crying in baseball, or is there? Male athletes, tears, and masculinity in North America', *Emotional Review*, 7(1): 39–46.

MacKinnon, C. (1989) *Toward a Feminist Theory of the State*. Cambridge, MA: Harvard University Press.

Maddison, S. (1999). 'Private men, public anger: the men's rights movement in Australia', *Journal of Interdisciplinary Gender Studies*, 4(2): 39–51.

Mair, P. (2013) *Ruling the Void: The Hollowing of Western Democracy*. London: Verso.

Maloney, M., Roberts, S. and Graham, T. (2019) *Gender, Masculinity and Video Gaming: Analysing Reddit's r/gaming Community*. Cham, Switzerland: Palgrave Macmillan.

Marcuse, H. (2009 [1968])

Negations: Essays in Critical Theory^. London: MayFly Books.

Marwick, A. and Caplan, R. (2018) 'Drinking male tears: language, the Manosphere, and networked harassment', *Feminist Media Studies*, 18(4): 543–59.

Marx, K. (1990) *Capital: Volume 1*. London: Penguin Books.

Marx, K. (2009 [1844]) *The Economic & Philosophic Manuscripts of 1844*. https://www.marxists.org/archive/marx/works/1844/manuscripts/preface.html

Massanari, A. (2015) *Participatory Culture, Community, and Play: Learning from Reddit*. New York: Peter Lang.

Massanari, A. (2017) 'Gamergate and the Fappening: how Reddit's algorithm, governance, and culture support toxic technocultures', *New Media and Society*, 19(3): 329–46.

McCormack, M. (2012) *The Declining Significance of Homophobia: How Tennage Boys Are Redefining Masculinity and Heterosexuality*. Oxford: Oxford University Press.

McCormack, M. and Anderson, E. (2010) '"It's just not acceptable any more": the erosion of homophobia and the softening of masculinity at an English sixth form', *Sociology*, 44(5): 843–59.

McKinnon, S. (2005) *Neo-Liberal Genetics: The Myths and Moral Tales of Evolutionary Psychology*. Chicago, IL: Prickly Paradigm Press.

McLean, S. and Vermeylen, L. (2019) 'From getting ahead to getting back on one's feet: performing masculinity as a self-help reader', *Men and Masculinities*, 22(4): 716–37.

McRobbie, A. (2009) *The Aftermath of Feminism: Gender, Culture and Social Change*. London: Sage.

Messner, M. (2001) 'Friendship, intimacy and sexuality'. In: S. Whitehead and F. Barrett (eds.) *The Masculinities Reader*. Cambridge: Polity.

Mete, V. (2010) 'Four types of anti-politics: insights from the Italian case', *Modern Italy*, 15(1): 37–61.

Middleton, K. and Taylor, J. (2024) 'Anthony Albanese backs campaign to ban children under 16 from social media', *The Guardian*, 21 May. https://www.theguardian.com/australia-news/article/2024/may/21/anthony-albanese-social-media-ban-children-under-16-minimum-age-raised

Miller, D. (2011) *Tales from Facebook*. Cambridge: Polity.

Moloney, M. and Love, T. (2018) '#TheFappening: virtual manhood acts in (homo)social media', *Men and Masculinities*, 21(5): 603–23.

Mooney-Somers, J. and Ussher, J. (2010) 'Sex as commodity: single and partnered men's subjectification as heterosexual men', *Men and Masculinities*, 12(3): 353–73.

Moore, C. (2019) Tweet. URL https://twitter.com/Chadwick_Moore/status/1193076908809998336

Moran, C. (2023) 'Caitlan Moran: what's gone wrong for men and the thing that can fix them', *The Guardian*, 1 July. https://www.theguardian.com/society/2023/jul/01/caitlin-moran-whats-gone-wrong-for-men-and-the-thing-that-can-fix-them?

Morgan, D. (1992) *Discovering Men*. London: Routledge.

Mosseri, A. (2018) 'Bringing people closer together', Facebook.com, https://about.fb.com/news/2018/01/news-feed-fyi-bringing-people-closer-together/

Murphy, J. (2001) 'What does John Gray have to say to feminism?', *Continuum: Journal of Media and Cultural Studies*, 15: 159–67.

Murphy, J. (2016) 'Toronto professor Jordan Peterson takes on gender-neutral pronouns', *BBC*. https://www.bbc.com/news/world-us-canada-37875695

Nagel, J. (1998) 'Masculinity and nationalism: gender and sexuality in the making of nations', *Ethnic and Racial Studies*, 21(2): 242–69.

National Conference of State Legislatures (NCSL) (2022) 'Child support and incarceration'. https://www.ncsl.org/research/human-services/child-support-and-incarceration.

aspx

Neuback, K. and Cazenave, N. (2001) *Welfare Racism: Playing the Race Card Against America's Poor*. New York: Routledge.

Nicholas, L. and Agius, C. (2017) *The Persistence of Global Masculinism: Discourse, Gender and Neo-colonial Re-articulations of Violence*. Cham: Palgrave Macmillan.

Nietzsche, F. (1914) *The Complete Works of Friedrich Nietzsche*, vol. 11, edited by O. Levy, translated by T. Common. London: Macmillan Company.

Nietzsche, F. (1968) *The Will to Power*, translated by W. Kaufman and R. Hollingdale. New York: Vintage Books.

Nietzsche, F. (1989) *On the Genealogy of Morals and Ecce Homo*, translated and edited by W. Kaufmann. New York: Vintage Books.

Nilsson-Julien, E. (2024) 'Meet the trad wives: the anti-feminist influencers calling for traditional values', *Euronews. culture*, 28 February. https://www.euronews.com/culture/2024/02/28/meet-the-trad-wives-the-anti-feminist-influencers-calling-for-traditional-values

Novak, M. (1995) *Awakening from Nihilism: Why Truth Matters*. Charlottesville, VA: University of Virginia Press.

O'Neill, R. (2018a) *Seduction: Men, Masculinity and Mediated Intimacy*. Cambridge: Polity.

O'Neill, R. (2018b) 'Not all dead white men: classics and misogyny in the digital age, by Donna Zuckerberg', *The Times Higher Education*. https://www.timeshighereducation.com/books/book-of-the-week/not-all-dead-white-men-classics-and-misogyny-digital-age-donna-zuckerberg-harvard-university-press

Patel, T. (2017) 'It's not about security, it's about racism: counter-terror strategies, civilizing processes and the post-race fiction', *Palgrave Communications*, 3: art. 17031.

Pearson, E. (2019) 'Extremism and toxic masculinity: the man question re-posed', *International Affairs*, 95(6): 1251–70.

Peterson, J. (2018) *12 Rules for Life: An Antidote to Chaos*. Canada: Random House.

Peterson, J. (2024) 'Jordan B Peterson warns Congress of government-corporate collusion', *Sky News Australia*, 8 March. https://www.skynews.com.au/world-news/united-states/jordan-b-peterson-warns-congress-of-governmentcorporate-collusion/video/b27c22d2ebe54648cf9b5940e72fb8c0

Rafail, P. and Freitas, I. (2019) 'Grievance articulation and community reactions in the men's rights movement online', *Social Media + Society*, 5(2): 1–11.

Rasmussen, M.L., Haavind, H. and Dieserud, G. (2018) 'Young men, masculinities, and suicide', *Archives of Suicide Research*, 22(2): 327–43.

Redditinc.com. (2022) Dive Into Anything. https://www.redditinc.com/Reed, A., Ingram, H. and Whittaker, J. (2017) 'Countering terrorist narratives', *European Parliament*. https://www.europarl.europa.eu/RegData/etudes/STUD/2017/596829/IPOL_STU(2017)596829_EN.pdf

Reginster, B. (2006) *The Affirmation of Life: Nietzsche on OvercomingNihilism*. Cambridge, MA: Harvard University Press.

Rey, P.J. (2012) 'Alienation, exploitation, and social media', *American Behavioral Scientist*, 56(4): 399–420.

Ribeiro, M.H., Jhaver, S., Zannettou, S., Blackburn, J., De Cristofaro, E., Stringhini, G. and West, R. (2020) 'Does platform migration compromise content moderation? Evidence from r/The_Donald and r/Incels'. *arXiv preprint* arXiv:2010.10397.

Roberts, S. (2013) 'Boys will be boys… won't they? Change and continuities in contemporary young working-class masculinities', *Sociology*, 47(4): 671–86.

Rogers, P. (2023) 'Israel's assault on Gaza provides breeding ground for Hamas', *Open Democracy*. https://www.opendemocracy.net/en/hamas-israel-palestine-war-breeding-ground-new-recruits-paul-rogers/

Roose, J. (2016) *Political Islam and Masculinity: Muslim Men in Australia*. New York: Palgrave Macmillan.

Roose, J. (2018) '"Ideological masculinity" that drives violence against women is a form of violent extremism', *The Conversation*, 12 July.https://theconversation.com/ideological-masculinity-that-drives-violence-against-women-is-a-form-of-violent-extremism-99603

Roose, J., Flood, M., Greig, A., Alfano, M. and Copland, S. (2022) *Masculinity and Violent Extremism*. Cham: Palgrave Macmillan.

Rosand, E. and Winterbotham, E. (2019) 'Do counter-narratives actually reduce violent extremism', *Brookings*, 20 March. https://www.brookings.edu/articles/do-counter-narratives-actually-reduce-violent-extremism/

Rose, N. (1998) *Inventing Ourselves: Psychology, Power, and Personhood*. Cambridge: Cambridge University Press.

Sabbagh, D. (2020) 'Longer jail time for terrorists could backfire, says watchdog', *The Guardian*, 19 February. https://www.theguardian.com/politics/2020/feb/19/longer-jail-time-for-terrorists-could-backfire-says-watchdog

Salmela, M. and von Scheve, C. (2017) 'Emotional roots of right-wing political populism', *Social Science Information*, 56(4): 567–95.

Salter, M. (2018) 'From geek masculinity to gamergate: the techno-logical rationality of online abuse', *Crime, Media, Culture*, 14(2): 247–64.

Salter, M. (2019) 'The problem with a fight against toxic masculinity', *The Atlantic*, 27 February. https://www.theatlantic.com/health/archive/2019/02/toxic-masculinity-history/583411/

Sandlin, J., Stearns, J., Maudlin, J. and Burdick, J. (2011) '"Now I aint's saying she a gold digger": Wal-Mart shoppers, welfare queens, and other gendered stereotypes of poor women in the big curriculum of consumption', *Cultural Studies – Critical Methodologies*, 11(5): 464–82.

Schedler, A. (1996) 'Anti-political-establishment parties', *Party Politics*, 2(3): 291–312.

Sears, A. (2006) 'Lean on me? The falling rate of friendship', European Solidaire Sans Frontieres. https://europe-solidaire.org/spip.php?article11452

Senft, T. and Baym, N. (2015) 'What does the selfie say? Investigating a global phenomenon', *International Journal of Communication*, 9: 1588–606.

She Is Not Your Rehab. (2022) 'She is not your rehab'. https://www.sheisnotyourrehab.com/about/she-is-not-your-rehab/

Sheller, M. (2004) 'Mobile publics: beyond the network perspective', *Environment and Planning D: Society and Space*, 22(1): 39–52.

Sheller, M. and Urry, J. (2003) 'Mobile transformations of "public" and "private" life", *Theory, Culture & Society*, 20(3): 107–25.

Silvestri, L. (2021) 'Precarity, nihilism, and grace', *International Journal of Cultural Studies*, 24(2): 360–77.

Simpson, M. (1994) *Male Impersonators: Men Performing Masculinity*. London: Routledge.

Singer, I. (1984) *The Nature of Love: 1. Plato to Luther*. Chicago, IL: University of Chicago Press.

Smith, D. (2018) 'So how do you feel about that? Talking with Provos about emotion', *Studies in Conflict and Terrorism*, 41(6): 433–49.

Sparrow, J. (2018) *Trigger Warnings: Political Correctness and the Rise of the Right*. Melbourne: Scribe.

Sparrow, J. (2019) *Fascists Among Us: Online Hate and the Christchurch Massacre*. Melbourne: Scribe.

Spoehr, T. (2022) 'The rise of wokeness in the military', Heritage Foundation, 3 September. https://www.heritage.org/defense/com mentary/the-rise-wokeness-the-military

Srnicek, N. and Williams, A. (2015) *Inventing the Future: Postcapitalism and a World Without Work*. London: Verso.

Statista (2022) 'Number of prisoners under jurisdiction of federal or state correctional authorities from 2005 to 2022, by gender', *Statista*. https://www.statista.com/statistics/252828/number-of-prisoners-in-the-us-by-gender/

Steedman, C. (1986) *Landscapes for a Good Woman: A Story of Two Lives. Newark*, NJ: Rutgers University Press.

Strozewski, Z. (2023) 'Proud Boys "rule book" revealed in trial sparks flurry of jokes, mockery', *Newsweek*, 23 January. https://www.newsweek.com/proud-boys-rule-book-revealed-sparks-jokes-mockery-1775926

sunrisehoodie (2018) 'MGTOW – hypergamy cares who the breadwinner is [status leakages]', Patreon. https://www.patreon.com/posts/mgtow-hypergamy-19576669

Tannen, D. (1990) *You Just Don't Understand! Men and Women in Conversation*. New York: William Morrow.

Tapscott, D. and Williams, A. (2006) *Wikinomics: How Mass Collaboration Changes Everything*. New York: Penguin.

Tasker, Y. and Negra, D. (2007) *Interrogating Postfeminism: Gender and the Politics of Popular Culture*. Durham, NC: Duke University Press.

Taylor, J. (2024) 'Australia's online safety regulator has drawn a line in the sand for X. Will she prevail?', *The Guardian*, 2 May. https://www.theguardian.com/australia-news/2024/may/02/australias-online-safety-regulator-has-drawn-a-line-in-the-sand-for-x-will-she-prevail

Terry, G. (2012) '"I'm putting a lid on that desire": celibacy, choice and control', *Sexualities*, 15(7): 871–89.

The Advocate (2008) 'Gay is the new black', *The Advocate*, 16 November. https://

www.advocate.com/news/2008/11/16/gay-new-black

Thorburn, J. (2023) 'Exiting the Manosphere. A gendered analysis of radicalization, diversion and deradicalization narratives from r/IncelExit and r/ExRedPill', *Studies in Conflict & Terrorism*, 1–25. https://doi.org/10.1080/1057610X.2023.2244192

Tomassi, R. (2011) 'Women in love', *The Rational Male*, 27 December. https://therationalmale.com/2011/12/27/women-in-love/

Tomassi, R. (2012) 'Schedules of mating', *The Rational Male*, 23 August. https://therationalmale.com/2011/08/23/schedules-of-mating/

Tomassi, R. (2013) *The Rational Male*. Nevada: Counterflow Media.

Tomassi, R. (2016) 'The pareto principle', *The Rational Male*, 23 February. https://therationalmale.com/tag/8020-rule/

Travis, T. (2009) 'Handles to hang on to our sobriety: commonplace books and surrendered masculinity in alcoholics anonymous', *Men and Masculinities*, 12(2): 175–200.

Triggernometry (2021) 'Jordan Peterson on "toxic femininity"', YouTube. https://www.youtube.com/watch?v=gX5Vaqx_nNg

Tyler, M. (2004) 'Managing between the sheets: lifestyle magazines and the management of sexuality in everyday life', *Sexualities*, 7(1): 81–106.

Underwood, M. (2018) '"We're all gonna make it brah": homosocial relations, vulnerability and intimacy in an online bodybuilding community'. In: A. Dobson, C. Robards and N. Carah (eds.) *Digital Intimate Publics and Social Media*. Cham, Switzerland: Palgrave Macmillan.

van Dijck, J. (2009) 'Users like you? Theorizing agency in user-generated content', *Media, Culture & Society*, 31(1): 41–58.

van Dijck, J. (2012) *The Network Society*, 3rd edn. London: Sage Publications.

van Dijck, J. (2013) 'Inequalities in the network society'. In: K. Johnson and N. Prior (eds.) *Digital Sociology: Critical Perspectives*. London: Palgrave Macmillan.

Van Metre, L. and Bishai, L. (2019) 'Why violent extremism still spreads', Just Security, 11 March. https://www.justsecurity.org/63169/violent-extremism-spreads/

Van Valkenburgh, S. (2019) '"She thinks of him as a machine": on the entanglements of neoliberal ideology and misogynist cybercrime', *Social Media + Society*, 5(3): 1–12.

Vilar, E. (1972) *The Manipulated Man*. New York: Farrar, Straus and Giroux.

Waling, A. (2019a) 'Problematising "toxic" and "healthy" masculinity for addressing gender inequalities', *Australian Feminist Studies*, 34(101): 362–75.

Waling, A. (2019b) 'Rethinking masculinity studies: feminism, masculinity, and poststructural accounts of agency and emotional reflexivity', *Journal of Men's Studies*, 27(1): 89–107.

Wayne, C. (2021) 'Men have become too soft, emotional & girly', *Understanding Relationships*. https://understandingrelationships.com/men-have-become-too-soft-emotional-girly/47761

Wedesweiler, M. (2024) 'The Andrew Tate factor behind a toxic behaviour problem at Australian schools', *SBS News*. https://www.sbs.com.au/news/article/the-andrew-tate-factor-behind-a-toxic-behaviour-problem-at-australian-schools/idqvvye1y

Wester, S., Vogel, D., Pressly, P. and Heesacker, M. (2002) 'Sex differences in emotion: a critical review of the literature and implications for counselling psychology', *The Counseling Psychologist*, 30(4): 630–52.

White, T. (2018) 'What did Hannah Arendt really mean by the banality of evil?', *Aeon*. https://aeon.co/ideas/what-did-hannah-arendt-really-mean-by-the-banality-of-evil

Williams, E. (2023) TikTok video, TikTok. https://www.tiktok.com/@esteecwilliams/video/7193858884636020014

Williams, P. (2006) 'Authentic identities: straightedge subculture, music, and the internet', *Journal of Contemporary Ethnography*, 35(2): 173–200.

Willis, P. and Vickery, A. (2022) 'Loneliness, coping practices and masculinities in later life: findings from a study of older men living alone in England', *Health and Social Care in the Community*, 30: e2874–83.

Wilson, J. (2014) 'In defence of the patriarchy', Breitbart.com, 4 December. https://archive.md/eJEdg#selection-649.104-649.658

Wilson, J. (2018) 'The alt-right is in decline. Has antifascist activism worked?' *The Guardian*, 20 March. https://www.theguardian.com/world/2018/mar/19/the-alt-right-is-in-decline-has-antifa-activism-worked

Yang, J. (2014) 'What a close read of the Isla Vista shooter's horrific manifesto, "My Twisted World," says about his values – and ours', *Quartz*, 26 May. https://qz.com/213553/what-isla-vista-shooter-horrific-manifesto-my-twisted-world-says-about-values

Yang, M. (2022) '"Incels" are a rising threat in the US, secret service report finds', *The Guardian*, 16 March. https://www.theguardian.com/us-news/2022/mar/16/involuntary-celibates-incels-threat-us-secret-service

Yiannopoulos, M. (2014) 'The sexodus, part 1: The men giving up on women and checking out of society', Breitbart.com, 4 December. https://archive.md/ocOGM#selection-547.40-547.136

YouTube (2024) 'About YouTube', YouTube.com. https://about.youtube/

Zacharek, S. (2019) 'Joker wants to be a movie about the emptiness of our culture. Instead, it's a prime example of it', *Time Magazine*, 31 August. https://time.com/5666055/venice-joker-review-joaquin-phoenix-not-funny/

Zimmerman, T., Haddock, S. and McGeorge, C. (2001) 'Mars and Venus: unequal planets', *Journal of Marital and Family Therapy*, 27: 55–68.

Zuckerberg, D. (2018) *Not All Dead White Men: Classics and Misogyny in the Digital Age*. Cambridge, MA: Harvard University Press.

찾아보기

ㄱ

강한 개인주의 190-191, 208
건강한 남성성 26
골드 디거 96, 101-102
극우 14, 19, 21-22, 24-25, 41, 73, 94, 117, 132, 136, 142, 161, 174, 185, 236, 261, 274-275, 277, 291, 296-298
급진적 허무주의 224-226, 232-233, 235, 237, 239, 241
깨어 있음 184

ㄴ

남근 선망 129, 131
남성 권리 단체 110, 257
남성 권리 운동가 19-20, 24, 65, 141, 290
남성성의 사명 49-51, 55-56, 58-61, 64-65, 74, 128, 235
남성성의 약화 131, 133, 188
남성성의 위기 44-45, 133, 143, 149, 300
남성혐오 19, 143
노 낫싱 노벰버NNN 173-176, 179-181
노 팹 노벰버 173-174
뉴 맨 132
니체, 프리드리히 127, 139, 221, 223-224, 239

ㄷ

대안 서사 287, 290, 292, 294-297, 300-301
대안 우파 21
대응 서사 287-291, 294

ㄹ

레드필 20, 68, 72, 80-81, 91, 93-94, 100, 105-107, 109-113, 129, 136, 138, 154, 159, 172-173, 176-178, 182, 232-234, 239, 258-259, 261, 293, 295
로저, 엘리엇 22, 225-230, 232-233, 235-240, 246, 250, 305
루시V 19, 21, 32, 234
르상티망 127-128, 139, 153, 238, 251

ㅁ

마르크스, 카를 88, 259, 265
맨케이브 196, 208
메트로섹슈얼 132, 135
모든 여성은 다 똑같다AWALT 87

문화 전쟁 135, 139-140, 291
미투 운동 141-142
믹타우 20, 64, 74-76, 102, 109, 119, 141, 145, 152-153, 167, 168-169, 190-191, 197, 198-200, 206, 223, 274

ㅂ

백인 우월주의 120, 187-188, 220, 268
버런트, 로런 33, 65, 67-68, 70, 77, 79, 88, 98, 105, 136-137, 151, 154-155, 161, 170, 185, 192, 198, 204, 261-262
베이츠, 로라 267-269, 279, 282-284, 288-289
베타 83, 102-104, 325
부정적 허무주의 221
브라운, 웬디 58, 125-127, 139, 144, 150, 153, 163, 233, 238, 246-247
브레인셀스 16
블랙필 295, 326

ㅅ

사랑 서사 76-83, 91, 170
사이드바 72, 325
사회 정의 전사 17, 164
상처 입은 남성 251

상처의 정치 125, 150, 153
생계 부양자 126, 220
생물학적 결정론 62
선라이즈 후디 64
성적 시장 107-109, 138, 183
소비주의 60, 189
소셜 미디어 15, 19, 23, 34-35, 58-59, 102, 117, 139, 142, 164-165, 207-211, 249, 264-267, 273-277, 294, 308, 310, 316-317, 325
소외감 22, 65, 73, 88, 90, 162, 168-169, 210, 227, 230, 235, 240, 243, 271
솔저 애슬리트 이니셔티브 183, 186
수동적 허무주의 224-225, 239, 240-242, 245-246
스니크 앤 피크 270
스테이시 102
신자유주의 34, 55-58, 61-62, 65, 67, 71, 106, 121, 123, 137, 144, 163-164, 170-172, 176, 203, 284-285, 301

ㅇ

아메리칸 드림 221-223
악의 평범성 30
알파 20, 80, 82, 91, 96, 103, 325
야노풀로스, 마일로 19, 21, 32, 41,

135, 275, 301
엑시트 프로그램 296-298
여성의 불만 33, 105, 136, 233, 251
여성혐오 22, 24-25, 33-35, 37, 118, 136, 225, 232, 249, 255-261, 266-268, 271, 273, 277, 278-281, 285-288, 292-293, 301-302, 305, 308. 310-311, 313, 315, 317
온라인 커뮤니티 15, 18, 154, 199
우월감의 정치 25, 291
워킹 위드 더 맨 315
윌슨, 제레미 53-54, 275
유전적 개인주의 107
유튜브 165, 211
유해한 남성성 26-29, 140, 142-143, 218-219, 240, 287, 310
유해한 여성성 141-143
이상적 인간상 128
이성애 규범 81, 109-110
인셀 14-18, 20, 22, 24, 36, 66-68, 70-71, 102-104, 109, 127, 166, 168, 217, 225, 240-242, 244-247, 250, 258, 268-269, 274, 277, 293-295, 324, 326

ㅈ

자기 계발 18, 37, 59, 133, 160, 162, 169-173, 175-176, 181-183, 189-190, 192-194, 200-205, 213, 244
자살 연료 71
자연 질서 257
잔인한 낙관주의 88-90, 109, 201, 204, 213-214, 251, 261-262
장식적 문화 59-63, 71, 123, 163, 170, 235, 285-286
저기 있는 창녀 THOT 87, 326
정체성 정치 118-119, 122-125, 128
정치적 올바름 19
제2물결 페미니즘 55
제3물결 페미니즘 63
젠더 규범 29, 83, 109, 126, 300
좌절된 열망 243
진화심리학 94, 96, 98, 105, 106-108, 110, 124, 140

ㅊ

채드 80, 85, 87, 91-92, 102-105, 167, 324
초남성성 28
친밀한 공적 영역 32-33, 66, 77-78, 146, 151, 155, 161-162, 170, 176, 200, 202, 204, 233, 261, 265

ㅋ

카우치, 조엘 305, 307

코넬, 레이윈 51-52
쿡 102-104, 132
키멜, 마이클 24, 42, 56, 118, 161

ㅌ

테이트, 앤드루 19, 21, 23, 32, 73, 135, 173, 263, 268, 274, 279, 301, 310-312, 314, 317

토마시, 롤로 96-100

트래드 와이프 130-131, 185

트럼프, 도널드 14, 21, 24-26, 117, 132, 181, 234, 236, 277

ㅍ

팔루디, 수전 49, 51, 59-61, 63, 201

패권적 남성성 51-53, 162, 178-179, 181, 218-220

퍼플필 190

페미니스트 17, 19, 43, 47, 53, 110, 119, 131, 137, 139-141, 300

페이스북 34, 119-120, 165, 202, 211-212, 250, 274, 324

포스트페미니즘 61-63, 137, 140, 144, 172, 202

포식 국가 271

푸코, 미셸 77

프로슈머 209

피터슨, 조던 19, 21, 32, 73, 135, 142, 147, 173, 175, 178, 194, 263, 275, 301

픽업 아티스트 19-20, 173, 234, 258, 293-294

ㅎ

하이퍼가미 96-102, 105-107, 197

호모소셜리티 179-180

후기 자본주의 31, 57, 64, 72

옮긴이 **송은혜**

이화여자대학교 통번역대학원 한영 통역과를 졸업했다. 현재 미 정부 소속 국제협약 기관에서 통역관으로 근무하고 있으며 글밥 아카데미 수료 후 바른번역에 소속되어 출판 번역가로도 활동 중이다. 옮긴 책으로는 《아이와 몸으로 놀아주세요》, 《라이크 팔로우 리벤지》, 《강한 마음》, 《더 피어오르기 위한 전쟁》 등이 있다.

젊은 남성은 왜 분노하는가?

초판 1쇄 발행 | 2025년 11월 7일

지은이　　사이먼 제임스 코플런드
옮긴이　　송은혜
책임편집　권오현
디자인　　윤철호

펴낸곳　　(주)바다출판사
주소　　　서울시 서대문구 신촌로3길 15 6층
전화　　　02-322-3675(편집) 02-322-3575(마케팅)
팩스　　　02-322-3858
이메일　　badabooks@daum.net
홈페이지　www.badabooks.co.kr
ISBN　　　979-11-6689-378-0 03300